Thomas Schäfer-Elmayer

DER BUSINESS ELMAYER

SO VERBINDEN SIE KARRIERE MIT STIL

Thomas Schäfer-Elmayer
Der Business Elmayer
So verbinden Sie Karriere mit Stil
Salzburg: Ecowin Verlag GmbH, 2007
ISBN: 978-3-902404-42-8

Unsere Webadressen:
www.ecowin.at
www.etikette.at

1 2 3 4 5 / 09 08 07

Alle Rechte vorbehalten
Redaktion: Andreas und Carola Augustin
Lektorat: Arnold Klaffenböck
Covergestaltung: www.adwerba.at (Stephan Enzinger)
Copyright © 2007 by Ecowin Verlag GmbH, Salzburg
Druck: Druckerei Theiss GmbH, A-9431 St. Stefan, www.theiss.at
Printed in Austria

Liebe Leserin, lieber Leser!

Schlechtes Benehmen im Privatleben versetzt Ihrem guten Ruf einen Schlag ins Gesicht, im Beruf kann es das Ende Ihrer Laufbahn sein – oder aber, und das ist der paradoxe Unterschied, der Beginn einer steilen Karriere. Rüpel und ungehobelte Zeitgenossen haben im Geschäftsleben schon Karriere gemacht, als sich ihre Mütter noch für sie zu Tode schämten und – dort schon angelangt – die Urahnen sich ob des Verhaltens im Grabe umdrehten. Doch der Karriere des ungehobelten Sprosses hat das miese Benehmen nur genützt. Auch das gibt es.

Mit Stil, liebe Leser, hat das alles nichts zu tun.

Alle erfolgreichen Personen, an die ich denke, wenn es um Erfolg in Verbindung mit nachhaltig schlechtem Benehmen geht, wissen sehr wohl, was sich gehören würde. Nur sind sie von ihrer Macht verdorben, lassen ihrem Egoismus freien Lauf und setzen sich über die Gefühle anderer hinweg, die sie mit Begeisterung manipulieren, z.B. absichtlich warten lassen, um zu zeigen, wie unwichtig die anderen sind, provozieren durch absichtlich schlechtes Benehmen und mangelnde Handschlagqualität („Was schert mich mein dummes Geschwätz von gestern" – Konrad Adenauer oder „It is the priviledge of great men to change their mind" – Winston Churchill).

Diese Menschen können nicht unsere Vorbilder sein. Ihr Lebensziel scheint zu lauten: „Ich bin mächtig und lasse alle anderen spüren, wie unwichtig sie sind." Das gibt diesen bedauernswerten Egomanen das trügerische Gefühl der Überlegenheit. Weder schafft dies Unternehmenskultur noch Lebensqualität. Positive Motivation und produktiver Enthusiasmus sind völlig unmöglich. Dies sind jedoch unsere Ziele, zu denen dieses Buch einen bescheidenen Beitrag leisten soll.

Doch woher kommt der Stil? Woher beziehe ich meinen eigenen Stil? Wie kommt man an ein feines Benehmen heran, mit dem man im Berufsleben immer das Richtige macht und nie das Falsche? Wie kann ich erreichen, dass man einmal über mich sagt: „Das ist ein feiner Mensch"?

Wie?

Wie?

Wie?

Permanent stellt sich uns die Frage: „Wie verhalte ich mich in dieser Situation?"

„Wie reagiere ich richtig *oder* Business ist so" leitet diese Sammlung von „Wie"-Fragen ein, mit denen wir uns tagtäglich konfrontiert sehen. Meist reagieren wir intuitiv und oft vollkommen richtig.

Doch was ist richtig? Wer bestimmt das? Gibt es eine richtige und eine falsche Reaktion? Und wer bestimmt, was richtig, was falsch ist?

Über die Jahrhunderte hat sich die menschliche Gesellschaft auf eine Verhaltensform geeinigt, die vom Großteil von uns als Etikette akzeptiert wird. Diese Verhaltensform wird von den einen Manieren, von den anderen Etikette genannt, im Geschäftsleben kommt noch die Bezeichnung „Usancen" für „Gepflogenheiten" hinzu, die Abläufe geschäftlicher Natur regeln.

Hier finden Sie die Antworten auf die häufigsten Fragen und Problemstellungen. Betrachten Sie dieses Buch als Ihren persönlichen Coach, als Trainer, Freund und Berater. Beispiele und Lösungen aus der Praxis zeigen Ihnen, wo Ihre Stärken und Schwächen versteckt sind.

Thomas Schäfer-Elmayer
Wien, im März 2007

Inhalt

ZUM AUFWÄRMEN

Wie reagiere ich richtig *oder* Business ist so	15
Test	20

ANGESTELLT

Wie komme ich in ein Unternehmen	27
Wie bewerbe ich mich richtig	29
Wie sehen meine Bewerbungsdokumente aus	30
Wie bewerbe ich mich online	36
Wie reagiere ich auf einen Headhunter	39
Wie funktioniert Zeitarbeit	40
Wie bewerte ich das „tolle" Jobangebot	43
Wie verhandle ich erfolgreich mein Gehalt	44
Wie verläuft der erste Tag	48
Wie führe ich einen neuen Mitarbeiter ein	50
Wie geht man miteinander	52
Wie fahre ich mit dem Lift	53
Wie gehen wir zu zweit durch eine Türe	53
Wie interpretiere ich Pünktlichkeit	54
Wie werde ich der neue Frontmann	55
Wie reagiere ich auf verschiedene religiöse Bedürfnisse	56
Wie dekoriere ich meinen Arbeitsplatz	57
Wie funktioniert Desk-Sharing	58
Wie sage ich einem Kollegen, dass er stinkt	58
Wie verstehe ich Andeutungen richtig	59
Wie wird ein Meeting zum Erfolg	59
Wie bin ich ein guter Persönlicher Assistent	67
Wie fragt man nach einer Gehaltserhöhung	70
Wie begründe ich eine bezahlte Weiterbildung	72

Wie gehe ich mit Mobbing um	74
Wie sage ich Nein	76
Wie gehe ich mit Kritik um	78
Wie gehe ich mit Lob um	79
Wie bin ich ein guter Vorgesetzter	80
Wie teile ich den Erfolg	83
Wie delegiere ich	84
Wie kritisiere ich richtig	86
Wie macht man ein Kompliment	87
Wie reagiere ich, wenn ein Mitarbeiter gemobbt wird	88
Wie vermeide ich „zweideutige Bemerkungen"	89
Wie erkennt man die „Belästiger" am Arbeitsplatz	90
Wie reagiere ich auf sexuelle Belästigung am Arbeitsplatz	92
Wie werden meine Anweisungen richtig verstanden	96
Wie gewinne ich eine Diskussion	97
Wie sinnvoll ist es, loyal zu bleiben	100
Wie gehe ich mit meinem Spesenkonto um	101
Wie stelle ich jemanden ein	101
Wie sehe ich, ob jemand lügt	104
Wie deute ich einen Händedruck richtig	106
Wie entlasse ich jemanden	109
Wie sieht mein Arbeitszeugnis aus	112
Wie lautet der Anspruch auf ein Dienstzeugnis	113
Wie lautet der geheime Code	114
Wie verstehe ich das Wort Lobbyismus	119

SELBSTSTÄNDIG

Wie schätze ich mich richtig ein	121
Wie ist das so: Selbstständig	123
Wie führe ich meine Ich-AG anders	124
Wie halte ich Türen offen	125
Wie kreiere ich eine I.com	125
Wie motiviere ich mich jeden Tag aufs Neue	126

Wie manage ich meine Zeit	129
Wie ist das mit Multitasking	135
Wie teile ich Arbeit richtig ein	135
Wie bringe ich andere dazu, so viel zu arbeiten wie ich	137
Wie nütze ich Mitarbeitergespräche	138
Wie manage ich eine Krise	141
Wie lange muss ich auf mein Geld warten	145
Wie gehe ich mit meinem Konkurs um	147

AUFTRETEN

Wie kleide ich mich richtig	151
Wie stellt der Herr seine Garderobe zusammen	154
Wie stellt die Dame ihre Garderobe zusammen	157
Wie dekoriere ich mich richtig	159
Wie pflege ich mich richtig	160
Wie bestelle ich Maßkleidung	161
Wie trägt man ein Stecktuch	163
Wie platziert man ein Monogramm	163
Wie kleide ich mich für eine Beerdigung	164
Wie setze ich Mimik und Gestik ein	166
Wie lese ich die Körpersprache	170

REPRÄSENTIEREN

Wie organisiere ich eine Veranstaltung	173
Wie lade ich effizient ein	175
Wie erstelle ich eine Gästeliste (Rangliste)	177
Wie komponiere ich ein Placement	181
Wie behandle ich einen VIP-Gast	182
Wie gehe ich mit einem fremdsprachigen Gast um	182
Wie reagiere ich auf Einladungen	183
Wie lange darf ich das U.A.w.g. hinauszögern	183
Wie bedanke ich mich für eine Einladung	184
Wie motiviere ich meinen Partner, mitzukommen	184

Wie erkläre ich meinem Partner, dass er nicht erwünscht ist	185
Wie manövriere ich mich durch eine Cocktailparty	186
Wie funktioniert sinnvoller Small Talk	187
Wie tausche ich Visitenkarten	187
Wie stelle ich eine gute Frage	188
Wie merke ich mir all die Namen	190
Wie halte ich eine Stegreifrede	194
Wie bereite ich eine Rede vor	196
Wie schickt man Blumen	201
Wie verbessere ich meine Sprache	203
Wie vermeide ich die peinlichen Füllwörter	205
Wie setze ich lateinische Phrasen richtig ein	206
Wie parliere ich nonchalant	215
Wie reagiere ich auf jemanden, der mich unterbricht	217
Wie lasse ich mich fotografieren	218
Wie komme ich in den Klub, der mir wichtig ist	220

KOMMUNIKATION

Wie wecke ich das Interesse der Medien	223
Wie gehe ich mit Journalisten um	227
Wie melde ich mich am Telefon	230
Wie telefoniere ich richtig/Alphabet	231
Wie beende ich ein Telefonat	233
Wie lebe ich mit der Warteschleife	234
Wie führe ich ein VOIP-Telefonat	236
Wie funktionieren die neuen Videotelefonate (VOIP)	237
Wie bearbeite ich meine E-Mails	238
Wie lese ich eine URL	242
Wie deute ich E-Mail-Adressen richtig	242
Wie schreibe ich eine wirklich kurze SMS	245
Wie adressiert man richtig	248

   Brief, Fax, Adelsanschrift, Titel und akademische Grade

KULINARISCHES

Wie benehme ich mich bei Tisch	259
Wie mache ich ein Geschäftsessen zum Erfolg	263
Wie wähle ich den Tisch in einem Restaurant	269
Wie bestelle ich als Gastgeber	269
Wie bestelle ich Wein	270
Wie verlange ich die Rechnung	274
Wie gebe ich Trinkgeld und ... wie viel	274
Wie essen Engländer ihre Suppe	276
Wie esse ich zweimal täglich und bleibe trotzdem schlank	276
Wie entkomme ich der Alkoholfalle	278
Wie überlebe ich die Firmenfeier	280
Wie sinnvoll sind Überraschungsparties	282
Wie kraule ich den „Kater"	283

REISEN

Wie bereite ich mich auf eine Reise vor	287
Wie packe ich meinen Koffer	289
Wie habe ich immer alles dabei – Die Packliste	290
Wie lautet die Sitzordnung im Auto	291
Wie bekomme ich immer das beste Hotelzimmer	293
Wie überwinde ich Jetlag	295

GESUNDHEIT, FITNESS & PRIVAT

Wie wichtig ist meine Gesundheit für mein Auftreten	299
Wie gehe ich mit Stress um	301
Wie fördere ich die Gesundheit meiner Mitarbeiter	305
Wie stoppe ich Nasenbluten	309
Wie funktioniert der Heimlich-Griff	310
Wie lange darf ich am Arbeitsplatz schlafen	311
Wie bleibe ich fit	313
Wie wähle ich die richtigen Sportarten	313
Wie fahre ich mit Geschäftsfreunden Schi	316

Wie sinnvoll ist Golf	318
Wie lange dauert das Tritt-In beim Polo	320
Wie komme ich durch ein Firmen-Tennisturnier	321
Wie gebe ich zu, dass ich Fußball liebe	323
Wie motiviere ich meine Mitarbeiter zum Sport	324
Wie verbinde ich Business und Privatleben	325
Wie verkrafte ich den Lottogewinn	328

ANHANG

Englische Bewerbung	329
Index	332

*Sehen Sie, wir sprechen von unseren
Sitten und Gebräuchen, deren Kenntnis
Teil unserer Allgemeinbildung sein
sollte. Sie sind doch das Fundament
der internationalen Business-Etikette,
deren Beherrschung von einem
Europäer erwartet wird . . .*

                      Thomas Schäfer-Elmayer

Da im „Business" die meisten Regeln für das weibliche Geschlecht genauso gelten wie für das männliche, verzichten wir in diesem Buch – wenn nicht durch eindeutige Beispiele oder eben Namen belegt – auf In und Innen zugunsten einer geschlechtsneutralen Schreibweise.

ZUM AUFWÄRMEN

Wie reagiere ich richtig *oder* Business ist so

Oft wird schlechtes Benehmen im geschäftlichen Alltag mit Business-Etikette gleichgestellt. „Business ist so!" hört man dann, und besonders coole Typen hängen noch ein schlampig ausgesprochenes „*Welcome to the real world*" daran.

Lassen Sie sich nicht entmutigen!

Oder probieren wir es einmal anders:

Wie geht es Ihnen in folgenden Situationen?

1. Sie sind in einer Besprechung und das Handy eines anwesenden Kollegen läutet.

2. Sie stehen mit Kollegen in der Kaffeeküche und eine Kollegin, mit der Sie per Sie sind, betritt den Raum mit den Worten: „Ah, *Ihr* macht auch eine Pause!"

3. Ihr Chef geht an Ihnen vorbei und ignoriert Sie.

4. Sie kommen zum Kopierer und die Papierlade ist leer.

5. Jemand fragt Sie etwas und kaut dabei Kaugummi.

6. Sie heben Ihr Telefon ab und der Anrufer hängt einfach auf, weil er sich verwählt hat.

7. Ein Vorgesetzter ruft Sie „Schätzchen".

Wie geht es Ihnen in all diesen Situationen?

Sie sind im Zweifel?

Es wird wohl so üblich sein, sonst wäre es nicht so?

Das ist also Business?

Falsch!

Sehen wir uns die sieben Beispiele an:
1. Das Handy läutet:
Eine Besprechung ist zu wichtig, um das Handy anzulassen. Dabei SMS zu tippen, Anrufe gar zu beantworten oder nach kurzem prüfenden Blick wegzuklicken – es sei denn, ich habe mich im Voraus dafür entschuldigt, dass ich einen wichtigen Anruf erwarte oder für dieses Thema noch telefonische Informationen erhalten werde –, signalisiert Desinteresse und mangelnde Vorbereitung.

2. Der korrekte Plural der Anrede für alle, mit denen man nicht per Du ist, ist das respektvolle „Sie". „Ich sehe, *Sie* machen auch Pause", ist zu verwenden, wenn auch nur eine einzige Person in einer Gruppe angesprochen wird, mit der man NICHT per Du ist.

3. Vorgesetzte gehen mit gutem Benehmen voran. Ausgesuchte Höflichkeit gegenüber dem Mitarbeiter ist eine Selbstverständlichkeit. Chefs, die sich darüber hinwegsetzen, erzeugen im ganzen Betrieb eine Atmosphäre des schlechten Tons, die nach unten filtert wie schwarzer Kaffeesud. Es ist nicht zu erwarten, dass diese Unkultur ohne Auswirkungen auf die Außenbeziehungen bleibt.

4. Papierfach beim Kopierer oder „Das Toilettenpapier-Syndrom": Wie in der Familie ist auch hier zu beachten: Wer es verbraucht, füllt es nach. Alles andere ist Faulheit, Schlamperei und Rücksichtslosigkeit.

5. Falls überhaupt, so kaut man Kaugummi kurz, um seinen Atem erfrischenden Geschmack zu nützen. Dann verschwindet er in einem Stück Papier und im Mistkübel.

6. Natürlich ärgert es Sie, wenn jemand einfach auflegt. Alle möglichen Gedanken gehen einem durch den Kopf, während man sich über ein höfliches „Es tut mir

leid, ich habe mich verwählt" nicht weiter ebendiesen zerbricht.

7. In der Euphorie einer geschäftlichen Erfolgswelle oder auf der Suche nach privaten Erfolgen, wenn die geschäftlichen ausbleiben, halten sich Vorgesetzte gerne für unwiderstehlich, und die Mitarbeiter sind selbstverständlich von ihnen hin- und mitgerissen. Schade, dass es nicht immer so ist. Eine vertrauliche Anrede kann väterlich, patriarchalisch oder aber schlicht und einfach Mobbing sein. Um das geht es in diesem Buch auch.

Benehmen kostet Zeit!

Zunächst einmal zu den bekanntesten Vorurteilen in Sachen Business-Etikette:

Wie würden Sie folgende Fragen beantworten?

Ist es falsch oder richtig?

1. Gutes Benehmen im Beruf kostet viel mehr Zeit.
2. In einem modernen Büro ist gutes Benehmen nicht wirklich notwendig.
3. Gute Manieren hat man, daran muss man nicht arbeiten.
4. Firmeninterne Vorschriften für Benehmen und Verhalten würden Dinge unnötig verkomplizieren.
5. Höflichkeit signalisiert Schwäche. Sie werden weniger respektiert und zum Snob gestempelt.
6. Unsere Kommunikationsmittel lassen für Höflichkeitsfloskeln keinen Raum.
7. Manieren blockieren die Kreativität.

Alle sieben Punkte sind falsch!

1. Es kostet Zeit, die Regeln des guten Benehmens zu lernen, doch es kostet ungleich mehr Zeit, die Folgen schlechten Benehmens auszubessern. Das Aneignen

von gutem Benehmen ist ein einmaliges Investment, das leicht *up to date* zu halten ist, schlechtes Benehmen ist ein permanent wiederkehrender Schadenverursacher. Wiederholung: Es kostet ungleich mehr Zeit, die Folgen schlechten Benehmens auszubessern.

2. Da Benehmen immer aktuell ist, hat es nichts mit moderner Inneneinrichtung zu tun. Ihre Manieren sind der äußere Ausdruck Ihrer persönlichen Inneneinrichtung. Sie sind immer zeitgemäß.

3. Gutes Benehmen ist stets einer Revision zu unterziehen. Wie die konstante Verbesserung seiner besten Sportart kann man auch an seinen Manieren immer wieder feilen. Unsere Bequemlichkeit führt leicht zu Nachlässigkeiten. Wir sollten uns nicht gehen lassen. Gute Umgangsformen sind Lebensqualität.

4. Firmeninterne Leitlinien beziehen sich häufig auf das Auftreten der Firma nach außen; also wie oft darf das Telefon maximal läuten, wie meldet man sich, wie kommuniziert man mit dem Kunden? Welche Kleidung ist akzeptabel? Firmen haben sehr wohl Regulative für den innerbetrieblichen Umgang, aber immer werden die Eckpfeiler des guten Tons – Ihr gutes Benehmen – als Voraussetzung betrachtet.

5. Höflichkeit signalisiert Schwäche.

Das ist natürlich Unsinn. Andere Menschen mit Respekt zu behandeln garantiert Ihnen den Respekt der anderen. Wer Sie respektiert, wird für Sie durchs Feuer gehen, wer Sie verachtet, lässt Sie darin schmoren.

6. Unsere Kommunikationsmittel lassen für Höflichkeitsfloskeln keinen Raum.

Ebenso falsch!

Ein Handy erlaubt uns den schnellen, kurzen Anruf von unterwegs, den wir sonst vergessen hätten, um rasch

Danke zu sagen oder uns nach dem Befinden (der Gesundheit, der pünktlichen Lieferung, der Erledigung einer Sache) zu erkundigen.

Eine SMS als Dankeschön für eine Einladung am Vorabend – so einfach war es doch noch nie.

Eine E-Mail mit freundlichen Grüßen und einer netten Anrede zu schreiben ist auch keine Hexerei mehr. Die Zeiten von *cc* (wer weiß noch, was das heißt? Es steht für *carbon copy*, also jene Kopie, die man mit Kohlepapier auf einer alten Schreibmaschine auf ein zweites und drittes Blatt Papier „durchgeschlagen" hat), also *cc* ermöglicht uns, alle gewünschten Teilnehmer daran teilnehmen zu lassen. Chat-Programme erlauben Konversation in Echtzeit.

7. Manieren blockieren die Kreativität? Das kann wohl nur noch als abschließender Scherz verstanden worden sein. Oder? Wer sich die geringe Mühe macht, gutes Benehmen zu praktizieren, hat dies bald so natürlich verinnerlicht, dass seine Kreativität (auch Spontaneität) sich frei entfalten kann, auch wenn er sich an Regeln hält.

Das Wissen um die korrekten Umgangsformen verleiht Ihnen Selbstsicherheit. Dieses Selbstvertrauen unterstützt Ihre Kreativität und Ihr Auftreten und bringt den natürlichen Charme jedes Menschen zur Entfaltung.

Bevor wir uns den zahlreichen „Wie"-Fragen stellen, wollen wir Ihnen helfen, sich selbst besser einzuschätzen.

Wie Etikette-fit sind Sie? (Wir sind dabei auch in den „Früh übt sich … und es ist nie zu spät"-Etikette-Bereich gegangen, der Ihnen sicher längst vertraut ist.)

In der Folge 14 Fragen zum Testen:

TEST

1. Es kommt zu einer zufälligen Begegnung im Foyer Ihrer Firma zwischen einem jungen Mitarbeiter und einer öffentlich bekannten Persönlichkeit (z.B. TV-Sprecher, Politiker, Filmstar ...). Die beiden haben Blickkontakt.
Soll der junge Mann grüßen?

❏ Nein ❏ Ja ❏ Egal

Ich grüße jede Person, die in meiner Firma zu Gast ist und bekannte Persönlichkeiten kann man bei Blickkontakt in der Öffentlichkeit grüßen. Antwort: Ja.

2. Zwei Herren, die einander kennen, begegnen sich zufällig. Der eine ist in Begleitung seiner Frau, der andere in Begleitung seiner Vorgesetzten.
In welcher Reihenfolge wird vorgestellt?

❏ Einer der Herren stellt den anderen der Dame vor, die ihn begleitet, dann werden die beiden Damen durch den anderen Herrn bekannt gemacht und zuletzt der Herr, der als Erster die Initiative ergriffen hat, vorgestellt.

❏ Zuerst werden die beiden Damen miteinander bekannt gemacht, dann die Herren den Damen vorgestellt.

❏ Der verheiratete Herr stellt seine Frau seinem Freund vor, der dann seine Vorgesetzte ihm vorstellt, weil die Damen am wichtigsten sind.

Die erste Antwort ist in diesem Fall richtig, da Menschen, die einander kennen, die Pflicht haben, das Vorstellen der anderen zu übernehmen. Da wir davon ausgehen, dass beide Herren die jeweils andere Dame nicht kennen, spielt der Rangunterschied der Damen keine Rolle. Wäre eine der beiden Damen signifikant älter, würde die jüngere Dame vorgestellt werden.

3. Zwei Personen treffen einander im Winter im Freien. Sollte man den rechten Handschuh vor dem Begrüßen ausziehen?

❏ Nein ❏ Ja ❏ Beides ist heute korrekt.

Ich überlasse es meinem Gegenüber, den Handschuh zuerst abzulegen, das früher nicht allgemein üblich war, heute aber gängige Praxis ist. Antwort: Beides ist korrekt.

4. Zwei gleichrangige Damen sollen einander vorgestellt werden. Mit welcher Frage leitet man dieses Ritual ein?

Antwort:

❏ Erlauben Sie, dass ich Ihnen Frau Müller vorstelle?

❏ Darf ich die Damen bekannt machen?

❏ Darf ich Sie einander vorstellen?

Bei Ranggleichheit wird miteinander bekannt gemacht. Hier ist die zweite Antwort korrekt.

5. Auf einer Einladung zu einem Empfang oder einer Cocktailparty steht: „Zwischen 18:30 und 20 Uhr". Wann soll ich eintreffen?

❏ Pünktlich um 18:30 Uhr.

❏ Nicht vor 19 Uhr.

❏ Frühestens um 18:30, spätestens um 20 Uhr.

In diesem Fall haben Sie die Möglichkeit, zwischen 18:30 und 20:00 Uhr zu erscheinen. Stünde aber „18:30 für 19:00 Uhr", bedeutet das, dass um 19:00 spätestens jeder hier sein sollte, da das Programm – zum Beispiel ein Abendessen – beginnt. Finden Sie die Abkürzungen c.t. oder s.t. auf Ihrer Einladung, deuten Sie das folgendermaßen:

c.t. (Abk. für cum tempore) – Sie können sich maximal 15 Minuten verspäten.

s.t. (Abk. für sine tempore) – Sie müssen pünktlich sein. Die letzte Antwort ist korrekt.

6. Als Gast bei einem Empfang möchte ich mich selbst einer Gruppe von Gästen vorstellen, die mir völlig unbekannt ist. Ist das korrekt oder aufdringlich?

❏ Ich muss warten, bis mich die Gastgeber vorstellen.

❏ Ich gehe zu einer anderen Gruppe, weil man sich bei einem Empfang nur mit Leuten unterhält, die man schon kennt.

❏ Jeder Gast hat die Pflicht, sich selbst möglichst bei mehreren verschiedenen Gruppen vorzustellen. Kommt ein unbekannter Gast zu einer Gruppe dazu, so ist es Aufgabe der Gruppe, sich ihm freundlich zuzuwenden, um ihm die eigene Vorstellung so angenehm und leicht wie möglich zu machen.

Nachdem Sie jede Möglichkeit wahrnehmen, Kontakte zu knüpfen, werden Sie sich zu einer Gruppe begeben, die es Ihnen auf angenehme Weise ermöglicht, sich vorzustellen. Wendet sich Ihnen niemand zu und die Gruppe ist in einem intensiven Gespräch, werden Sie nicht minutenlang wartend dastehen, weil Sie ja nicht unterbrechen wollen, sondern sich einer anderen Gruppe zuwenden. Die letzte Antwort ist hier richtig.

7. Eine Dame einer Tischgesellschaft verlässt kurz ihren Platz. Sollten sich alle Herren an diesem Tisch erheben?

❏ Ja   ❏ Nur ihr Tischherr   ❏ Keiner

Es erhebt sich nur ihr Tischherr, das ist der Herr zu ihrer linken Seite. Er schiebt ihr auch den Stuhl zurecht, wenn sie Platz nimmt, sorgt auch während des Essens dafür, dass ihr Glas nachgeschenkt wird, und macht Konversation mit ihr. Wenn sie früher aufbricht, begleitet er sie zur Garderobe und hilft ihr in den Mantel, so wie er es auch macht, wenn sie gemeinsam gehen.

8. Eine 55-jährige Sekretärin bekommt einen neuen 35-jährigen Vorgesetzten. Sie möchte ihm das DU anbieten.
Ist es korrekt, dass dieses Angebot von ihr kommt?
❏ Ja – als Dame und Ältere bestimmt sie über DU oder SIE.
❏ Nein – der Ranghöhere ist der Vorgesetzte, nur er kann das DU anbieten.
❏ Beide sind im Rang gleich, und daher kann das DU von beiden kommen.

Es bietet immer der Ranghöhere dem Rangniedrigeren das Du an, und da im Geschäftsleben die Position den Rang bestimmt und nicht das Geschlecht, ist dies ihrem Chef vorbehalten. Selbst wenn sie ihren Vorgesetzten im privaten Umfeld treffen sollte, ist es für sie unmöglich, das Du anzubieten.

9. Die Vorstandssprecherin einer deutschen AG kommt zu Besuch. Wie spreche ich sie an?
❏ Frau Direktor   ❏ Frau Direktorin   ❏ Frau Müller

Im Gegensatz zu Österreich ist die Verwendung von Titeln in Deutschland und auch in den meisten anderen Ländern nicht so verbreitet. Frau Müller wird sich freuen, Sie kennenzulernen. Die letzte Antwort ist richtig.

10. Ein Herr spricht mit einer Dame, wobei er beide Hände in der Tasche hat.
Welchen Eindruck macht dies auf Beobachter?
❏ Ein selbstbewusster, cooler, lockerer Typ.
❏ Provokant, despektierlich, ungehobelt, unhöflich …
❏ Sicher ein Tourist, der unsere Regeln nicht kennt.

Schon von Kindesbeinen an hören wir den Satz: „Hände aus der Hosentasche." Es wirkt auf viele Menschen negativ und unsicher, wenn Sie Ihre Hände verstecken, vor allem wenn Sie mit jemandem im Gespräch sind (das Gleiche gilt auch für Manteltaschen). Antwort zwei ist hier richtig.

11. Ich esse mit einem englischen Geschäftspartner eine Suppe. Während ich den Löffel mit der Spitze voran zum Mund führe, schlürft mein Gegenüber die Suppe vom seitlichen Rand des Löffels. Wie verhalte ich mich?

❏ Ich mache ihn darauf aufmerksam, dass er nicht korrekt isst.

❏ Ich ignoriere sein Verhalten und denke mir: „Schade, bis jetzt hat er einen sehr positiven Eindruck auf mich gemacht. Da er sich hier nicht zu benehmen weiß, wer weiß, welchen Fauxpas er noch begehen wird."

❏ Ich ignoriere sein Verhalten, da ich weiß, dass englische Suppenlöffel rund sind, daher von der Seite zum Mund geführt werden.

Hier ist von Vorteil, wenn Sie sich mit der Kultur Ihres Gastes beschäftigt haben. So können Sie besser zwischen kulturellen Unterschieden und schlechtem Benehmen unterscheiden. Was bei uns gänzlich inakzeptabel erscheint, ist in anderen Ländern und Kulturen „gutes Benehmen" und umgekehrt. Ziehen Sie also keine voreiligen Schlüsse. Die letzte Antwort ist richtig.

12. An einem heißen Sommertag treffen ein Kunde, ein Berater und der neue Assistent des Beraters zusammen. Darf der Assistent anregen, die Sakkos abzulegen?

❏ Nein, weil er im Rang am niedrigsten ist.

❏ Ja, fragen kostet nichts.

❏ Diese Anregung kann nur vom Kunden ausgehen.

Das Sakko abzulegen, kann nur vom Ranghöchsten angeboten werden. In diesem Fall ist das der Kunde. Auch Damen behalten ihre Jacke oder ihren Blazer an, bis der Ranghöchste ein Zeichen zum Ablegen gibt (anders als im privaten, gesellschaftlichen Rahmen, wo Damen ihre Jacken immer ablegen dürfen und Herren mit Erlaubnis der Damen). Antwort eins und drei sind korrekt.

13. Wir erfahren aus der Zeitung vom Ableben eines Kunden. Was sollten wir machen?

❏ Ein kurzes Beileidschreiben an die Hinterbliebenen schicken.

❏ Einen Kranz zur Beerdigung schicken.

❏ Wir wurden von den Angehörigen nicht verständigt und machen nichts.

Wenn Sie persönlich informiert werden oder zur Beerdigung gehen, werden Sie einen Kranz oder Blumenschmuck übersenden. Haben Sie nur zufällig von dem Trauerfall gehört, zeigt es Ihre Anteilnahme, wenn Sie ein Beileidschreiben an die Angehörigen richten. Antwort eins ist richtig.

14. Wann ist der früheste Zeitpunkt für geschäftliche Themen bei einem Geschäftsessen?

❏ Über Geschäftliches kann man die ganze Zeit sprechen, schließlich ist es ja ein Geschäftsessen.

❏ Der Kunde entscheidet, ob und wann über Geschäftliches gesprochen wird.

❏ Nach dem Dessert.

Der Kunde oder Gast ist in diesem Fall der Ranghöchste und daher entscheidet er über die Themenwahl. Handelt es sich um ein geschäftliches Mittagessen, können Sie die ganze Zeit über das Geschäft sprechen. Antwort zwei ist korrekt.

Und nun, werter Leser, bestätigt in Ihrem perfekten Wissen um die Grundzüge des guten Benehmens, dürfen wir Sie einladen, uns in die Welt der Business-Etikette zu folgen.

Teilweise entnommen dem Skriptum „Business-Seminar" von Thomas Schäfer-Elmayer. Mehr über alle Seminare für Business-Etikette erfahren Sie im Internet unter www.etikette.at.

Diese Seminare für Firmen – maßgeschneiderte Trainingseinheiten für alle Entscheidungsebenen, vom Management bis zum Auszubildenden – gestatten die Vertiefung aller wichtigen Verhaltensnormen im Einklang mit den Unternehmensleitlinien.

Für sein „neues" Indien nach der angestrebten Unabhängigkeit von Großbritannien hat Mahatma Gandhi (1869–1948) diverse philosophische Grundsätze entwickelt, von denen dieser hier so manches Büro in unserem Lande zieren sollte (stattdessen liest man schon mal: „Bitte Ruhe, Genie an der Arbeit" oder ähnlich Sinnvolles).

Wäre das nicht ein schönes Motto:

„Der Kunde ist unser wichtigster Besucher. Er hängt nicht von uns ab, sondern wir von ihm. Er ist nicht eine störende Unterbrechung unserer Arbeit, er ist ihr Anlass. Er ist kein Fremdkörper für unser Geschäft, sondern Teil davon. Wir tun ihm keinen Gefallen, wenn wir ihm zu Diensten sind. Er tut uns einen Gefallen, wenn er uns die Möglichkeit dazu gibt."

Mahatma Gandhi

ANGESTELLT

Wie komme ich in ein Unternehmen

In der Regel ist der erste Schritt zum Arbeitsverhältnis die Bewerbung. Sie ermöglicht Ihrem zukünftigen Brötchengeber, Ihre Person (vor allem Ihr Benehmen, Ihr Auftreten, Ihre Sprachgewandtheit etc.) und Ihre Talente, Ihr Können und Ihre Ausbildung zu bewerten. Der Ausdruck Brötchengeber ist so veraltet wie der Begriff „Broterwerb", doch seit jeher geht es schließlich darum, sich das „täglich Brot" zu verdienen.

Zunächst einmal die Stellenmarktanzeige.

Da steht es, schwarz auf weiß: Man sucht Sie! Lesen Sie die Annonce noch einmal – haben Sie wirklich alles verstanden? Und vor allem: Wollen Sie das wirklich tun? Ja? Dann los.

Die Bewerbung ermöglicht auch Ihnen, nochmals Ihre Vorstellungen und Ideale mit dem in Aussicht gestellten Job zu vergleichen und in der Folge Ihre Ausbildung und Ihr Können mit den tatsächlichen Anforderungen der Position.

Bewerben Sie sich, wie Sie sind, nicht wie Sie sein wollen oder hoffen, durch diesen Job zu werden.

Gewarnt wird vor zu professionell gestalteten Auftritten wie einer eigenen Webseite, die ausschließlich auf Stellensuche ausgerichtet ist. Man kann da leicht den Eindruck erhalten, dass Sie eigentlich ein erfolgloser Arbeitsuchender sind.

TIPP

Wichtig ist es, möglichst viele Informationen über das Unternehmen zu sammeln, um selbstbewusst und sicher

a) entscheiden zu können, ob ich für diese Firma arbeiten möchte.

b) beim Bewerbungsgespräch deutlich zu machen, dass ich interessiert und informiert bin.

c) über Dinge Bescheid zu wissen, die für das Unternehmen und sein Umfeld wichtig sind (Führungsmannschaft, Unternehmensleitlinien, Kapitalsituation, Währungsparitäten, politische Entwicklungen, Rohstoffmärkte, technische Entwicklungen, Größe, Vergangenheitsentwicklung bei Gewinn, Marktanteilen und Personal, Organigramm, Ruf, Wettbewerbssituation, Zukunftschancen, Strategien etc.).

Lassen Sie sich nicht durch hochgeschraubte Anforderungsprofile abschrecken. Wussten Sie, dass 40% aller Frauen sich Jobs nicht zutrauen, während 60% der Männer bei gleicher Ausbildung und gleicher Anforderung spontan „Das mache ich" sagen? Im Endeffekt schaffen es von beiden Gruppen gleich viele zu reüssieren. Das liegt daran, dass Männer eher „ins kalte Wasser" springen und „learning by doing" praktizieren (auch „learning on the job"), während Frauen das Risiko, möglicherweise zu scheitern, lieber meiden.

Wie bewerbe ich mich richtig

Der wichtigste „Salesjob" Ihres Daseins ist der Verkauf Ihrer eigenen Arbeitskraft. Hier sind Sie das Produkt, das Sie möglichst gut kennen sollten, und das Sie dem potenziellen Käufer antragen müssen, dessen Bedürfnisse Sie ebenfalls möglichst gut kennen sollten.

Die bekannteste Routine in diesem Fall ist:

Sie lesen ein Stellenangebot (Zeitung, Internet etc.).

Das Angebot interessiert Sie.

Sie antworten.

So gehen Sie vor:

In der Annonce steht die Webseite. Sie besuchen die Seite und studieren das Unternehmen.

Sie suchen die Abteilung, für die Sie sich bewerben und informieren sich möglichst umfassend.

Das Unternehmen hat keine Webseite: Überzeugen Sie sich von der Seriosität und Potenz des Unternehmens. Oft locken fantastische Angebote, dahinter stecken skrupellose Abzocker und Sie verlieren Zeit und manchmal sogar noch Geld.

Sie sind begeistert von dem, was Sie sehen. Also wollen Sie sich bewerben. Meist steht in der Ausschreibung (Annonce), in welcher Form zu antworten ist.

Bewerbung auf Eigeninitiative:

Wenn Sie sich nicht auf ein spezielles Stellenangebot hin bei einem Unternehmen (Firma, die Zeitarbeiter vermittelt oder Betrieb, der Ihnen langfristig als erstrebenswert erscheint) bewerben möchten, gelten grundsätzlich die gleichen Regeln. Sie richten Ihre Bewerbung dann nicht spezifisch auf eine bestimmte Stelle aus, sondern zeigen ein möglichst breites Spektrum Ihrer Fähigkeiten auf. Ein Anruf in der Personalabteilung, an wen Sie Ihre Bewerbung schicken sollen, ist immer hilfreich. Auch wenn man Ihnen sagt, dass momentan keine freien Stellen vergeben werden, bitten Sie die Personalabteilung, Sie in Evidenz zu halten. Viele Firmen legen sich einen Pool von potenziellen Kandidaten an, der dann im Fall einer Neubesetzung gesichtet wird, bevor man eine Annonce schaltet.

Wie sehen meine Bewerbungsdokumente aus

Ihre Bewerbungsmappe ist heute ein vollelektronisches Textdokument, das auf Ihrem PC gespeichert ist. Ihr elektronisches Bewerbungsschreiben hat nach wie vor die gleichen Inhalte. Sie sparen sich aber eine Menge Porto und Geld für die Mappen, da Sie nur mehr eine einzige Mappe samt sauberen Kopien Ihrer Zeugnisse, schön gebunden, produzieren müssen (verzichten Sie auf Heftklammern). Diese werden Sie zu einem persönlichen Gespräch mitnehmen.

Um es unveränderbar und leicht lesbar zu machen, werden Sie es als pdf-Dokument (*portable document format*) speichern, das als Anhang einer E-Mail mitgeschickt werden kann.

Ihre Zeugnisse sind eingescannt als *attachment* (ein Anhang als niederauflösendes JPEG mit ca. 72 dpi) angeschlossen.

Jedes *attachment* sollte nach seinem Inhalt benannt sein, nicht Beilage 1, 2 etc., sondern „Lebenslauf Clara Berger.doc" oder „Lebenslauf Clara Berger.pdf".

Es zeichnet Sie als kompetenten und zuverlässigen Menschen aus, wenn Sie eine perfekte Bewerbungsmappe zum elektronischen Versand bereit haben.

Erster Kontakt:

Sie können durchaus zunächst einmal persönlich anrufen und sich vorstellen. Sie teilen mit, dass Sie sich für die annoncierte Position interessieren. Gehen Sie nicht näher auf die Annonce ein, das Unternehmen kennt ihren Inhalt. Fragen Sie, an wen Sie die Bewerbung persönlich richten dürfen: „Darf ich die Bewerbung an Sie persönlich schicken?", „Darf ich sie per E-Mail schicken?" und „Ich darf Sie in den nächsten Tagen anrufen, um sicherzugehen, dass Sie meine Bewerbung auch erhalten haben."

Steht ausdrücklich vermerkt, dass nur schriftliche Bewerbungen erbeten sind, so ist das zu respektieren. Vorab anzurufen wird hier als aufdringlich und respektlos bewertet. Trotzdem kann ein kleines Telefonat vorab nicht schaden, falls man die Firma gar nicht kennt. So ein erster telefonischer Eindruck kann schon Bände sprechen. Oft genügt es schon, zu hören, wie sich die Firma am Telefon präsentiert.

Die Bewerbungs-E-Mail ist prompt zu schicken. Sie teilen mit, dass Sie sich für die ausgeschriebene Stelle bewerben. Das geht zum Beispiel so:

> Ich habe Ihre Annonce für die Position eines ... gelesen und sende in der Beilage meine Bewerbungsunterlagen, bestehend aus:
>
> Lebenslauf Clara Berger, Lebenslauf (englisch: CV, von lat. curriculum vitae – verwenden Sie aber nur den deutschen Titel bei einer auf Deutsch ausgeschriebenen Stelle).
>
> Zeugnisse Clara Berger (Schul-, Universitätsabgangszeugnisse, Diplom, Arbeitszeugnisse, Gesellen- oder Meisterbrief etc. – immer mit dem eigenen Namen versehen).

Der Lebenslauf:

(eigentlich der berufliche Werdegang!) ist Ihre Visitenkarte für die Einladung zu einem Vorstellungsgespräch.

Für Schüler (Ferialjobs):

> Persönliche Daten (Geburtsdatum, Ort, Nationalität)
> Schulische Laufbahn, Sprachen, eventuell Praktika und andere Jobs.

Für alle anderen Jobsuchenden:

> Persönliche Daten (Geburtsdatum, Ort, Stand)
> Schulbildung (Pflichtschule, AHS, BHS, HAK, HTL ...)
> ggf. Wehr- bzw. Zivildienst
> ggf. Lehrabschluss, Gesellen- oder Meisterbrief
> ggf. Gewerbeberechtigung
> ggf. Fachhochschulabgang, Universitätslehrgang
> ggf. Hochschulstudium (Fächer, Schwerpunkte, eventuell Thema der Examensarbeit, Note)
> ggf. Berufstätigkeit/Praktikumserfahrung, die bisher bekleideten Stellen (mit kurzer Charakterisierung der Verantwortung), Gründe für Unterbrechungen (Kinderpause, Weiterbildungspause, Sabatical)
> ggf. berufliche Weiterbildung
> ggf. außerberufliche Weiterbildung
> ggf. Sonderinformationen (z.B. Auslandsaufenthalte)
> ggf. soziale Fähigkeiten, organisatorische, technische oder künstlerische Fähigkeiten
> Besondere Kenntnisse (z.B.: Fremdsprachen – geben Sie an, wie gut Sie die jeweiligen Sprachen beherrschen – lesen, schreiben, sprechen, ausgezeichnet, gut, Grundkenntnisse; spezielle Computerprogramme etc.)
> Hobbys/Interessen

Für den Lebenslauf gilt:

Schreiben Sie keine Romane, maximal zwei A4-Seiten. Ein tabellarisch gestalteter Lebenslauf wird als Standard bevorzugt, beginnend mit heute. Er kommt aus dem PC, handgeschriebene Lebensläufe nur vorlegen, wenn sie ausdrücklich verlangt wurden (Im Internet gibt es z.B. ein „Europäisches Lebenslauf-Muster" als pdf zum Herunterladen.).

Alle Zeitangaben im Lebenslauf sollten möglichst genaue Angaben sein, die Jahreszahl und auch den Monat hinzufügen (03/2007).

Achten Sie darauf, dass der berufliche Werdegang lückenlos ist. Einzelne Monate ohne Beschäftigung sollten klar sein, zum Beispiel: „November 2006: Sprachstudium in England".

Zur Person:

Um Sie sofort einmal zu präsentieren, sollte ein Foto in der rechten oberen Ecke der ersten Seite des Lebenslaufes aufgeklebt sein (keine Büro- oder Heftklammern benützen). Nehmen Sie ein wirklich gutes Foto, am besten von einem professionellen Fotografen (ca. 4 mal 6 cm). Lassen Sie sich beraten, auf welchem Foto Sie am sympathischsten wirken. Es sollte aber schon realistisch sein, damit der Interviewer nicht enttäuscht ist, wenn er die Realität erblickt.

Geben Sie Namen, Geburtsdatum und -ort sowie den Familienstand (optional) zuerst an.

Wenn Sie Kinder haben, geben Sie ihr Geschlecht und Alter an: „Zwei Töchter (3 und 7 Jahre), ein Sohn (5)."

Angaben zu Ihrer Staatsangehörigkeit, eventuell Aufenthalts- und Arbeitsbewilligung.

Keine Geburtsnamen, Hochzeitsdaten, Namen der Kinder, Haustiere oder gar deren Namen.

Name und Beruf Ihrer Eltern sollte man nur anführen, wenn es den eigenen „Background" unterstützt. Überlegen Sie aber, ob Sie das wollen (Vorschusslorbeeren).

Zur Ausbildung:

Bei mehr als zehn Jahren Berufspraxis führen Sie nur den letzten abgeschlossenen Ausbildungsschritt an.

Geben Sie Ort und Art der Schule oder des Instituts, den Abschluss und beim letzten Abschluss die Abschlussbewertung (falls summa cum laude) an. Das Bundesheer bzw. den Zivildienst sollten Sie mit Datum, Ort, Aufgabe und Waffengattung bzw. letztem Dienstgrad angeben.

TIPP

Verzichten Sie auf Ausbildungsnachweise und Bescheinigungen von Fähigkeiten, die für diesen Job völlig unwichtig sind (außer sie dienen zur Erklärung von längeren Arbeitspausen). Das lenkt nur ab und könnte den Eindruck erwecken, dass Sie mangelnde Qualifikationen kompensieren wollen.

Bei Fortbildungsmaßnahmen nicht übertreiben.

Optimal sind Zusatzqualifikationen, die in Bezug zur ausgeschriebenen Stelle stehen.

Führen Sie die wirklich relevanten Nachweise auf, zum Beispiel: Zulassung zum betrieblichen Ausbildner. Legen Sie für alle angeführten Fortbildungen Zeugniskopien bei.

Fortbildungsmaßnahmen, die sich auf gängige Mindestanforderungen wie Führerschein oder Einführung in Windows beziehen, werden vorausgesetzt. Bewerten Sie selbst, ob Ihnen das Erwähnen des Esoterik- oder Töpferkurses für diese Position wichtig ist (falls nicht, weglassen!).

Hobbys:

Für Führungspositionen sind sportliche Talente oft wichtig. Vermeiden Sie die Auflistung alltäglicher Hobbys. Zu viele Angaben zum Freizeitverhalten machen Sie als freizeitorientiert verdächtig. Hier gilt: Hobbys sind dann sinnvoll, wenn Fähigkeiten vermittelt werden, die den Anforderungen des Stellenangebots entsprechen.

Beispiel: Teamsportart signalisiert Teamfähigkeit. Extremsportarten sollten Erwähnung finden, falls Sie Hobbys anführen, damit nicht später kommt: „Wenn wir das gewusst hätten, wären Sie nie eingestellt worden."

Zum Beruf:

Stellen Sie alle beruflichen Schritte übersichtlich dar: Name der Firma, Ort, Aufgabe, Verantwortung, eventuell auch Umsatzverantwortung, Budget, Mitarbeiter und Marktanteile etc. Zahlen dürfen Sie nicht nennen, da diese vertraulichen Daten der Verschwiegenheitspflicht unterliegen.

Änderungen der Position innerhalb derselben Firma in der linken Spalte zeitlich herausstellen.

Vom Unternehmen verursachte Schritte für Ihren Wechsel (Konkurs, Umzug in eine andere Stadt etc.) im Lebenslauf mit angeben.

Eine Auflistung Ihrer größten Stärken („unabhängig" (ideal für Vielreisende), „teamfähig" (für Gemeinschaftsprojekte) etc.) ist von Vorteil. Überlegen Sie, was gefragt ist und versuchen Sie, Ihre Fähigkeiten dort zuzuordnen, wo sie wirklich am Platz sind. Versuchen Sie nicht, etwas darzustellen, was Sie nicht sind, aber gerne wären.

Unterschreiben Sie den Lebenslauf eigenhändig mit einer Füllfeder. Für die Online-Bewerbung scannen Sie für die elektronische Übertragung die Unterschrift ein. Das gibt der ganzen Sache eine persönliche Note, denn Ihre Bewerbung wird ausgedruckt und der zuständigen Person vorgelegt.

Der Lebenslauf und das Bewerbungsschreiben sind in der gleichen Sprache zu verfassen, in der die Stellenanzeige abgefasst war. In einer deutschen Bewerbung hat zum Beispiel – wie erwähnt – das im Englischen gebräuchliche „CV" bzw. „Curriculum Vitae" nichts zu suchen.

Formale Details:

Thermoschnell- bzw. Spiralbindungssysteme mit Overheadfolie und Kartondeckel wirken elegant, vergessen Sie nicht das Deckblatt. Darauf steht „Bewerbung Clara Berger", darunter ein Inhaltsverzeichnis, beginnend mit Lebenslauf, Zeugnisse, Anlagen mit ihren genauen Bezeichnungen.

Kopieren Sie alle Unterlagen, die Sie versenden, damit Sie immer wissen, was man von Ihnen in dem jeweiligen Unternehmen vorliegen hat.

Verzichten Sie auf grafische Verspieltheiten, farbige Schriften oder auffälliges Design. Wenn Sie etwas hervorheben wollen, verwenden Sie kursive, fett gedruckte oder unterstrichene Worte.

Benutzen Sie zum Versand einen ausreichend frankierten DIN-A4-Umschlag mit verstärktem Rücken.

Versandart: Versenden Sie Ihre Bewerbung mit normaler Post, Express erweckt den Eindruck, Sie hätten es eilig, eine eingeschrieben geschickte Bewerbung wirkt unhöflich.

Wie bewerbe ich mich online

Die Online-Bewerbung funktioniert nach dem im Internet vorgegebenen Schema und ist von Firma zu Firma unterschiedlich. Wünschenswert wäre übrigens, dass Firmen die bereits vergebenen Positionen von der Stellenangebotsseite nehmen.

Es spricht nicht für den Arbeitgeber, wenn diese Webseiten schlecht gewartet sind und längst vergebene Stellen noch als „Gesucht" ausgewiesen werden (abgesehen davon, dass es gegenüber dem Neuling unhöflich ist, wenn er dort einmal nachsieht und seinen Job wieder oder noch ausgeschrieben sieht).

Was ist gefragt?

Ihre persönlichen Daten wie Anrede (Herr oder Frau), akademische Titel, Name, Geburtsdatum, Adresse, Telefon und E-Mail.

Schulbildung und Ausbildung: Sollten Sie ein Studium abgeschlossen haben, dann führen Sie diverse Spezialisierungen/Studienschwerpunkte (z.B. Controlling, Werbung und Marketing, Energie- und Antriebstechnik etc.) an.

Frühere Anstellungen, Arbeitgeber, Ferialpraxis etc.

Zum Schluss werden Sie aufgefordert, weitere Unterlagen anzuschließen, die es dem Arbeitgeber ermöglichen, sich ein umfassendes, individuelles Bild von Ihnen zu machen. Dazu zählen ein persönliches Motivationsschreiben sowie der Lebenslauf. Weitere Dateien können Sie als Anlage ebenfalls mit anhängen, zum Beispiel eingescannte Kopien Ihrer Zeugnisse, eine Fotografie, ein Diplom etc.

Beachten Sie, ob das System bestimmte Dateiformate bevorzugt oder ablehnt (*tif, jpg, doc* oder *pdf*) und ob die Dateigröße eine Rolle spielt.

Schlussendlich erscheint am Bildschirm zum Beispiel: „Sehr geehrte/r Bewerber! Vielen Dank für Ihre Bewerbung und Ihr Interesse an unserem Unternehmen! Wir werden Sie in Kürze kontaktieren." Manche Personalabteilungen schreiben Ihnen an einem der nächsten Tage eine kurze E-Mail zurück, die den „Eingang" Ihrer Bewerbung bestätigt und eventuell fehlende Dokumente einfordert.

Beginnt nun die Zeit des bangen Wartens?

Nun, nicht ganz. Nachdem Sie Ihre Bewerbung abgeschickt haben, warten Sie zwei Werktage, ehe Sie zum Telefon greifen und die Personalabteilung anrufen (in Printmedien oder bei Vermittlungen vom Arbeitsamt ist fast immer eine Kontaktperson angeführt). Verlangen Sie die Kontaktperson und stellen Sie sich vor. Erklären Sie, dass Sie sich elektronisch beworben haben und sichergehen wollten, dass Ihre Bewerbung den Transfer bis zum Schreibtisch des bearbeitenden Mitarbeiters der Personalabteilung geschafft hat.

Falls ja, werden Sie wahrscheinlich ein „Wir melden uns bei Ihnen" hören. Fragen Sie ruhig nach, wann Sie damit voraussichtlich rechnen dürfen.

Sie finden im **Anhang** (Seite 329) Muster für eine englische Bewerbung.

Wie reagiere ich auf einen Headhunter

Positiv!

Wer von einem Headhunter angesprochen wird, ist interessant. Über ein Drittel aller Führungspositionen werden heute von Stellenvermittlern (*Executive Search*, Headhunter) vermittelt. In der Regel werden Sie angerufen und am Telefon interviewt. Der berühmte erste Satz lautet:

„Können Sie ungestört sprechen?"

Sie können?

Die sieben Tipps hier lauten:

1. Vergewissern Sie sich, dass es sich um einen seriösen Anrufer handelt. Erfragen Sie die Firma und den Namen des Beraters. Fühlen Sie sich nicht ganz sicher, rufen Sie zurück, nachdem Sie sich die Firma angesehen haben (Internet-Check). In der Regel sollten Sie das Unternehmen kennen.

2. Lehnen Sie das Gespräch nicht mit den Worten ab: „Ich suche keinen neuen Job." Sie werden meist nur angerufen, wenn sie einen Job haben. Haben sie keinen, sind ohnedies Sie derjenige, der anruft.

3. In wenigen Minuten haben Sie einem seriösen Berater den momentanen Stand Ihrer persönlichen Karriere veranschaulicht. So viel Zeit muss sein.

4. Hat der Berater einen konkreten Auftrag, so wird er Ihnen ein genaues Bild der neuen Position zeichnen.

5. Wenn es um die Besetzung einer bestimmten Position geht, können Sie ruhig fragen, in welcher Höhe sich das Gehalt bewegen wird. Diese Information ist schließlich entscheidend dafür, ob Sie diese Anfrage weiter interessiert. Nichts verpflichtet Sie, Ihr eigenes Einkommen offenzulegen.

6. Vertraulichkeit ist für beide Seiten verpflichtend, auch der potenzielle neue Arbeitgeber darf noch nicht darüber informiert werden, dass Sie im Gespräch sind. Das könnte bei allen möglichen Gelegenheiten zu peinlichen Situationen führen.

7. Halten Sie mit diversen Headhuntern (=Ihr Agent!) Ihre persönlichen Unterlagen *up to date*. Ihr Weg auf der Karriereleiter sollte gut dokumentiert sein. Wer erfolgreich ist, darf es ruhig kundtun. Die *Executive Searcher* werden sich an Ihre Spur heften wie Bluthunde und Sie können gewagte Karrieresprünge anpeilen.

Wie funktioniert Zeitarbeit

Hier ist Ihr Dienstgeber ein Personaldienstleister, Ihre Aufgabe lautet „Zeitarbeit". Für Arbeitnehmer eine dynamische, aufregende Zukunftsvariante der Arbeitswelt, für Arbeitgeber eine bewährte Lösung auf der Suche nach rasch verfügbaren qualifizierten Arbeitskräften.

Wie kommt es dazu?

Zeitlich befristete Großaufträge, unsichere Zukunftsperspektiven, Einsparungen am Personalsektor, Konzentration auf das Kerngeschäft und andere Umstände haben bei großen Firmen längst dazu geführt, für Randbereiche Zeitarbeiter zu engagieren. Diese sogenannte Zeitarbeit ist auch für kleinere Betriebe zum hilfreichen Faktor geworden.

Große Personaldienstleister wie *Manpower* (1948 gegründet, heute handelt der US-Konzern mit 4400 Büros in 73 Ländern ca. 2,5 Millionen Zeitarbeitskräfte) vermitteln Dauerstellen, Zeitarbeit, Projekte, Voll- und Teilzeitjobs. In Österreich sitzen auch renommierte Firmen, eine davon mit über 30.000 Mitarbeitern und über 240 Niederlassungen als einer der führenden Personaldienstleister in Zentraleuropa.

Sie werden von diesen Firmen je nach Qualifikation und Nachfrage zu einem Arbeitgeber vermittelt. Dabei arbeiten Sie für *eine* Firma, nämlich für den Personaldienstleister, wo Sie zum Beispiel angestellt sind (geringfügig angestellt, flexible Arbeitszeit, voll angestellt und versichert – alles eine Frage der Vereinbarung). Er vermittelt Sie zu seinen Kunden, und Sie sind bei den verschiedensten Unternehmen „auf Zeit" beschäftigt.

So bewerben Sie sich:

Es funktioniert im Grunde genommen wie die schon beschriebene Bewerbung. Der Unterschied besteht darin, dass Sie sich mit all Ihren Fähigkeiten, Qualifikationen, Erfahrungen und Ihrer Ausbildung beim Personaldienstleister bewerben. Das klingt noch nicht so außergewöhnlich. Doch Sie bewerben sich nicht für einen bestimmten Job an einem bestimmten Ort in einem Ihnen bekannten Unternehmen.

Gefragt ist:

Präsentieren Sie Ihre persönlichen Fähigkeiten im Lichte der universellen Einsetzbarkeit! Sie suchen nicht mehr ausschließlich den Job im vierten Wiener Gemeindebezirk, weil Sie dort wohnen. Sie sind gut ausgebildet, FLEXIBEL, geografisch UNGEBUNDEN einsetzbar, wenn Sie so wollen richtig abenteuerlustig. Sie haben viele Talente, sind teamfähig und freuen sich, Ihre Fähigkeiten in verschiedensten Unternehmen in relativ kurzer Zeit unter Beweis stellen zu können. Hier können Sie es, und Sie tun es im Einsatz für einen Personaldienstleister! Das steht deshalb mit Rufzeichen, da es Ihrem beruflichen Lebenslauf für gewöhnlich nicht zuträglich ist, in kürzester Zeit für verschiedenste Dienstgeber gearbeitet zu haben. In diesem Fall ist das etwas ganz anderes. Es spricht sogar für Sie, wenn nach einem Einsatz gleich der nächste vermittelt werden konnte. Doch aufgepasst: Auch das Gegenteil ist wahr.

Was macht der Personaldienstleister:

Ein Mitarbeiter des Personaldienstleisters wird sich Ihrer Unterlagen annehmen und für Sie ein entsprechendes Profil erstellen. Er vergleicht Ihre Bewerbung mit den Anfragen seiner Kunden. Sobald etwas Passendes hereinkommt, werden Sie sofort kontaktiert. Oft ist ein Job schon „vorrätig". Dann folgt das persönliche Gespräch. Halten Sie fortan engen Kontakt zu diesem Vermittler, er arbeitet daran, für Sie einen Job zu lokalisieren, sobald der „Job Sie sucht". Bei besonders interessanten Qualifikationen kontaktieren die Personalvermittler ihre Stammkunden direkt und machen sie auf Sie neugierig.

Aufgepasst:

Erkundigen Sie sich, ob Ihr Personaldienstleister für die Zeitarbeit Folgendes anbietet:

1. ein unbefristetes Dienstverhältnis
2. leistungsgerechte Entlohnung
3. Kranken-, Unfall-, Pensions- und Arbeitslosenversicherung
4. regulären Urlaubsanspruch, Urlaubs- und Weihnachtsgeld
5. Betriebsratsvertretung
6. Weiterbildungskurse
7. individuellen Trainingsplan

Ihr Einsatz bitte!

Im Idealfall wartet nach einem Einsatz schon der nächste. Oft aber verstehen sich Kunde und Mitarbeiter so gut, dass man sich nicht mehr trennen will. Dann können Sie in ein Dienstverhältnis zum Kunden überwechseln. Achten Sie darauf, dass entsprechende Ausstiegsklauseln kein Hindernis darstellen.

Sollten Sie weiterhin im Dienste des Personaldienstleisters bleiben, so vergessen Sie nicht, dass Sie die Visitenkarte des Unternehmens sind und wesentlich zum guten Ruf des Personaldienstleisters beitragen, genau wie bei jedem Arbeitsplatz der Mitarbeiter das Unternehmen ist, für das er arbeitet.

Wie bewerte ich das „tolle" Jobangebot

Nun haben Sie also ein Angebot. Das Unternehmen ist nicht sehr groß, aber der Job vielversprechend. Der neue Chef war so sympathisch, das Gehalt ist so attraktiv, und die Kriterien waren gar nicht so schwierig zu erfüllen. Fragen Sie sich aber auch, ob Sie wirklich diesem verlockenden Stellenangebot folgen sollen.

> *An dieser Stelle sei eine kleine Anekdote erlaubt. Sie stammt aus der unvergessenen „Tante Jolesch" des Friedrich Torberg, Literatur, die übrigens jedem, der eine Stelle sucht oder auch nicht, also einfach wirklich jedermann zu empfehlen ist. Es handelt sich um den als Sensationsreporter berühmt gewordenen Egon Erwin Kisch, der eines Nachts heimwärts schlich, nachdem er in einem übel beleumundeten Café von Falschspielern hochgenommen und um seine gesamte Barschaft gebracht worden war. Als er dies seiner strengen Mutter gebeichtet hatte, erwartete er ein Donnerwetter. Doch die „alte Kisch" begegnete der Situation mit einer für einen jungen unerfahrenen Menschen unerwarteten Gelassenheit und meinte nur: „Was setzt du dich hin Karten spielen mit Leuten, was sich hinsetzen Karten spielen mit dir?"*

Wir lernen aus dieser Anekdote, dass wir bei unseren Entscheidungen, mit wem wir uns umgeben, einen strengeren Maßstab anlegen sollten. Der einfache Weg ist oft nicht der beste. Auch wenn er kurzfristig Gewinn verspricht und verlockend erscheint.

Seien Sie gegenüber dem Unternehmen kritisch:
1. Wo steht das Unternehmen – wie bekannt ist es?
2. Welchen Ruf hat es in der Branche?
3. Wie sehen die Zukunftspläne und Chancen der Firma aus? Hat das Unternehmen Entwicklungspotenzial?
4. Wie qualifiziert sind die Mitarbeiter?
5. Können Sie hier etwas lernen? Wo profitieren Sie?
6. Haben Sie Aufstiegsmöglichkeiten?
7. Investiert das Unternehmen in seine Mitarbeiter?

Wie verhandle ich erfolgreich mein Gehalt

Sie sind der Superstar, auf den alle gewartet haben. Endlich sind Sie da. Sie können natürlich verlangen, so viel Sie wollen. Firmenwagen, eigener Parkplatz? Kein Problem. Spesenkonto und Firmenkreditkarte? Gerne! Hatten wir schon über den Jahresbonus gesprochen? Ach, was soll's?

Und jetzt bitte aufwachen und zum Rest von uns:

Sie werden hart arbeiten, und Sie bekommen genau das bezahlt, was alle anderen auch bekommen. Es sei denn, Sie haben gewisse Talente, Eigenschaften und eine Ausbildung, die Sie anders macht als die anderen und können besondere Erfolge erzielen.

Es obliegt Ihrem Verhandlungsgeschick sowie den wirtschaftlichen, Branchen- und Unternehmensgegebenheiten, wie hoch Ihr Bruttobezug ausfällt. Basis bildet meist das kollektivvertragliche Mindestgehalt, das sich aus Besoldungsgruppe, Verwendungsgruppe oder Funktionsgruppe sowie den anrechenbaren Vordienstzeiten ergibt. Die Einstufung erfolgt also nach Beurteilung der von Ihnen ausgeübten Tätigkeit, nach Verantwortungsbereichen, Kompetenzen, Schwierigkeitsgrad der Arbeit, nach höchstem Ausbildungsabschluss oder nach Dienstgrad bzw. Funktion. Und nach Ihrem „Marktwert".

Ihr Gehalt besteht aus dem Bruttobezug, der die Beitragsgrundlage für die Pflichtbeiträge für die Sozialversicherung darstellt, woraus sich die Bemessungsgrundlage für die Lohnsteuer ergibt. Zu Ihrem tatsächlich ausbezahlten Gehalt können noch dazukommen:

Überstundenabgeltung

Sonderzahlungen und Zulagen

Zuschläge und Prämien

Provisionen und Sachbezüge

Sondieren Sie das Terrain. Diverse Internet-Plattformen, die sich mit Stellenvermittlung beschäftigen, bieten Gehaltsrechner an. Erkundigen Sie sich nach dem Gehaltsrahmen in Ihrer Position (bei Freunden, Kollegen, Personalexperten, AMS, Kammern, Gewerkschaften ...). Fragen Sie ruhig. Haben Sie keine falsche Scheu. Jeder arbeitet, um damit Geld zu verdienen. Es wäre doch schön dumm, wenn man sich dann nicht ausführlich erkundigt und darum kämpft.

Gehaltsverhandlung in zwölf Punkten:

1. Bereiten Sie sich auf die Gehaltsverhandlung genauso gut vor wie auf ein Vorstellungsgespräch. Meist findet es danach statt und nicht währenddessen. Notieren Sie alle Argumente Punkt für Punkt. Spielen Sie das Gespräch durch. Überlegen Sie sich auch Ihre Reaktion für den Fall, dass Sie Ihre Ziele nicht erreichen.

2. Verkaufen Sie Ihre persönlichen *Assets* Ihrem zukünftigen Boss. Sie haben einen Marktwert und betteln nicht um den Job. Gehen Sie selbstbewusst, nicht arrogant in das Gespräch. Erklären Sie sachlich, wo Ihre Vorzüge und Qualifikationen liegen. Werden Sie nicht emotional, bleiben Sie informativ und überzeugend.

3. Vermeiden Sie allgemeine Floskeln (mit meiner praktischen Erfahrung bin ich auf jeden Fall der Richtige), sondern werden Sie konkret (meine Erfahrungen im Außendienst werde ich hier gut umsetzen können).

4. Betonen Sie, wie wichtig Sie für den Job sind, nicht der Job für Sie! Aber wägen Sie Ihre Worte gut ab, damit Sie nicht überheblich wirken.

5. Erkundigen Sie sich nach möglichen Überstundenabgeltungen, Sonderzahlungen, Zulagen, Zuschlägen, Prämien, Provisionen und Sachbezügen; aber bitte erst, wenn es um das Gehalt geht.

6. Wenn Sie Gehaltsvorstellungen nennen, dann pokern Sie nicht, sondern begründen Sie diese mit Fakten und Argumenten (bisherige Erfolge, Auslandserfahrung, Zusatzqualifikationen, Vergleichszahlen, die nicht vertraulich sind).

7. Bereiten Sie sich auf provokante Fragen wie „Warum sollen wir gerade Ihnen mehr bezahlen?", „Sind Sie wirklich der Meinung, dass Ihre Leistungen ein so hohes Gehalt rechtfertigen?", „Vielleicht reden wir ein anderes Mal darüber" und auf Einwände vor.

8. Seien Sie ruhig ein wenig unverschämt (mit einem Augenzwinkern geht alles), wenn es um Ihre Fernziele geht, und bleiben Sie am Boden, wenn es um Ihr erstes Gehalt geht. Bleiben Sie realistisch. Die Frage: „Wo wollen Sie in fünf Jahren sein?" mit „Auf Ihrem Platz!" zu beantworten, galt lange Zeit als originell, ist aber nicht zu empfehlen.

9. Jeder Chef wird Ihnen gerne eine Gehaltserhöhung in Aussicht stellen, wenn Sie bereit sind, mit einem moderaten Gehalt zu beginnen. Diese Zusage sollten Sie möglichst im Vertrag fixieren.

10. Verhandeln Sie Ihr Gehalt immer allein, nie mit an-

deren Kollegen gemeinsam. In der Gruppe bekommt man immer weniger.

11. Drohen Sie nicht mit der Konkurrenz, auch wenn es sie gibt. Haben Sie jedoch ein konkretes Gehaltsangebot von einer Konkurrenzfirma, können Sie darauf eventuell hinweisen. Es muss aber tatsächlich existieren.

12. Verwenden Sie Ihre hohen Rückzahlungen für die neue Wohnung oder das neue Auto nicht als Argumente für ein höheres Gehalt. Es geht hier um Ihre Leistung und nicht um Ihre finanziellen Verpflichtungen.

Wenn das Gespräch für Sie erfolgreich verlaufen ist, übermitteln Sie Ihrem Vorgesetzten so rasch wie möglich eine Gesprächsnotiz über das Vereinbarte als Gedächtnisstütze, sodass er die notwendigen Dinge veranlassen kann.

TIPP

Ist das Gespräch nicht in Ihrem Sinne verlaufen, lassen Sie Ihrem Unmut nicht freien Lauf. Sie können Ihre Situation nur verschlechtern, wenn Sie jetzt schlechtes Benehmen an den Tag legen. Fragen Sie Ihren Vorgesetzten nach konkreten Gründen. Damit zeigen Sie Verbesserungswillen, außerdem muss er Ihnen gute Gründe nennen können. Vereinbaren Sie dann mit Ihrem Vorgesetzten, vielleicht das Thema zu einem anderen Zeitpunkt (z.B. in drei bis sechs Monaten) neu zu verhandeln.

Regelmäßige Mitarbeitergespräche sind die beste Basis für eine faire Entlohnung (siehe: „Wie nütze ich Mitarbeitergespräche").

Wie verläuft der erste Tag

In der Regel ist man nervös. Neues Umfeld, neue Menschen, neuer Job.

Ganz ruhig. Es ist allen so gegangen. Leider gibt es immer wieder Menschen, die sich daran nicht zu erinnern scheinen. Also gehen Sie überlegt an die Sache heran:

1. Falls Sie Ihre neuen Kollegen schon vor dem ersten Arbeitstag kennengelernt haben (nach der erfolgreichen Bewerbung und Vertragsverhandlung), können Sie sich glücklich schätzen. Dann haben Sie schon ein besseres Gespür, was und wer da auf Sie zukommt.

2. Klären Sie zunächst, wer Ihre Ansprechpartner sind. Ein hilfreicher Chef wird Sie einführen und vorstellen, Ihnen Ihre Aufgaben und Kompetenzen erklären und sicherstellen, dass Sie sich auskennen. Tut er das nicht, so blicken Sie sich ruhig um und fragen Sie, wenn etwas unklar ist.

3. Stellen Sie sich überall vor. „Name, neu hier, Abteilung" und „Darf ich fragen, was Sie machen?", falls Sie nicht vorgestellt wurden.

4. Nicht sofort mit anderen per Du sein, außer alle sind es (Firmenpolitik, junges Team etc.). Zuweilen sprechen sich heute Mitarbeiter in Firmen mit dem Vornamen an, sind aber weiterhin per Sie.

Erteilen Sie das Du-Wort selektiv. Achtung: Die Du-Wort-Anbiederer könnten auch nur versuchen, Sie für ihre Sache (Clique) zu gewinnen. Bleiben Sie Ihren Prinzipien auch hier treu.

5. Warten Sie mit Ihrer Einstandsfeier, bis die Zeit dafür reif ist. Klären Sie vorher, ob Sie bleiben und ob so eine Einstandsfeier üblich ist. Einen bis drei Monate nach der Probezeit ist der passende Termin. Erkundigen

Sie sich vorher, ob es üblich ist, Alkohol anzubieten; wenn dies der Fall ist, dann nur in Maßen.

6. Besonnen das Terrain studieren. Nicht über andere herziehen, auch nicht, wenn man dazu ermutigt wird. Wer weiß, welche Ohren Ihr zustimmendes Wort hören und weitertragen?

7. Lassen Sie vorerst Ihre Plüschtiersammlung, den Bonsai und die Porträts Ihrer Familienangehörigen noch zu Hause. Sehen Sie sich um, ob es üblich ist, sich mit diesen Dingen zu umgeben.

8. Schließen Sie sich nicht sofort Cliquen an, erkundigen Sie sich ausführlich. Oft biedern sich Intriganten zuerst an. Raushalten und selbst ein Bild machen. Trotzdem die gut gemeinte „Sie sind neu hier, wir wollen Sie kennenlernen"-Einladung auszuschlagen, ist natürlich nicht sinnvoll und kaum möglich. Verlassen Sie sich auf Ihr Gefühl.

9. Neulinge sind manchmal dazu verdammt, das Erbe der ungeliebten Tätigkeiten anzutreten. „Ich mache das jetzt mal gerne, aber so ganz mein Tätigkeitsbereich ist das nicht" könnte helfen. Beweisen Sie ruhig Steherqualitäten, sonst werden Sie zum „Gibmirholmirlangmir".

10. Praxis und Theorie sind oft zwei Paar Schuhe. Ihr Universitäts-Know-how ist sicher viel wert, aber erproben Sie es erst mal in der dagegen oft chaotisch wirkenden Praxis – und siehe da: Hinter der scheinbar totalen Unordnung steckt eine gewachsene Struktur, und was noch mehr verwundert: Sie sind mitten drin und alles funktioniert.

11. „In meiner alten Firma haben wir das aber anders gemacht!" Kann schon sein, aber wen interessiert es? War es wirklich besser, dann kann man es zu gegebenem Anlass immer noch präsentieren.

12. Übertriebener Arbeitseifer legt ein Tempo an den Tag, das Sie vielleicht nicht durchhalten. Ihrem Chef zu zeigen, wie viel man eigentlich erledigen könnte, ist genau das, worauf Ihre neuen Kollegen schon immer gewartet haben (siehe Mobbing). Das heißt aber nicht, dass Sie sich dem Schlendrian anpassen müssen. Schließlich wollen Sie ja weiterkommen.

Wie führe ich einen neuen Mitarbeiter ein

Vergleichen Sie das Erscheinen eines neuen Mitarbeiters mit einer Einladung, bei der ein neuer Gast den Raum betritt. Selbstverständlich ist es Ihre Aufgabe als Gastgeber, ihn sukzessive allen Anwesenden vorzustellen.

1. Sie informieren die Mitarbeiter über ihren neuen Kollegen vor dessen Ankunft.

2. Erklären Sie einige Stärken des neuen Mitarbeiters und die logischen Beweggründe, ihn einzustellen, wie er das Team verstärken wird und wo er Unterstützung braucht.

3. Der „Neue" erfährt von Ihnen die Unternehmensleitlinien, seine persönlichen Anforderungen, Kompetenzen, Vollmachten, Zielsetzungen und spezielle Aufgaben.

4. Hierarchien klären – wer ist über und unter dem „Neuen". Direkte Ansprechpartner (*reporting to*) bzw. Definition des Teams, Organigramm überreichen.

5. Vertrauensvorschuss motiviert stärker als starre Zahlenvorgaben.

6. Kollegen geben dem „Neuen" eine Chance und sollten davon ausgehen, von ihm auch etwas lernen zu können.

7. Alteingesessene Mitarbeiter gehen auf den „Neu-

en" zu und begrüßen ihn. Lassen Sie ihn nicht ins offene Messer laufen, wenn Sie merken, dass er sich in eine Tabuzone begibt, verbal oder physisch.

8. Regelungen wie Urlaubs- und Pausenzeiten, Sicherheitsbestimmungen (Fluchtwege), persönliche Freiheiten etc. besprechen.

9. Der Arbeitsplatz sollte vorher geräumt und einwandfrei benutzbar sein. Ein „Für Sie haben wir aber keinen Platz!" ist ein peinliches Entree für beide Seiten.

10. Technische Geräte und ihre Benutzbarkeit:
- Computer
- auf welchem Drucker darf/kann man ausdrucken
- Internetanschluss und seine Nutzbarkeit, Intranet
- eigene E-Mail-Adresse
- Telefonapparate erklären, eventuell Mobiltelefon zur Verfügung stellen
- Privatgesprächregelung erläutern
- Netzstärke von LAN und für Mobiltelefone erläutern

11. Kennungen:
- Türschild
- Namenstafel
- Uniform
- Visitenkarten
- Firmeninterne *IDs* wie Ausweise
- Stechuhrkarten
- Zugangscodes
- Essensbons

12. Privilegien:
- Firmenparkplatz

- Spezieller Eingang
- welches Bad/WC
- Fitnesscentermitgliedschaft
- Klubmitgliedschaften

Wie geht man miteinander

Nein, das ist nicht die Beziehungsgeschichte. Der Ranghöhere geht immer rechts. So kann man's auf einen Nenner bringen. Nur auf dem Gehsteig wird der Ranghöhere vom Rangniederen „beschützt", der auf der Gefahren- bzw. Straßenseite geht.

Im Gebäude, am Gang gilt wieder: Der Ranghöhere geht rechts.

TIPP:

Dieser Brauch hat den Ursprung darin, dass Herren früher links eine Waffe trugen (Degen, Schwert etc.), sodass es für die Damenbegleitung nur möglich war, rechts zu gehen. Heute gibt uns dies die Möglichkeit, ein Zeichen von Respekt und Wertschätzung zu setzen. Bei Verkaufs- und Bewerbungsgesprächen kann so ein kleines Zeichen den Ausschlag geben. Wer beispielsweise neue Mitarbeiter einstellen möchte, hofft, Leute zu finden, die gebildet und kultiviert sind. Nur mit einem Team, das diese Merkmale hat, lässt sich die Unternehmenskultur erzielen, die sich im Wettbewerb positiv abhebt. Überlässt mir ein Bewerber beim Gang ins Besprechungszimmer die rechte Seite, so ist dies eine deutliche Botschaft: Ich weiß, was sich gehört, kenne unsere Sitten und Gebräuche, kurz, wäre ein wertvoller Neuzugang im Team.

Wie fahre ich mit dem Lift

Vor dem Aufzug steht man so, dass man etwaige Aussteigende nicht behindert. Sind alle draußen, steigt man so ein, dass man je nachdem, wie weit man hinauffährt, in einer vernünftigen Distanz zum Ausgang steht. Ranghöhere steigen zuerst ein – es sei denn, sie sind zu langsam oder die Lifttüre lässt sich von innen besser offen halten, aus steigen die zuerst, die am nächsten zum Ausgang stehen. Man isst, trinkt und – das haben Sie sich jetzt schon gedacht – man raucht auch nicht in einem Lift.

Wie gehen wir zu zweit durch eine Türe

So geht es durch Türen:

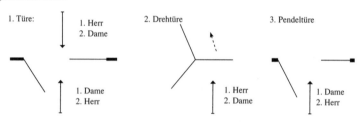

1. Die Türe geht zu mir auf:
Der Herr zieht die Türe zu sich, die Dame (steht hier auch für Ranghöheren) geht durch, der Herr folgt.
oder
Die Türe geht von mir weg auf:
Der Herr geht voraus durch die Türe, hält sie der Dame auf, die nachfolgt.
2. Drehtüre:
Der Herr geht vor.
3. Pendeltüre:
Wie 1.

TIPP

Als Vorgesetzter muss ich nicht auf meine Vorrangrechte bestehen; es ist sogar eine nette Geste gegenüber meinen Mitarbeiterinnen, ihnen gelegentlich den Vortritt zu überlassen und ihnen das Gefühl des aufrichtigen Respekts zukommen zu lassen. Diese Geste der Wertschätzung und des Respekts gibt den Damen und allen Anwesenden das Gefühl, mitten im nüchternen Alltagsgetriebe einen warmen Hauch menschlicher Wärme zu spüren.

Wie interpretiere ich Pünktlichkeit

Machen Sie Pünktlichkeit zu Ihrem Markenzeichen. Sie kommen nie zu spät zu einem Meeting, sind pünktlich im Büro und rechtzeitig zur Stelle, wenn es notwendig ist.

„Bester Beweis einer guten Erziehung ist die Pünktlichkeit", sagte schon Gotthold Ephraim Lessing, während einer, der es wissen musste, seinerzeit festlegte: *„Pünktlichkeit ist die Höflichkeit der Könige."* (Louis XVIII., König von Frankreich)

Pünktlichkeit ist der Respekt vor der Zeit des anderen. Sie signalisiert Rücksicht, Wertschätzung und Verlässlichkeit. Unpünktlichkeit signalisiert daher Rücksichtslosigkeit, Missachtung, Unzuverlässigkeit usw. Welches Unternehmen will und kann sich auf Dauer so ein Image leisten?

Während wir im Privatleben oft mit den abenteuerlichsten Interpretationen von Pünktlichkeit konfrontiert werden (von Feuerland bis zum Nordkap – von zehn Minuten zu früh bis zu Stunden Verspätung sind da oder dort ganz normal), gilt im Geschäftsleben eine einfache und leicht zu merkende Formel: Man ist überall pünktlich zur vereinbarten Zeit am richtigen Ort.

TIPP

Im Geschäftsleben ist es meist von Nutzen, sogar ein wenig zu früh zu kommen. Meist muss man noch die Hürde einer Anmeldung an einer Rezeption nehmen oder man kämpft sich durch den Verkehr oder durch unbekanntes Terrain.

Kalkulieren Sie das bei Ihrem nächsten Termin ein. Privat können Sie sich ja immer ausreden, aber wie erklären Sie Ihrem Boss, dass Sie leider zu spät gekommen sind und so die Präsentation nicht halten konnten, den Geschäftspartner verpasst haben oder nicht rechtzeitig den Zug zum Flughafen erwischt haben, um die wichtige Geschäftsreise anzutreten? So gesehen ist Business eben doch viel strenger an Vorgaben gebunden als das leichte Privatleben.

Wie werde ich der neue Frontmann

Wie schaffen Sie den Weg zur Spitze und zum Topmanager? Wie schlagen Sie die Konkurrenz?

Erfolg versprechende Konzepte oder Ideen, voller Einsatz und kontinuierliche Weiterbildung sind Grundvoraussetzungen. Gute Umgangsformen sind dabei ohnedies unerlässlich.

Überprüfen Sie, ob Sie diese Attribute sich selbst zuschreiben können:

- Engagement, Eigenmotivation
- Kreativität
- Zielstrebigkeit, Selbstbewusstsein
- Verantwortungsbewusstsein, Entscheidungsfreude
- Erfolgswille
- Visionen
- Ideen

- Soziale Kompetenz, Teamfähigkeit
- Rasche Auffassung
- Bildung
- Lernwille
- Fähigkeit, Gelerntes umzusetzen

Mit diesen Talenten haben Sie offensichtlich die richtige Einstellung, sich zielstrebig weiterzuentwickeln. Zunächst einmal können Sie sich in Ihrer Ebene profilieren. Die Achse zwischen Ihren gleichrangigen Kollegen und der nächsthöheren Führungsebene herzustellen ist nämlich nicht jedermanns Sache. Versuchen Sie es als perfekter *Teamplayer*. Bald erkennen Sie in sich das Talent zum *Primus inter Pares*, zum Ersten unter Gleichgestellten, und avancieren auf diese Art zum Leiter einer Abteilung.

Erkennen und Anerkennen Sie immer die Stärken und Leistungen der anderen, machen Sie sich diese zunutze und Ihrem Weg an die Spitze der Firma steht nichts mehr im Wege.

Wie reagiere ich auf verschiedene religiöse Bedürfnisse

Respekt und Verständnis heißt hier die Parole, doch was wäre an dieser Stelle anderes zu erwarten gewesen?

Natürlich gibt es Momente, wo die religiösen Eigenheiten eines Mitarbeiters den Tagesablauf eines mitteleuropäischen Geschäftsalltags empfindlich stören können. Hält es sich in Grenzen? Ist der Mitarbeiter bereit, sich anzupassen? Ist der Betrieb imstande, es zu tolerieren? Beeinträchtigen diese Eigenheiten die Leistungsfähigkeit des Mitarbeiters oder den Erfolg des Unternehmens? Wird sich Ihr neuer Mitarbeiter in die bestehende Belegschaft integrieren lassen und sich auch wohl fühlen? Bereits beim Einstellungsgespräch müssen diese Fragen geklärt werden, damit es dann auf beiden Seiten nicht zu ungewollten Überraschungen kommt.

TIPP

Meistens haben wir Probleme mit den religiösen Eigenheiten eines Mitarbeiters, wenn diese sich nicht mit unseren eigenen decken. Hier kommen Vorurteile ins Spiel.

Ich versuche zu verhindern, dass sie zu einem Urteil werden.

Mit Toleranz und wachsendem Verständnis lässt sich ein Miteinander gestalten, aus dem Akzeptanz entstehen sollte. Natürlich erwarte ich auch von meinem Gegenüber die nötige Bereitschaft, an meiner Kultur teilzunehmen bzw. sich einzugliedern.

Wie dekoriere ich meinen Arbeitsplatz

„*My Desk is my Castle*" wankt! Im Zeitalter von *Desk-Sharing* und *Mobile Working* ist der angestammte Büroplatz nicht immer die Norm. Teilzeitarbeit und Job-Sharing tun das Ihre dazu. Der schon erwähnte Bonsai, die Familienfotos und das geliebte Stofftier sind nur dann am Platz, wenn es ausschließlich der Ihre ist, von niemand anderem benützt wird und wenn es im Büro allgemein üblich ist.

Halten Sie sich am Anfang mit privaten Symbolen am Arbeitsplatz zurück. Schließlich wollen Sie doch nicht, dass man den Eindruck gewinnt, dass Ihnen das alles wichtiger ist als der Job. Ihr Chef will es sicher nicht. Ein Bild Ihrer Familie/Liebsten/Kinder hingegen repräsentiert Verbundenheit und signalisiert eine gewisse Verantwortung.

Haben Sie Ihr eigenes Büro, so werden Pinwände früher oder später sicher Ihre Handschrift tragen. Elegant getäfeltes Interieur sollte man mit entsprechend gerahmten Bildern und Urkunden schmücken. Das sollte man auch bedenken, wenn man Entsprechendes schenken möchte.

Vermeiden Sie politische Kundgebungen als Dekoration, auch Ihre Nähe zu einem gewissen Sportverein sollten Sie nicht unbedingt in einer diesbezüglich „feindlichen" Umgebung kundtun. Vermeiden Sie allzu viel „Seelenstriptease".

Wie funktioniert Desk-Sharing

Arbeitsplätze müssen schon lange nicht mehr Ihr Namensschild tragen. Bei *Desk-Sharing* wird ein Arbeitsplatz, der meist einem Computerterminal gleichkommt, von verschiedenen Personen zu verschiedenen Zeiten benützt. Die zu bearbeitenden Daten sind elektronisch abrufbar auf einem *Server* gelagert (oder im mitgebrachten Datenträger), wo sie von überall aus mit der entsprechenden Zugangserlaubnis bearbeitet werden können. So ist der *User* automatisch in seiner gewohnten Umgebung, wenngleich auch nur am Computer*desktop* und nicht auf einem physisch greifbaren Schreibtisch.

Arbeitsplätze werden entweder je nach Verfügbarkeit eingenommen oder gebucht („*Hotelling*") und durch „*Floormanager*" vergeben. Dabei werden die Terminals zugewiesen.

Das Geheimnis liegt in zwei einfachen Prinzipien: „Ich übernehme einen aufgeräumten Arbeitsplatz, ich übergebe einen aufgeräumten Arbeitsplatz" (*Clear Desk Policy*).

Wie sage ich einem Kollegen, dass er stinkt

Saurer Schweißgeruch, schlechter Atem und ähnlich unangenehme Ausdünstungen sind ein Problem auf engem Raum. Ein offenes Wort unter vier Augen ist unerlässlich, denn der Wink mit dem Zaunpfahl wird oft nicht verstanden. Der Hinweis auf ein Deodorant, ein Mundwasser oder die Frage nach der kürzlich eingenommenen Nahrung („Haben Sie heute Knoblauch gegessen?") signalisiert Ihre Wahrnehmung. Ihr Gegenüber wird es Ihnen klugerweise danken, denn wer sich diese

Mühe macht, ist ein echter Freund. Allen anderen, die nichts sagen, sind Sie bestenfalls gleichgültig.

Wie verstehe ich Andeutungen richtig

Hier geht es nicht um die lästige Anspielung, sondern um die dezenten Hinweise. Oft traut sich mein Gegenüber nicht, Dinge direkt zu sagen, obwohl es dringend notwendig wäre. Dies sollte meiner wachen Aufmerksamkeit nicht entgehen. Daher ist es meist besser, nachzufragen, wie etwas gemeint ist, statt es möglicherweise falsch zu interpretieren.

Wie wird ein Meeting zum Erfolg

„Herr Müller ist im Moment nicht zu sprechen, er ist in einem Meeting", erklärt Ihnen ein Mitarbeiter am Telefon. Eine alltägliche Situation. Ein Meeting, ein Zusammentreffen von verschiedenen Mitgliedern einer oder mehrerer Führungsebenen, um ein oder mehrere Themen routinemäßig oder außerordentlich zu besprechen, beansprucht wertvolle Zeit. Der Erfolg hängt unmittelbar von der Qualität der Vorbereitung ab.

> *Ein wenig Statistik gefällig?*
>
> *Angestellte der mittleren Führungsebene verbringen im Durchschnitt 30% ihrer Arbeitszeit mit Meetings, höheres Management weit mehr. Leider belegen Studien, dass 50% der Zeit im Meeting unproduktiv sind und 25% der Zeit unwichtige Details besprochen werden. Daher sollten Sie sich klar darüber sein, ob zu einem Thema ein Meeting überhaupt abgehalten werden soll (wie sinnvoll ist es, über dies oder jenes zu verhandeln?).*

Unabhängig von Ort und Anzahl der Teilnehmer kann das Meeting stattfinden als:
- Besprechung zu zweit im Büro
- regelmäßiges „Morningmeeting"
- Vorstands- und Aufsichtsratssitzungen
- Telefon- oder Videokonferenz
- Konferenz

Je größer die Veranstaltung (Konferenzen, Seminare, Vorträge), desto eher werden Sie professionelle Hilfe (Eventagenturen, Konferenz- oder Messeveranstalter) in Anspruch nehmen.

Doch zurück zum Start! Ist ein Meeting wirklich notwendig? Beginnen Sie mit einer gründlichen Analyse der Ausgangssituation. Als Entscheidungshilfe erstellen Sie eine Liste mit Argumenten für und gegen ein Treffen. Sie stellen sich drei einfache Fragen:

1. Wie entwickelt sich die Situation, wenn Sie gar nichts tun?
2. Was passiert im besten Fall? *Best-Case*-Szenario
3. Was passiert im schlechtesten Fall? *Worst-Case*-Szenario

Sie haben sich nun doch entschieden, zu verhandeln bzw. ein Meeting abzuhalten. Der Termin steht fest, der Ort auch.

So planen Sie Ihr Meeting

Die sieben wichtigsten Punkte:

1. Die Teilnehmer

Wie viele Teilnehmer wird es geben? Wer muss nicht oder nur kurz dabei sein? Je größer eine Runde, desto schwieriger ist es, zu Ergebnissen zu kommen. Es ist durchaus angebracht, Kollegen für die Dauer Ihres Berichts hereinzubitten, dann ohne sie weiterzumachen.

Experten oder externe Redner müssen rechtzeitig gewonnen und eingeladen werden.

Wer leitet das Meeting? Brauchen Sie einen Moderator? Stellen Sie sicher, dass er rechtzeitig vor der Veranstaltung für ein ausführliches Briefing erscheint. *Immer Plan B in der Tasche haben: Reservemoderator aus den eigenen Reihen auf Abruf haben.*

2. Die Dauer

Wie lange soll das Meeting dauern? Auch die Besprechung von 30 Minuten ist effizienter, wenn sie gut vorbereitet ist. Falls es sich um eine längere Veranstaltung (Tage) handelt, sollten Sie ein Organisationsteam bilden.

3. Der Ort

Wo wird das Meeting stattfinden?

Intern oder extern?

Extern:

Besprechungsort besichtigen und buchen.

Technische Anforderungen abklären.

Kulinarische Versorgung der Teilnehmer sicherstellen, wenn nötig, Transporte und Übernachtungsmöglichkeiten organisieren.

Handelt es sich um eine mehrtägige Veranstaltung, planen Sie die Abende mit ein.

Sie könnten auch ein Rahmenprogramm für die mitreisende Begleitung benötigen.

Intern:

Technische Hilfsmittel, die benötigt werden, müssen vorhanden sein und funktionieren.

Je nach Dauer für Getränke und Verpflegung sorgen.

4. Die Agenda

Tagesordnungspunkte bzw. Themen, die zur Diskussion stehen, zusammenfassen. Überlegen Sie sich, wer welche Unterlagen braucht, zur Verfügung stellen muss, kopiert usw., sodass zu Beginn dann alle Teilnehmer mit den erforderlichen Unterlagen (*Handouts*) ausgestattet sind.

Informieren Sie Vortragende rechtzeitig darüber, was Sie von ihnen erwarten, in welcher Form etwas präsentiert werden sollte und wie viel Zeit zur Verfügung steht.

5. Der Zeitplan

Legen Sie Zeiten für die einzelnen Tagesordnungspunkte fest, bleiben Sie realistisch.

Wenn es keinen definitiven Leiter oder Moderator gibt, ernennen Sie einen Zeitmanager, der darauf achtet, die Zeitvorgaben einzuhalten.

Beginnen Sie immer zum festgelegten Zeitpunkt. Wenn trotzdem noch nicht alle da sind, schließen Sie einfach die Türe und beginnen Sie. Wenn Sie sich nicht an den Zeitplan halten, warum sollen es dann die anderen tun?

Bedenken Sie, dass die Konzentrationsfähigkeit der Teilnehmer ab einer Stunde drastisch sinkt. Spätestens nach 90 Minuten sollten Sie eine kleine Pause machen.

Planen Sie Zeitpuffer ein. Vielleicht wirft ein Thema mehr Fragen auf als angenommen.

6. Einladungen, Unterlagen und der Rest

Schicken Sie Einladungen an alle Teilnehmer rechtzeitig aus und fragen Sie nach, wenn Sie nicht von allen Zu- oder Absagen bekommen.

Stellen Sie sicher, dass alle technischen Geräte, die benötigt werden, auch im Haus sind und funktionieren.

Wenn Sie nicht ganz sicher sind, probieren Sie den *Beamer* vorher (rechtzeitig!) aus.
Alle erforderlichen Unterlagen müssen vorliegen.
Hat jeder Teilnehmer eine schriftliche Agenda (wenn es mehrere Tagesordnungspunkte gibt)?
Sind Papier und Bleistift vorhanden?
Ist für Getränke/Verpflegung in den Pausen gesorgt?
Sind Hotels und Transporte gebucht?

7. Das Protokoll
Jedes Meeting muss protokolliert werden. Natürlich macht sich jeder Einzelne hin und wieder Notizen, aber es ist entscheidend, dass am Ende jeder mit den gleichen Ergebnissen und Informationen weggeht. In kleineren Gruppen, die regelmäßig Meetings abhalten, wird man sich hier abwechseln, wenn es keine Sekretärin gibt, die das übernimmt. Ansonsten sollte man einen Protokollführer ernennen, der auch dafür verantwortlich ist, dass das Protokoll rasch vom Vorgesetzten abgesegnet wird und alle Teilnehmer so schnell wie möglich dieses Protokoll bekommen.

So läuft Ihr Meeting ab – die zwölf Gebote:
1. Pünktlichkeit: Man kommt nicht zu spät zu einer Besprechung. Sie vergeuden damit die wertvolle Zeit Ihrer Kollegen (und damit Firmengeld) und zeigen wenig Respekt. Wenn es doch einmal vorkommt, begrüßen Sie bei kleinen Gruppen die Anwesenden allgemein und entschuldigen sich. Setzen Sie sich und stören Sie so wenig wie möglich den Ablauf. Bei großen Gruppen setzt man sich grußlos und unauffällig in die letzte Reihe.
2. Begrüßung: Sie kommen zu einem Meeting, gehen auf den Gastgeber zu (muss nicht der Ranghöchste sein), dann begrüßen Sie jeden Einzelnen dem Rang

nach (falls Sie einander nicht kennen und nicht vorgestellt werden, nennen Sie Ihren Vor- und Nachnamen und Ihre Position).

Bei internen, routinemäßigen Meetings genügt in manchen Firmen eine allgemeine Begrüßung.

3. Vorstellen: Vorgestellt wird nach den traditionellen Regeln. Der Rangniedere dem Ranghöheren. Ein kurzes „Darf ich Ihnen ... vorstellen?" und einige Informationen zu dieser Person (Name des Unternehmens, seine Position ...) genügen. Bei Gleichrangigkeit: „Darf ich die Damen miteinander bekannt machen?"

4. Aufstehen: Im Geschäftsleben herrscht Gleichberechtigung zwischen Damen und Herren. Auch eine Dame steht bei der Begrüßung auf (privat sollte Sie sitzen bleiben).

5. Sitzordnung: Folgen Sie am besten den Hierarchien. Vorsitz hat der Ranghöchste oder Gastgeber. Oft sitzt dessen Assistent oder ein Fachmann direkt neben ihm, um ihn während der Besprechung zu unterstützen. Die in der Rangordnung folgenden Personen werden rechts und links davon Platz nehmen. Damen und Herren sind in ihrer Sitzplatzwahl gleichberechtigt, Kavaliere sind jedoch immer gern gesehen. Man setzt sich nicht hin, bevor sich die Ranghöheren für einen Platz entschieden haben. Bei der „konfrontalen" Sitzordnung setzen sich die zwei Parteien (zum Beispiel bei Verkaufsverhandlungen, rechtlichen Angelegenheiten ...) dem Rang nach gegenüber.

6. Beginn: Beginnen Sie ein Meeting nach der Begrüßung immer mit einer kurzen Einführung in das jeweilige Thema. So können Sie dazu beitragen, dass alle Teilnehmer auf dem gleichen Wissensstand sind. Ziehen Sie immer wieder Zwischenbilanzen. So vermeiden Sie, auf der Stelle zu treten.

7. Diskussionskultur: Lassen Sie andere ausreden. Keine Zwischenrufe, das ist kein Fußballmatch. Wenn Sie unterbrochen werden, können Sie nach einem kurzen Einwurf wie „Lassen Sie mich das bitte schnell zu Ende bringen" ruhig weitersprechen. Formulieren Sie Einwürfe kurz, sachlich und respektvoll. Konstruktive Anmerkungen sind nachhaltiger als negative (vielleicht vorschnelle) Kritik. Auf eine konkrete Frage sollte man eine konkrete Antwort geben. Vermeiden Sie Emotionen. Stehen Sie über der Situation. Achten Sie auf ausgewogene Redezeiten.

8. Natürlich ist das Mobiltelefon abgeschaltet und es werden auch keine Nachrichten (E-Mails, SMS etc.) gelesen. Es sei denn, und so gibt es immer wieder die Ausnahme zu jeder Regel, es ist vereinbart und für das Meeting von Wichtigkeit.

9. Haltung: Durch Ihre Haltung signalisieren Sie Ihr Interesse, Ihre Aufmerksamkeit und Wertschätzung gegenüber dem Vortragenden und den anderen Teilnehmern. Halten Sie Blickkontakt mit dem Vortragenden. Versinken Sie nicht in Ihrem Sessel, Aufstützen verleitet manchmal zum Lümmeln. Eine entspannte Atmosphäre ist für Ihr Networking auch hier wichtig.

10. Menschliche Bedürfnisse: Meistens haben Sie eine ungefähre Vorstellung von der Länge Ihres Meetings. Bedenken Sie also rechtzeitig, was Sie vorher noch schnell erledigen sollten (Toilette, Blick in den Spiegel, Frisur, Make-up, Krawatte, Kaugummi entsorgen, Nase putzen ...).

Falls Sie doch während der Besprechung hinausmüssen, entschuldigen Sie sich kurz und beeilen Sie sich. Jede Unterbrechung ist eine Störung und Sie wollen doch nicht der Verursacher sein.

Während des Meetings ist Rauchen und Essen meistens

verboten oder nicht erwünscht. Üblich sind Getränke wie Tee, Kaffee oder Wasser.

11. Diverses:

- Die Kleidung soll dem Anlass (Wichtigkeit) und den Teilnehmern entsprechend sein (zum Beispiel: Vorstandspräsentation – eleganter Anzug mit Krawatte bzw. Kostüm oder Hosenanzug für die Dame).
- Achten Sie auf optimale Licht- und Temperaturbedingungen (prüfen Sie vorher, ob man die Fenster öffnen und verdunkeln und die Heizung regulieren kann).
- Schützen Sie sich vor eventueller Ruhestörung. Informieren Sie eine verantwortliche Person, dass sie niemanden vorlässt und dafür sorgt, dass nicht gestört wird oder hängen Sie ein Schild mit „Bitte nicht stören" oder *„Meeting in Progress"* an die Türe.
- Auch wenn in einem langen Meeting zur Auflockerung ein Witz oder eine Anekdote erzählt werden, soll es doch nicht zum Kabarett mutieren.

12. Ende: Beenden Sie Ihr Meeting mit einer kurzen Reflexion über den Tag oder das Thema. Halten Sie fest, zu welchen Ergebnissen sie gekommen sind, wo sie einen Schritt weitergekommen sind und wo vielleicht keine Lösung in Sicht ist. Bedanken Sie sich bei den Teilnehmern und verabschieden Sie sich.

Wie bin ich ein guter Persönlicher Assistent

So, wie Sie Ihre Mitarbeiter und Untergebenen managen, sollten Sie auch Ihre Vorgesetzten managen. Dazu gibt es zahlreiche traditionelle Regeln, die zu befolgen für Sie ein wichtiger Schritt zum persönlichen Erfolg sind:

1. Finden Sie heraus, wie Ihr Boss wünscht, dass gewisse Dinge erledigt werden. Dazu zählen alle Tätigkeiten im Büro, vom morgendlichen Getränk bis zum Stil eines Briefes (ja, es werden noch immer welche geschrieben), auch das Verfassen einer E-Mail, die Form einer Einladung, Adressieren von Geschäftspartnern, wie sollen Sie sich am Telefon melden etc. Kommen Sie zu Besprechungen immer mit Block und Bleistift (konservativ gesprochen).

Niemand erwartet, dass Sie sich alles auswendig merken, jeder erwartet, dass Sie sich alles merken.

2. Feedback! Feedback! Feedback! (Rückmeldung) Wenn Sie einen Auftrag erhalten, so lassen Sie Ihren Boss wissen, wie es darum steht. Was Ihnen einmal gesagt wurde, gilt für Ihren Boss als erledigt. Das Letzte, was er möchte, ist jeden Tag nachzufragen, wie es um die Sache steht. Sollte er aber nach einiger Zeit darauf stoßen, dass es nicht erledigt ist, werden Sie verstehen, was wir meinen.

3. Ihr Chef sucht Lösungen, nicht Probleme. Wenn Sie ihm ein Problem präsentieren, dann am besten gleich mit zwei (drei) patenten Lösungsvorschlägen. So kann er entscheiden, und dazu ist er schließlich da. Verbergen Sie nie Probleme vor ihm, es sei denn, Sie haben es schon selbst im Handumdrehen gelöst. Und zwar in seinem Sinne (siehe Punkt 1).

4. Fachliches *Backup*: Lassen Sie Ihren Boss nie ins offene Messer laufen. Wenn Sie merken, dass er für eine

Rede schlecht vorbereitet ist, recherchieren Sie das Thema nach und geben Sie ihm mehr Material. Ist er für eine Besprechung nicht genug gerüstet, helfen Sie. Immer gilt: Der Erfolg Ihres Bosses ist auch der Ihre. Sein Misserfolg könnte nur Ihrer sein.

5. Erscheinungs-*Backup*: Ihre Chefin hat Lippenstift auf den Zähnen, das Make-up ist verwischt, bei ihm glänzt ein Fleck auf dem Kragen, die Krawatte sitzt schief: Schlagen Sie einen Blick in den Spiegel vor, aber legen Sie nie selbst Hand an. Jemand anderer könnte hinzukommen und dies als versteckte Vertraulichkeit deuten.

Auch über Mund- oder Körpergeruch müssen Sie Ihren Vorgesetzten oder Kollegen unter vier Augen informieren. Bieten Sie Pfefferminzbonbons an, oder schlagen Sie vor, dass noch Zeit ist, sich frisch zu machen. Verfehlt das seine Wirkung, sollten Sie deutlicher werden. Bleiben Sie taktvoll und diskret.

6. Loben Sie Ihren Chef, wenn er einen guten Vertrag für Ihre Firma an Land gezogen oder eine außergewöhnlich gute Entscheidung getroffen hat. Ihr Boss ist auch nur ein Mensch und hat ein Ego, das gestreichelt werden möchte.

7. Gehen Sie nicht in die Jubelfalle, bleiben Sie hinter dem Vorhang. Gerade hier sind Takt und Feingefühl besonders wichtig. Sie sind die Maschine im Hintergrund, die perfekt ticken muss. Das ist Teamwork.

8. Schmücken Sie sich nicht mit fremden Federn. Wem das zu altmodisch formuliert ist: Lassen Sie sich nicht für etwas loben, was Sie nicht gemacht haben. Es kommt eines Tages raus, und damit Ihre Unsicherheit.

9. Lächeln Sie, und Sie werden Lächeln ernten. Sie sind hauptverantwortlich für das Betriebsklima.

Es gibt keine Dienstordnung für Fröhlichkeit, nur Hausverstand.

10. Grübeln Sie nicht über Vergangenes, wenn es vorwärts gehen soll. Ihr Chef ist vielleicht schon einen Sprung weiter und Sie müssen ihm beistehen.

11. Für das wichtige Gespräch unter vier Augen sollten Sie sich seinen Terminkalender zu Herzen nehmen. Zehn Minuten, bevor er zum Golf/Tennis/Fitness muss, sind so ungünstig wie die Sekunden vor einem wichtigen Meeting oder Geschäftsbesuch.

12. Ziehen Sie sich korrekt, dem Unternehmen und Ihrer Position entsprechend an. Nehmen Sie die diesbezüglichen Bemerkungen Ihres Chefs ernst.

13. Hat Ihr Boss Kinder, so erkundigen Sie sich ab und zu nach ihnen, aber nicht zu oft, sonst erwecken Sie den Eindruck, Sie würden sein Privatleben überwachen.

14. Idealfall: Ihr Boss konfrontiert Sie mit einem „Wir sollten da etwas unternehmen"-Problem und Sie entgegnen kompetent: „Ich habe mich gestern schon informiert."

Wie fragt man nach einer Gehaltserhöhung

Bei den Gehältern läuft es ähnlich wie bei Mobiltelefonen. Sie steigen zu einem gewissen Tarif ein, und wenn Sie nie fragen, sagt Ihnen niemand, dass es schon längst auch für Sie einen viel besseren gäbe.

Wann und wie fragt man nach einer Gehaltserhöhung?

1. Die Zeit ist gekommen: Man hat Ihnen beim Eintritt versprochen, Ihr Gehalt nach einer gewissen Zeit zu erhöhen, wenn Ihre Performance entsprechend war.
2. Sie arbeiten schon über ein Jahr für das gleiche Gehalt und alle anderen haben auch schon eine Erhöhung bekommen.
3. Jemand anderer in einer vergleichbaren Position verdient mehr und leistet das Gleiche. Belegen Sie diese Aussage.
4. Die Firma durchläuft eine wirtschaftlich erfolgreiche Phase und Sie sind daran nicht unbeteiligt. Dokumentieren Sie Ihre Arbeitsleistung.
5. Sie bekommen laufend Agenden hinzu und arbeiten mehr denn je zuvor.
6. Sie haben ein wirklich gutes Angebot von der Konkurrenz und wollen aber nicht weg.
7. Sie wollen weg und suchen noch einen richtig guten Grund (da verhandelt man am lockersten – und oft wundert man sich, wie viel man noch hätte rausholen können).

TIPP

Wer darauf vertraut, dass Gehaltserhöhungen automatisch stattfinden, wenn die eigene Leistung stimmt, vergisst, dass gestresste Chefs – auch wenn sie sehr zufrieden mit Ihrer Leistung sind – meist andere Sorgen haben, als Ihr Gehalt zu erhöhen. Daher müssen Sie sich ein Herz nehmen und um ein Gespräch über dieses Thema bitten, wobei gute Vorbereitung sehr zu empfehlen ist.

Prinzipiell gilt für das Gespräch um die Gehaltserhöhung:
1. Sprechen Sie Ihren Chef nicht vor anderen Mitarbeitern darauf an.
2. Vereinbaren Sie einen Gesprächstermin (am besten weiß seine Sekretärin, wann der Zeitpunkt günstig ist), platzen Sie nicht einfach in das Büro des Vorgesetzten mit den Worten: „Ich würde gerne über eine Gehaltserhöhung sprechen."
3. Wählen Sie einen Zeitpunkt, in dem die Firma erfolgreich wirtschaftet. Da fällt es leichter, Ihnen Ihren Wunsch zu gewähren. In Krisenzeiten wird gespart. Erforschen Sie vorher noch einmal Ihren Marktwert.
4. Pünktlich, gepflegt und gut gekleidet erscheinen. Egal wie der Vorgesetzte gelaunt ist, Ruhe bewahren und das Gespräch sachlich so führen, wie Sie es vorbereitet und geplant haben.
5. Lassen Sie Ihrem Chef Zeit, darüber nachzudenken. Er muss vielleicht noch ein paar Informationen einholen, die er nicht an der Hand hat.
6. Halten Sie eine Dokumentation Ihrer Arbeit bereit. Ein Arbeitstagebuch (Ihr Terminkalender) hilft dabei. Führen Sie messbare Erfolge an. Das sind Verkaufszahlen, Einsparungen, Qualitätssteigerungen.
7. Streichen Sie negative Gedanken wie „Niemand sieht, was ich alles mache, niemand schätzt meinen Einsatz!" Stattdessen sagen Sie sich: „Ich habe für die Firma hart gearbeitet, ich verdiene wirklich eine Gehalts-

erhöhung!" Sollten Sie sehr nervös sein, so bitten Sie eine vertraute Person, mit Ihnen in einem Rollenspiel das Gespräch zu üben. Sollte es diesmal nicht klappen, fragen Sie wann und unter welchen Voraussetzungen es möglich sein wird, ein höheres Gehalt zu bekommen.

PS: Regelmäßig nach hinten geht der Versuch los, mit der Drohung, man geht weg, mehr Gehalt zu erzielen, wenn sich herausstellt, dass man gar keine Möglichkeit hat, wegzugehen.

Wie begründe ich eine bezahlte Weiterbildung

Die Wichtigkeit der Weiterbildung, das heißt des lebenslangen Lernens, illustriert am besten ein chinesisches Sprichwort:

*„Lernen ist wie Rudern gegen den Strom.
Sobald man aufhört, treibt man zurück."*

Sie möchten sich weiterentwickeln, Ihre persönliche und damit auch die Wettbewerbsfähigkeit Ihrer Firma erhöhen, die nächste Stufe auf der Karriereleiter erklimmen?

Sind Sie auch entsprechend qualifiziert?

Durch eine Weiterbildung haben Sie bessere Karriereaussichten, vielleicht erfolgt eine Beförderung und damit eine Gehaltserhöhung.

Dazu müssen Sie aber Seminare besuchen und Kurse machen. Doch wer bezahlt das und muss Ihr Arbeitgeber dem zustimmen?

Zuerst informieren Sie sich genau über das Angebot. Was davon kommt für Sie in Frage? Wenn Sie etwas gefunden haben, das Ihren Vorstellungen entspricht, bitten Sie um einen Termin bei Ihrem Vorgesetzten.

Fast ein Drittel der Mitarbeiter kündigt, wenn sie bei einem anderen Unternehmen bessere Qualifizierungsmöglichkeiten sehen. Formulieren Sie das nicht so direkt, aber Sie können durchaus anschneiden, dass Sie es sehr schade finden, dass andere Unternehmen in die Weiterbildung ihrer Mitarbeiter investieren und Ihres nicht.

Denn: Nach der Weiterbildung halten über 70% der Mitarbeiter ihrem Unternehmen die Treue.

Ihre sieben schlagkräftigen Argumente:

1. Erklären Sie, wie Sie sich Ihre Zukunft in diesem Unternehmen vorstellen und welche Form der Weiterbildung hier notwendig ist.
2. Gut ausgebildete und engagierte Mitarbeiter leisten wesentlich mehr.
3. Der Teamgeist und die Loyalität dem Unternehmen gegenüber werden gestärkt.
4. Jede Form der Weiterbildung kommt nicht nur Ihnen als Mitarbeiter zugute, sondern wertet das Unternehmen auf.
5. Finden Sie Argumente, warum gerade Sie derjenige sind, der die Möglichkeit zur Weiterbildung bekommen soll.
6. Erklären Sie Ihrem Vorgesetzten, welch verlorene Chance es wäre, wenn Sie jetzt nicht diesen Kurs besuchen könnten.
7. Zeigen Sie, wie ernst es Ihnen mit Ihrem Anliegen ist. Erklären Sie, dass Sie gerne auf Ihre Abende verzichten und keine Mühen scheuen werden, das Vertrauen, das in Sie gesetzt wird, zu rechtfertigen. Bieten Sie eventuell eine Mitbeteiligung an den Kosten an.

Selbst wenn das Ihr Arbeitgeber auch so sieht, wird er vielleicht befürchten, dass er Sie nach Ihrer Ausbildung nicht mehr in seinem Betrieb halten kann. Dann wäre sein Investment nicht sehr weise. Aus diesem Grund wird die Übernahme der Fortbildungskosten manchmal an eine Bindung an das Unternehmen geknüpft. Die zeitliche Dauer ist verhandelbar. Meistens sind es jedoch mindestens zwei Jahre.

Achtung: Wenn Sie das Arbeitsverhältnis vor Ablauf der zeitlichen Bindungsfrist von Ihrer Seite her beenden, sind Sie verpflichtet, die Kosten für Ihre Weiterbildung zurückzuerstatten. Die Rückzahlung ist nicht zumutbar, wenn der Arbeitgeber Sie kündigt. Dann liegt es nicht an Ihnen, dass sich die Bildungsinvestition nicht amortisiert.

Kein erfolgreiches Unternehmen kann es sich leisten, auf der Stelle zu treten. Mitarbeiterschulung ist daher eine der Voraussetzungen für die Sicherung der Konkurrenzfähigkeit. Gleichzeitig erhöht diese Schulung die Wettbewerbsfähigkeit und den Wert eines Mitarbeiters am Arbeitsmarkt, was dazu führen kann, dass man wertvolle Mitarbeiter verliert. Dieses Risiko kann nicht vermieden werden, weil ein Unternehmen sonst seine Existenz riskiert.

Wie gehe ich mit Mobbing um

Mobbing – von engl. to mob = anpöbeln oder bedrängen

Das zunehmende Konkurrenzdenken in Betrieben führt leider dazu, Streitigkeiten und Missgunst zu säen. Oft glauben Menschen, dass ihr eigener Erfolg nur durch den Misserfolg des anderen erreicht werden kann. Müssen Arbeitnehmer um ihren Arbeitsplatz bangen, kämpfen sie schon mal mit unlauteren Mitteln. Als Vorgesetzter sollten Sie dies bedenken und Ihren Führungsstil dem anpassen. Sie wollen doch nicht, dass es heißt, Sie wären der Auslöser einer Mobbing-Aktion gewesen.

„Mobbing" ist das Verhalten des Mobs (Meute, Masse, Mehrheit) gegenüber einem Einzelnen. Die „Mehrheit" der Mitarbeiter stempelt einen zum Außenseiter. Gerne als Phänomen der Leistungsgesellschaft abgestempelt, ist es wichtig zu erkennen, dass schon immer gemobbt wurde. Beispielsweise dann, wenn es um eine begehrte Position geht.

Was gilt als Mobbing?

Mobbing grenzt Menschen aus. Sei es das Verbreiten von Gerüchten, das Zurückhalten von Informationen, dass Viren in einen Computer eingeschleust werden oder ein Kollege Ihre PC-Daten löscht, dass man Ihr Auto zerkratzt oder alle verstummen, wenn Sie den Raum betreten, niemand mit Ihnen in die Kantine geht oder im Lift fahren will usw.

Es handelt sich nicht um eine einzelne Begebenheit, sondern zieht sich über einen langen Zeitraum. Wenn man glaubt, ein Mobbing-Opfer zu sein, ist es ratsam, ein Tagebuch zu führen. So kann man auch gegenüber dem Arbeitgeber oder anderen immer dezidiert auftreten und muss sich nicht mit vagen Beschuldigungen eventuell sagen lassen, dass man sich das ja nur einbilde. Haben Sie wirklich das Gefühl, Sie werden gemobbt, sollten Sie sofort in die Offensive gehen.

Mobbing ist kein Kavaliersdelikt. Es kann gravierende Folgen haben. Durch den psychischen Druck entwickeln sich bei Gemobbten sukzessive anhaltende Störungen, die von Schlaf- und Konzentrationsstörungen hin zu schweren Identitätskrisen und zum Suizid führen können.

Mobbing betrifft Frauen gleichermaßen wie Männer, egal in welcher Altersstufe oder Position man sich befindet.

Als Mobbing-Opfer kommt man kaum aus dieser „Opfer-Rolle" wieder heraus. Das erzeugte Misstrauen, Angst und Argwohn sind schlechte Begleiter in einem Arbeitsalltag. Hier hilft nur noch das direkte Gespräch mit allen Beteiligten, die Anwesenheit eines starken Vorgesetzten und vielleicht eines Vermittlers (Mediators) ist dringend angeraten. Hilfe bietet nur ein starker Rückhalt im nächsten Umfeld.

TIPP

Als Neuling dürfen Sie sich nicht isolieren. Suchen Sie den Kontakt mit Kollegen. Spielen Sie beim Firmenturnier mit, auch wenn Sie nicht der weltbeste Fußballer sind. Vielleicht ergreifen Sie auch mal die Initiative und bringen einen Kuchen mit ins Büro. (Vorsicht: Gratwanderung zum Anbiedern!) Geben Sie Ihren Kollegen Gelegenheit, Sie besser kennenzulernen.

Wenn Sie vermuten, dass jemand in Ihrem Umfeld gemobbt wird, sollten Sie sofort Gegenmaßnahmen ergreifen. Zusehen macht auch schuldig. Sprechen Sie mit Ihren Kollegen und Vorgesetzten (Betriebsrat, Personalabteilung ...). Versuchen Sie, kalmierend, also beruhigend einzuwirken.

Wie sage ich Nein

Warum immer ich?

Haben Sie sich das auch schon gefragt?

Ganz einfach! Sie sagen nie Nein. Sie sind vielleicht zu gutmütig oder wollen Ihren Kollegen gegenüber nicht unfreundlich erscheinen, aber schlussendlich bleiben Sie auf der Strecke.

Wenn Sie nicht lernen, Nein zu sagen, werden Sie ewig derjenige sein, der für alle Botendienste erledigt, das Papier im Kopierer nachfüllt und die Aufgaben derer übernimmt, die sie nicht erledigen wollen.

Das ist vielleicht nicht ganz die Karriere, die Ihnen immer schon vorgeschwebt ist, oder? Nein zu sagen ist nicht einfach. Wie alles im Leben muss man auch das langsam lernen. Fangen Sie schon mal in Ihrem privaten Umfeld damit an.

- Bestehen Sie beim Einkaufen auf den frisch aufgeschnittenen Schinken, wenn man Ihnen den vom Stapel anbietet, seien Sie konsequent, wenn Sie nur 10dkg Wurst wollen und nicht 12.

- Geben Sie sich nie mit etwas zufrieden, wenn Sie etwas Besseres bekommen können.
- Sagen Sie einfach „Nein, ich kann leider nicht", wenn die Nachbarin kommt und meint, Sie würden ohnehin so wie immer kurz auf den Hund aufpassen.

Was am Anfang eine peinliche Überwindung ist, wird bald zur lustvollen Selbstverständlichkeit. Wenn Sie sich daran gewöhnt haben, Nein zu sagen, versuchen Sie es mal im Büro.

Denken Sie nicht, dass es unfreundlich sein muss, Nein zu sagen. Sie können, nein sollen dies doch auf charmante Art und Weise tun. Zeigen Sie Verständnis, Dankbarkeit für das Vertrauen, das man in Sie setzt, bieten Sie andere Lösungen an.

- „Es tut mir leid, aber könnten Sie heute mal den Tee holen, ich muss schnell etwas Dringendes fertig machen. Das wäre sehr nett."
- „Frau Herbst, sicherlich haben Sie es nicht bemerkt, aber Sie haben vergessen, das Kopierpapier nachzufüllen" oder
- „Ich finde es besonders nett, dass Sie an mich gedacht haben. Ich würde diesen Termin nur zu gerne wahrnehmen, aber leider lässt sich das zeitlich nicht vereinbaren."
- „Leider kann ich die Unterlagen nicht selbst abholen, aber es gibt da einen sehr zuverlässigen Botendienst, den Sie anrufen können. Ich gebe Ihnen die Nummer."

Sie sehen, das wirkt nicht unfreundlich, aber doch bestimmt. So werden Sie sich bald so viel Respekt verschafft haben, dass niemand mehr auf die Idee kommen wird, Sie wegen jeder Kleinigkeit zu belästigen.

Wie gehe ich mit Kritik um

„Ein vornehmer Mensch tadelt sich selbst, ein gewöhnlicher die anderen."
Konfuzius

Kritik ist Teil unseres Alltags. Wir alle teilen aus und müssen einstecken. Wie schnell kritisiert man doch die Handlung eines Kollegen oder Angestellten. Erst wenn es Sie selbst trifft, denken Sie ein wenig genauer über die Form der Kritik nach. Beobachten Sie sich hier einmal selbst: Sie wischen sie weg, weil derjenige, von dem sie kommt, ohnehin inkompetent ist. Außerdem war die Kritik viel zu persönlich, und darum nicht ernst zu nehmen. Oder sind Sie jetzt beleidigt, getroffen, verletzt, verunsichert und voller Selbstzweifel?

Ihr Umgang mit Kritik hat immer etwas mit Ihrem Selbstwertgefühl zu tun. Haben Sie ein zu geringes Selbstvertrauen, werden Sie schon bei der kleinsten Anmerkung noch unsicherer, tendieren eher dazu, Kritik persönlich zu nehmen und als ungerecht zu empfinden.

Haben Sie jedoch zu viel davon, wird Sie Kritik erst erreichen, wenn sie klar als solche deklariert und vehement vorgebracht wird. Sie werden sich nur schwer davon überzeugen lassen, dass diese Kritik begründet und eine Korrektur Ihrerseits erforderlich ist.

Sie sehen, in beiden Fällen ist der Umgang mit Kritik nicht konstruktiv. Dies sollte jedoch Ihr Ziel sein. Suchen Sie in jeder Kritik das Körnchen Wahrheit, und verstehen Sie sie als Chance, Ihre Sache besser zu machen. Ergreifen Sie die Möglichkeit, Ihre Handlungen zu korrigieren, zeigen Sie sich flexibel und lernfähig (egal in welcher Position Sie sich befinden).

Wie gehe ich mit Lob um

Ich freue mich und bedanke mich dafür. Gegen Lob kann man sich nicht wehren.

Richtig. Die Befriedigung der eigenen Eitelkeit wird durch nichts so leicht erreicht wie durch Lob. Aber auch damit muss man umgehen können.

Hier einige Tipps zum Umgang mit allzu viel Lob:

- Wenn an Ihrem Erfolg auch andere beteiligt waren, teilen Sie. Geteiltes Lob ist doppeltes Lob.
- Verfallen Sie nicht dem Glauben, Sie seien jetzt der „Größte" und hätten jetzt alle Freiheiten. Freuen Sie sich über Ihren Erfolg und Ihr verdientes Lob, aber bleiben Sie realistisch, werden Sie nicht überheblich.
- Ruhen Sie sich nicht zu lange auf Ihrem Lob aus, sonst ist die nächste Kritik schneller da, als Ihnen lieb ist.

TIPP

So wie Sie sich über Lob freuen, geht es auch Ihren Kollegen. Teilen Sie öfter mal ein Lob aus, auch für Kleinigkeiten. Das motiviert und spornt die Leistungsbereitschaft Ihrer Mitarbeiter an. Außerdem verkraftet man Kritik auch besser, wenn man weiß, dass man auch gelobt wird. Und so ein gelegentliches Kompliment ist wohlweislich zu platzieren.

Wie bin ich ein guter Vorgesetzter

„I wanna be a boss,
I wanna be a big boss,
I wanna boss the world around,
I wanna be the biggest boss that ever bossed the world around!"
10CC

In einer Führungsrolle sind Sie der Inhaber einer Position, die Ihnen die Macht verleiht, das Unternehmen für die Zeit Ihrer Tätigkeit wesentlich zu beeinflussen. Sie sind ein Gralswächter, der Hüter einer bestehenden oder der Begründer einer Tradition. Sie dienen einem Unternehmen.

Eines Tages werden andere nachfolgen, die Ihre Tätigkeit fortführen, und Sie werden im Idealfall ein Teil der Geschichte des Unternehmens werden. Wenn Sie nicht der Eigentümer sind, so sind Ihnen Ihre Zeit und Macht nur geliehen.

Es gibt unzählige wirtschaftliche, rechtliche und politische Vorgaben, wie Sie Ihre Firma zu führen haben. Als Abteilungsleiter sind Sie zudem in bestehende Strukturen eingebunden und haben die Verantwortung für einen Teilbereich. Als Hauptverantwortlicher treffen Sie auf diverse Grenzen. Und seien es die des guten Geschmacks.

Große Führer sind Titanen der Menschlichkeit, Ihre Handlungen setzen Meilensteine, die noch nach Jahrzehnten als Legenden respektvoll erzählt werden. Denken Sie an so langfristige Ziele, für die es sich lohnt, kurzfristig Erreichbares zu ignorieren.

Falls Sie das nicht so sehen, so lesen Sie die
Sieben Todsünden eines Vorgesetzten:
1. Sie sind der Beste, niemand kann es besser. Für Diskussionen darüber ist wirklich keine Zeit.
2. Sie sind gereizt, hektisch oder launisch und unberechenbar. Sie wechseln oft Ihre Meinung, doch das hat Ihre Mitarbeiter nicht zu interessieren, da sie über die Firmenlinie ohnedies nicht genau informiert sind.
3. Sie zögern Entscheidungen unnötig hinaus und hüten sich davor, zu delegieren.
4. Sie fordern den Erfolg und loben nie.
5. Sie kommunizieren nicht mit Ihren Mitarbeitern und bezahlen sie nicht pünktlich.
6. Sie erhöhen den Druck, indem Sie internen Wettbewerb unter den Mitarbeitern fördern.
7. Sie umgeben sich mit Jasagern. Ihre Mitarbeiter haben Angst vor Ihnen.

Diesen Todsünden stehen die Gebote der guten Führung gegenüber, mit denen Sie es probieren sollten.
Die zwölf Gebote der guten Unternehmensleitung:
1. Sie haben Mitarbeiter, nicht Untergebene, die Sie als Vorbild führen müssen. Man vertraut Ihnen, weil Sie zuverlässig sind, man mag Sie, weil Sie Leistung anerkennen und viel Lob spenden.
2. Sie wissen, dass es andere vielleicht besser, keineswegs viel schlechter machen würden als Sie. Doch Sie sind eben derjenige, der es macht und die Bürde der Verantwortung trägt.
3. Sie strahlen eine positive Stimmung aus und erzeugen einen motivierenden Enthusiasmus für die Unter-

nehmenslinie, die Sie klar formulieren und die daher auch ruhig mal zur Diskussion auf dem Prüfstand stehen kann.

4. Sie setzen klare Ziele und kontrollieren das Resultat. Dabei sind Zahlen und Vorgaben wichtig, aber die primäre Motivation kommt aus der Vision.

5. Sie wissen, was Ihre Mitarbeiter tun, kennen Ihre persönlichen Bedürfnisse und umgekehrt kennen Ihre Mitarbeiter Ihre Philosophie, Grundsätze und Werte.

6. Ihre Türe ist offen, Sie können zuhören, reagieren auf Anregungen und entscheiden schnell.

7. Sie fordern konstruktive Kritik ein und setzen sie um. Fehler werden eingestanden und konsequent sichergestellt, dass ihre Ursachen beseitigt werden.

8. Fairness ist oberstes Prinzip, Frauen und Männer haben gleiche Chancen. Dass eine Mitarbeiterin trotzdem einmal einen Blumenstrauß bekommt, spricht für den Kavalier.

9. Der Erfolg des Unternehmens liegt für Sie auch in der Qualifikation, Zufriedenheit und Gesundheit der Mitarbeiter.

10. Sie fördern den Erfolg, erlauben auch mal unorthodoxe Wege und loben Mut und Leistung.

11. Sie sind sich der gesellschaftlichen Verantwortung Ihres Unternehmens (*Corporate Citizenship*) bewusst.

12. Sie akzeptieren Ihre eigenen persönlichen Grenzen und die Ihrer Mitarbeiter.

Und wenn Sie das alles im Griff haben, dann können Sie sicherlich auch über diesen klassischen Chef-Witz lachen:

> *Ein Mann betritt eine Tierhandlung, um einen Papagei zu kaufen. Der Verkäufer zeigt die drei vorrätigen Exemplare. Der erste Papagei ist herrlich bunt und hat ein prachtvolles Federkleid.*
>
> *„Na ja", denkt der Käufer, „der wird wohl recht teuer sein." Er fragt den Verkäufer nach dem Preis: „500 Euro! Aber dafür spricht er auch deutsch und englisch."*
>
> *Der Käufer sieht sich den zweiten Papagei an. Der ist nicht so schön und auch ein bisschen kleiner. „Was kostet dieser hier?"*
>
> *„1000 Euro! Er spricht vier Sprachen fließend."*
>
> *Dies ist dem Käufer auch zu teuer und er sieht sich den dritten Papagei an, der – mickrig und zerrupft – auf der Stange sitzt. Der Verkäufer sagt mit ehrfurchtsvollem Ton: „Der hier kostet 2000 Euro!"*
>
> *„Und was kann er?", fragt der Käufer.*
>
> *„Tja, das wissen wir auch noch nicht, aber die beiden anderen sagen Chef zu ihm!"*

Wie teile ich den Erfolg

Zum Star unter den Teamspielern werden Sie, wenn Sie Ihren Erfolg auch zum Erfolg der anderen machen. Stellen Sie das Erreichte als Teamleistung dar, buchstabieren Sie das Wort TEAM mit *Together Each Achieves More* – also gemeinsam erreicht jeder mehr. Vom einfachen Dankeschön bis zu sogenannten *Incentives* (Belohnung in verschiedenster Form. Vom Konzertabend zur Kurzreise) an die ganze Abteilung oder ausgewählte Mitarbeiter. Jede Form von Anerkennung wird von Ihren Mitarbeitern sicherlich sehr geschätzt.

Wie delegiere ich

„Ich arbeite nach dem Prinzip, dass man niemals etwas selbst tun soll, was jemand anders für einen erledigen kann."
John D. Rockefeller

Zuerst müssen Sie natürlich zu der Überzeugung gelangt sein, dass es für Sie notwendig und wichtig ist, zu delegieren, da Sie Ihre wertvolle Zeit sonst nicht auf jene Aufgabenbereiche konzentrieren können, die nur Sie erledigen sollten.

Delegieren hat nichts mit Schwäche zu tun. Im Gegenteil, Sie müssen lernen, loszulassen. Anderen Vertrauen entgegenzubringen und ihnen Aufgaben mit neuen Verantwortungen zu übergeben, ist nicht immer einfach.

Finden Sie hier die fünf häufigsten Ausreden vor sich selbst, nicht zu delegieren:

- Ich will die Kontrolle behalten.
- Ich will keine Kompetenzen abgeben.
- Ich habe die meiste Erfahrung auf diesem Gebiet. Keiner kann das so gut wie ich.
- Ich bin viel schneller, bis ich das erklärt habe ...
- Ich will das beste Resultat und nicht dafür verantwortlich sein, wenn es nicht funktioniert.

Fünf wirklich gute Gründe, oder etwa nicht?

Jetzt sehen wir es einmal anders:

- Ich bin für diese Tätigkeit überqualifiziert.
- Ich habe nun die Möglichkeit, mich wesentlicheren Dingen zu widmen.
- Ich schöpfe das Können des Teams besser aus.
- Ich gebe anderen die Chance, sich zu beweisen, sich zu verbessern.

- Ich bringe Vertrauen entgegen, das festigt auch meine Position.
- Ich delegiere an einen Spezialisten, der besser ist als ich.

Die sieben goldenen Regeln des Delegierens:

1. Delegieren Sie nur an jemanden, der die Aufgabe auch erfüllen kann. Es hat keinen Sinn, jemanden zu überfordern. Damit können Sie sich manchmal noch größere Probleme einhandeln, als Sie schon hatten. Allerdings wächst man ja auch an seinen Aufgaben, und manch einer hat Dinge bewältigt, die man ihm nicht zugetraut hat. Hier ist Ihre Menschenkenntnis besonders gefragt. Delegieren heißt aber nicht, dass man nicht hin und wieder mit Rat zur Seite stehen darf.

2. Übertragen Sie Ihren Kollegen nicht nur unerfreuliche Aufgaben. Das schafft eine negative Atmosphäre. Auch etwas, das Sie gerne tun, aber auch von jemand anderem erledigt werden kann, sollten Sie abgeben.

3. Delegieren Sie rechtzeitig. Sie machen sich nicht beliebter, wenn Sie immer in letzter Sekunde das Unmögliche verlangen.

4. Vermitteln Sie Ihren Mitarbeitern nicht das Gefühl, dass immer, wenn Sie unter Zeitdruck stehen – also im letzten Moment – dann auch noch andere helfen „dürfen". Sie erwecken damit den Eindruck, andere auszunützen und selbst eine schlechte Zeiteinteilung zu haben.

5. Teilen Sie den Erfolg. Erwähnen Sie Ihrem Vorgesetzten gegenüber, dass die Präsentation diesmal besonders gut gelungen sei, weil Kollege Handler so hilfreich war. Oder dass Sie Kosten sparen konnten bei der Erstellung der Präsentationsunterlagen, weil Ihre Mitarbeiterin eine neue Druckerei ausfindig gemacht hat.

6. Formulieren Sie ganz genau, was Sie von Ihrem Mitarbeiter erwarten, klären Sie alle Parameter (Zeitrahmen, Umfang, Kosten etc.) zu Beginn. Vereinbaren Sie Ziele.

7. Lassen Sie sich in regelmäßigen Abständen über die Fortschritte Bericht erstatten (bei längerfristigen Projekten), spätestens beim Mitarbeitergespräch.

Wie kritisiere ich richtig

Wenn Sie selber aktiv und passiv kritikfähig sein wollen, bedeutet das nicht nur, dass Sie mit Kritik richtig umgehen können. Das bedeutet, dass Sie selbst auch lernen müssen, richtig zu kritisieren. Hier gilt: Kritisieren Sie nur so, wie Sie selbst auch Kritik akzeptieren würden.

Die sieben goldenen Regeln der Kritik lauten:

1. Kritik darf nicht emotional sein.
2. Formulieren Sie Ihre Kritik so, dass Sie niemanden beleidigen. Etwas ist nicht „schlecht", sondern „man kann es besser machen" oder „Versuchen Sie Ihr Konzept mehr auf diesen oder jenen Aspekt zu konzentrieren" sind positiv formulierte Aussagen.
3. Üben Sie konstruktive und sachliche Kritik. Bringen Sie Vorschläge, wie das Problem besser gelöst werden kann.
4. Versuchen Sie vor der Kritik ein Lob auszusprechen. Sie kommen dadurch nicht in den Verdacht, „nur zu kritisieren."
5. Stellen Sie sich selbst nicht als „Allwissenden" dar. „Ich bin mir auch nicht ganz sicher, wie das besser gehen sollte, aber so kann es nicht bleiben ..."
6. Kritisieren Sie nicht im Affekt, das geht meistens schief und trägt nicht zur Problemlösung bei. Lassen

Sie Dinge erst einmal auf sich wirken. Vielleicht haben auch Sie etwas nicht verstanden.

7. Seien Sie Vorbild. Zeigen Sie, dass auch Sie Kritik ausgesetzt sind und diese als positive Anregung verstehen.

Wie macht man ein Kompliment

In Zeiten mühsam erfundener *Incentives* wird der ursprünglichsten Form des Ansporns, nämlich dem Kompliment, immer weniger Raum eingeräumt. Was war das doch für ein Ereignis, wenn der Herr Direktor ein persönliches Lob ausgesprochen hatte! Ein Kompliment vom Chef, vielleicht noch vor anderen Mitarbeitern: das war schon etwas.

Die ehernen Regeln des Komplimentierens im Job:

1. Gehen Sie mit Ihren Komplimenten sparsam um.
2. Seien Sie ehrlich und übertreiben Sie nicht.
3. Sagen Sie nur sinnvolle Sachen. Der Komplimentempfänger kennt nicht immer seine gelobten Stärken, aber garantiert seine Schwächen. Werden diese gelobt, kann das leicht als Verhöhnung verstanden werden.
4. Sie sind nicht nur zwischen verschiedenen Geschlechtern möglich.
5. Denken Sie nach und beobachten Sie genau, bevor Sie es verteilen. Das Kompliment reflektiert nämlich nicht nur die erwähnenswerte gute Seite des Betroffenen, sondern wirft auch ein Licht auf Sie, auf Ihren Geschmack und auf Ihre Vorlieben.
6. Bedenken Sie, dass Ihr Kompliment im Beruf auch arbeitsrechtliche Konsequenzen haben kann. Wer von Ihnen immer gelobt wird, kann nicht schlüssig gekündigt werden.
7. Das beste Kompliment ist das begründete. Das

könnte so lauten: „Das haben Sie aber gut gemacht!", die Begründung danach: „Ich beobachte diese Entwicklung nun schon lange. Wie Sie hat das noch niemand gelöst, wir hätten da schon viel früher ansetzen müssen."

8. So kann man auch die neue Frisur, die man gerade erwähnt hat (neue Frisuren sollte man einfach IMMER erwähnen!), mit einem Satz begleiten, der Tiefgang beweist: „Sie steht Ihnen wirklich besser, da Ihr schlankes Gesicht dadurch noch besser zur Geltung kommt."

9. Apropos „neue Frisuren immer erwähnen": Das setzt natürlich voraus, dass Sie es bemerken. Machen Sie es sich zur Gewohnheit, Ihre Mitarbeiter zu beobachten. Versuchen Sie, Veränderungen zu registrieren. Es ist an sich sehr einfach, wenn man sich nur ein wenig Zeit nimmt. Sie werden bald als aufmerksamer Mensch bekannt sein. Und das ist dann wohl ein Kompliment an Sie.

Wie reagiere ich, wenn ein Mitarbeiter gemobbt wird

Sofort!

Als Arbeitgeber oder Vorgesetzter dürfen Sie sich nicht aus Mobbing-Problemen Ihrer Mitarbeiter heraushalten. Informieren Sie sich und suchen Sie so rasch wie möglich das Gespräch mit beiden Parteien.

Bieten Sie Ihre Hilfe an, wenn die Situation sehr schwierig ist, schalten Sie eventuell einen Mediator ein. Gehen Sie auf Opfer und Täter ein, beide benötigen Aufklärung und Hilfe.

Der rechtliche Aspekt:

Arbeitgeber und Betriebsrat haben darüber zu wachen, dass alle im Betrieb tätigen Personen nach den Grundsätzen von Recht und Billigkeit behandelt werden (jede unterschiedliche Behandlung von Personen wegen ihrer Abstammung, Religion, Nationalität, Herkunft, politischen oder gewerkschaftlichen Betätigung oder Einstellung oder wegen ihres Geschlechts muss geahndet werden).

Dramatischer Nebeneffekt:

Die Leistung von Mobbing-Opfern verschlechtert sich zusehends! Wenn ein Mobbing-Opfer keine Unterstützung erfährt, reicht es sehr bald die „innere Kündigung" ein. Dann wird nur noch das Nötigste gemacht, Krankenstände nehmen überhand und die Kündigung ist oft die Folge. So entsteht durch Mobbing ein nicht wegzudiskutierender wirtschaftlicher Schaden.

Wie vermeide ich „zweideutige Bemerkungen"

Der Titel ist irreführend. Es sind wohl jene Bemerkungen gemeint, die zwar mehrfach gedeutet werden könnten, aber eindeutig gemeint sind. Wir sprechen nicht ausschließlich von Anzüglichkeiten, die klare heterosexuelle oder homosexuelle Angebote transportieren. Sollte jemand auf diese Angebote einsteigen, so ist das für Sie als erwachsener Mensch zu entscheiden, was Sie damit wie und wo und wie oft machen.

Das geht uns nichts an.

Wir meinen auch nicht die irrtümliche Zweideutigkeit, die unschuldig gemeint war und vielleicht gar von Ihrem Mitarbeiter oder von einem zufälligen Zuhörer lautstark und boshaft fehlinterpretiert wird.

Nein, wir sprechen von den belästigenden Äußerungen, von den zweideutigen Eindeutigkeiten, die verklausulierte Anspielungen beinhalten, die so manchem Betroffenen die Schamesröte ins Gesicht treiben.

Und wir sprechen in diesem Kapitel von Ihnen, falls Sie solche Bemerkungen machen!

Da ist die junge Hilfsschilehrerin, die sich dem selbstgefälligen

Schischulbesitzer gegenübersieht, der nach 20-jähriger Berufspraxis jede Sensibilität gegenüber einer jugendlichen heilen Sexualwelt verloren hat (Schischulbesitzer und Hilfsschilehrerin stehen für männlich oder weiblich, für Vorgesetzter und Lohnabhängiger). Da ist der Mitarbeiter, der von mehreren Kollegen aufs Korn genommen und immer mit eindeutigen Aufforderungen konfrontiert wird.

Meine Damen, meine Herren: Jeder kann einmal aus echter Verehrung oder Zuneigung eine Bemerkung machen, die einem vielleicht sofort oder später unangenehm ist, besonders wenn man realisiert, dass sie nicht den gewünschten Erfolg erzielt. Doch merken Sie sich bitte unbedingt:

Sollten Sie spüren, dass Ihre Aufforderungen nicht sofort und vor allem ohne Furcht (Erpressung) gerne angenommen werden, ziehen Sie sich speziell am Arbeitsplatz schlagartig zurück. Hier gilt nicht das Jäger- und Eroberungsprinzip. Am Arbeitsplatz müssen Sie ausschließlich durch Ihre berufliche Qualifikation bestechen. Sie mobben sonst diesen Mitarbeiter. Wir sind dann, das sei einmal klar gesagt, gegen Sie. Und wir raten dringend allen Opfern, sich zu wehren.

Wie erkennt man die „Belästiger" am Arbeitsplatz

Haben Sie sich schon einmal so verhalten (das betrifft zwar hauptsächlich Männer, aber auch einige Frauen)?

Testen Sie sich in neun kritischen Fragen:

- Sie machen ein ernst gemeintes Kompliment, das weit über eine beruflich qualifizierte Bewertung einer Person hinaus geht. Sie erwarten sich davon mit dieser Person einen engeren privaten Kontakt.
- Ihnen entkommen immer wieder anzügliche Bemerkungen (tatsächlich: sexuelle *Avancen*) gegenüber Mitarbeitern.

- Sie treten nicht sofort den Rückzug an, wenn Ihr Ansprechpartner nicht oder abweisend reagiert.
- Sie nützen jede Gelegenheit, um diese Person allein anzutreffen und ihr näher zu kommen. Sie schreiben ihr interne E-Mails, Memos und dergleichen.
- Sie arrangieren gemeinsame Einsätze und Arbeitszeiten.
- Sie reagieren verärgert auf die Abweisung und erschweren der Person ihre Tätigkeit.
- Sie desavouieren diese Person, das heißt, Sie machen sie vor anderen schlecht, erfinden Gerüchte.
- Sie machen sich vor Kollegen über diesen Mitarbeiter lustig und vereinen Kumpanen gegen diese Person.
- Sie reagieren trotzdem nicht auf die ablehnende Haltung, auch wenn Ihnen die belästigte Person sogar direkt erklärt, dass sie mit Ihnen keinen Kontakt über die betriebliche Notwendigkeit hinaus wünscht.

Nun, dann haben Sie ein Problem. Nicht nur mit dieser Person (das steht Ihnen noch bevor; siehe Mobbing), nicht nur mit dem Gesetz (siehe „Wie reagiere ich auf sexuelle Belästigung am Arbeitsplatz"), sondern in erster Linie mit sich selbst.

Sie sollten überlegen, einen Therapeuten zu konsultieren.

Bevor Sie zum Arzt eilen: Haben Sie sich schon einmal Gedanken darüber gemacht, wie Ihr Ruf in der Firma leidet? Ihre Blindheit gegenüber der ablehnenden Haltung dieses Kollegen entgeht doch den anderen Mitarbeitern nicht. Man hat ein Auge auf Sie. Während Sie also gerade dabei sind, sich selbst lächerlich zu machen, stören Sie obendrein das Arbeitsklima empfindlich.

Was tun Sie am besten?

Selbstverständlich empfehlen wir hier den diplomatischen

Rückzug. Eine Eroberung nicht zu machen, ist keine Schande. Sich schlecht zu benehmen, jemanden unter Druck zu setzen, vielleicht sogar seine Position auszunützen, um jemanden „herum" zu bekommen, das führt doch alles nicht zu den Eroberungen, die sich ein gesunder Menschenverstand wünscht.

Entschuldigen Sie sich in aller Form, wenn Sie den Eindruck haben, zu weit gegangen zu sein („Ich glaube, ich habe mich da in etwas verrannt", „Es tut mir leid, ich bin da wohl zu weit gegangen" etc.).

Restituieren Sie schnellstens Ihre Reputation, werden Sie unverbindlich, bleiben Sie fair und höflich. Selbst wenn es Ihnen gelingt, diese Person zum Beispiel zu kündigen, so ist Ihr Ruf innerhalb der Firma angekratzt. Man wird Ihnen weniger Vertrauen entgegenbringen, weil Sie gezeigt haben, dass Sie sich nicht immer unter Kontrolle haben.

Wie reagiere ich auf sexuelle Belästigung am Arbeitsplatz

Mit sexuellen Übergriffen kann prinzipiell jede Person am Arbeitsplatz konfrontiert werden. Meist sind jedoch Frauen betroffen.

Seit 1. Mai 2004 gilt „sexuelle Belästigung" in Österreich als eigener strafrechtlicher Tatbestand, in Deutschland gelten diesbezüglich seit 1994 entsprechende Gesetze (eine deutsche Untersuchung zeigt, dass zwei von drei weiblichen Angestellten während ihres Berufslebens bereits einmal in irgendeiner Form sexuell von einem Kollegen oder Vorgesetzten belästigt wurden). In Österreich ist das so formuliert, dass die Belästigung durch eine geschlechtliche Handlung (z.B. unsittliche Berührungen) gesetzt sein muss.

Das Gleichbehandlungsgesetz verbietet ausdrücklich die sexuelle Diskriminierung und wendet sich gegen männliche oder weibliche „Belästiger".

Das Gesetz wendet sich aber auch gegen Arbeitgeber, die belästigte Arbeitnehmer nicht gegen sexuelle Belästigung durch Kollegen oder Kunden schützen. (Wohlgemerkt sprechen wir hier immer von beiderlei Geschlecht. Es sind nicht immer Männer, die Frauen belästigen, immer häufiger setzen Frauen Männer unter Druck; auch gleichgeschlechtliche Avancen sind ein zunehmendes Problem, besonders gegenüber einer heterosexuellen Person. Diese merkt oft anfangs gar nicht, dass sie belästigt wird, erst wenn es wirklich eindeutig wird. Dann steht sie meist noch als mitschuldig da, weil sie nicht sofort entsprechend reagiert hat.)

Verbale Äußerungen allein gelten noch nicht als Straftatbestand. Doch die sexuelle Belästigung am Arbeitsplatz kann auch visuell oder körperlich erfolgen.

Zu den häufigsten Erscheinungsformen zählen:

- Poster von Pin-ups, pornografische Bilder am Arbeitsplatz, auch am PC bzw. Mouse-Pad.
- Anstarren, taxierende Blicke, anzügliche Witze, hinterherpfeifen.
- Anzügliche Bemerkungen über Figur oder sexuelles Verhalten im Privatleben.
- Eindeutige verbale sexuelle Äußerungen.
- Unerwünschte Einladungen mit eindeutiger (benannter) Absicht.
- Telefongespräche, Briefe, E-Mails oder SMS-Nachrichten mit sexuellen Anspielungen.
- Versprechen von beruflichen Vorteilen bei sexuellem Entgegenkommen.
- Androhen von beruflichen Nachteilen bei sexueller Verweigerung (Erpressung).
- Scheinbar zufällige, tatsächlich gezielte körperliche Berührungen (z.B. Po-Kneifen und -Klapsen).

- Aufforderung zu sexuellen Handlungen.
- Exhibitionistische Handlungen.
- Auch sexuelle Belästigung außerhalb des Arbeitsplatzes (z.b. bei einem Seminar) zieht rechtliche Folgen nach sich.
- Für alle privatrechtlichen Arbeitsverhältnisse liegt sexuelle Belästigung dann vor, wenn ein der sexuellen Sphäre zugehöriges Verhalten gesetzt wird, das die Würde der Person beeinträchtigt, für die betroffene Person unerwünscht, unangebracht oder anstößig ist und eine einschüchternde, feindselige oder demütigende Arbeitsumwelt schafft oder andere nachteilige Folgen nach sich zieht.

Wie können Sie sich wehren?
- Es hilft nicht, gute Miene zum bösen Spiel zu machen. Auf Dauer wird die Situation unerträglich. Sie können Belästigungen ignorieren, Sie können der belästigenden Person nach einem Vorfall aus dem Weg gehen oder eventuell sogar Ihre Kleidung ändern, die Belästigung wird vermutlich dennoch kein Ende finden. Viele der belästigten Personen verlassen deswegen sogar früher oder später ihren Arbeitsplatz. Das ist jedoch keine Lösung!
- Sexuelle Belästigung am Arbeitsplatz ist ein grundsätzliches Unrecht, gegen das sich jede betroffene Person zur Wehr setzen muss und sollte.
- Fordern Sie, dass ein derartiges Verhalten Ihnen gegenüber in Hinkunft zu unterlassen ist.
- Nehmen Sie Ihre Gefühle und Wahrnehmungen ernst, es kommt auf Ihr subjektives Empfinden an!
- Bringen Sie Ihren Unmut über unerwünschte Berührungen oder andere Zudringlichkeiten deutlich zum Ausdruck!

- Weisen Sie die Belästigung energisch und direkt zurück!
- Sichern Sie Beweise! Letztlich ist alles eine Frage der Beweisbarkeit! Fertigen Sie ein Protokoll der Vorfälle an.
- Sprechen Sie mit Personen Ihres Vertrauens, aber achten Sie darauf, dass die Informationen vertraulich behandelt werden.
- Wenn der „Belästiger" sein Verhalten nicht ändert, melden Sie die Vorfälle Ihrem Vorgesetzten.
- Wenn Sie das Verhalten des „Belästigers" öffentlich machen, ist es wichtig, rechtzeitig eine geeignete Strategie zu entwerfen, für den Fall, dass dieser die Vorwürfe von sich weist.
- Personen, die mit dem Vorwurf der sexuellen Belästigung konfrontiert werden, neigen dazu, zurückzuschlagen, Klagen wegen übler Nachrede können folgen. Suchen Sie daher Verbündete, kompetente Unterstützung (Betriebsrat).
- Nicht zu vergessen wäre, dass hier auch beträchtliche Summen im Spiel sein können, die im Verurteilungsfall als Schadenersatz zu bezahlen sind.

Lassen Sie sich von kompetenter Seite beraten! Auf den Seiten des Bundesministeriums für Gesundheit und Frauen finden Sie nähere Hinweise, die Anwältin für Gleichbehandlungsfragen betreffend.

Mit Genehmigung teilweise entnommen der Webseite
„Anwältin für die Gleichbehandlung von Frauen und Männern in der Arbeitswelt", in Österreich angesiedelt im Bundeskanzleramt
www.frauen.bka.gv.at

Wie werden meine Anweisungen richtig verstanden

Hier wie in vielen Fällen des Lebens gilt: „Wenn ich mir nicht die Zeit nehme, etwas gleich richtig zu machen, woher werde ich dann die Zeit nehmen, es zu korrigieren?"

Sie geben Anweisungen, damit Abläufe in Gang gebracht werden (siehe „Wie delegiere ich richtig"). Es ist eine Frage der Höflichkeit, dass Sie sich für Ihre Mitarbeiter genügend Zeit nehmen, genau zu definieren und zu erklären, was Sie sich vorstellen. So vermeiden Sie, dass er sich blamiert und die Aufgabe nicht zu Ihrer Zufriedenheit ausführt.

Nachdem Sie die Aufgabe gestellt haben, fragen Sie sich:

Versteht Ihr Gegenüber, was Sie von ihm wollen? Geht er mit einem klaren Bild von der Bühne ab, was eigentlich von ihm erwartet wird oder trottet er brav von dannen in der Hoffnung:

- Irgendjemand wird mir schon erklären, was man von mir will.
- Hoffentlich fragt nie wer nach, ob ich das auch gemacht habe.
- Ich habe schon wieder alles vergessen, aber ich habe ohnedies andere Dinge zu tun.

Damit klar wird, was klar sein sollte:

1. Fordern Sie ihn auf, die Aufgabenstellung in eigenen Worten zu wiederholen (passen Sie auf, vielleicht können Sie hier noch etwas lernen: Drücken Sie sich vielleicht zu kompliziert aus? Waren Sie unpräzise? Haben Sie etwas vergessen?).

2. Setzen Sie einen klaren Zeitrahmen. „Bis Donnerstagvormittag brauche ich das auf meinem Schreibtisch/ in meiner Mailbox ..."

3. Fordern Sie *Feedback*. Lassen Sie sich über den Verlauf der Arbeit regelmäßig informieren.

Vergessen Sie nicht: Sie wissen zwar genau, was Sie sagen, doch was Ihr Gegenüber darunter versteht (interpretiert), nicht.

Wie gewinne ich eine Diskussion

Sie gewinnen mit Stil, natürlich, womit sonst? (Obwohl: Ein klein wenig Taktik darf ruhig im Spiel sein.)

Konzentrieren Sie sich auf die drei wesentlichen Punkte *Präparation*, *Kommunikation* und *Überzeugung*.

Zwölf Schritte zum Ziel:

1. Setzen Sie sich realistische Ziele und lernen Sie darüber alles, was es gibt. Informieren Sie sich auch über die Ziele Ihrer Gegner und was daran gut und schlecht ist. Spielen Sie die Diskussion auf der Seite Ihres Gegners durch (ja, es sind Gegner – auch wenn Sie sich wohler oder politisch korrekt fühlen, wenn Sie diese als Geschäftspartner oder Arbeitskollegen bezeichnen; wer nicht Ihrer Meinung ist und Sie von etwas anderem überzeugen will, ist – zumindest in diesem Punkt – gegen Sie und damit Ihr Gegner).

2. Bauen Sie nicht darauf, dass Sie alles erreichen können. Das Zauberwort heißt *win-win*, also jeder fühlt sich gut und ist zufrieden, das heißt, jeder kann mit den verhandelten Kompromissen leben. Damit Sie aber trotzdem mehr an Terrain gewinnen als Ihre Gegner, müssen Sie mühsame Überzeugungsarbeit leisten.

3. Wenn's beim ersten Mal nicht klappt, fordern Sie ein weiteres Treffen zu diesem Thema. Stellen Sie in Aussicht, dass man einer Lösung näher gekommen ist, aber nur, wenn es sich um die Lösung der anderen handelt. Die Devise heißt „aussitzen". Hoffentlich haben Sie keine Eile. Sie sind erst dann fertig, wenn Sie den Kompromiss akzeptieren können.

4. Sprechen Sie deutlich und langsam, wiederholen Sie sich nicht, seien Sie nie besserwisserisch oder arrogant und packen Sie nicht Ihren Fremdwörterschatz aus. (Verwenden Sie keine Fremdwörter, von denen Sie meinen, dass mehr als die Hälfte der Anwesenden sie nicht verstehen. Irgendjemand fragt Sie sicher, und die Antwort hält nur auf.)

5. Lassen Sie Ihre Gegner in Ruhe aussprechen. Lauschen Sie ihren Argumenten mit Aufmerksamkeit und trommeln Sie nicht mit den Fingerspitzen. Offene Körperhaltung (nicht Arme und Beine verschränkt, sondern leicht nach vorne gebeugt, Hände auf dem Tisch), verständnisvoll nickend, mit besorgtem Blick signalisieren Sie Ihre prinzipielle Offenheit für alles. Ihre Mimik hingegen verrät, dass Sie das alles auch schon überlegt hatten und eben für falsch halten.

Ein gelegentliches dünnes Lächeln, verbunden mit einem verständnisvollen Nicken, verunsichert endgültig, und Ihr Gegner wird nicht daran zweifeln, dass Sie sich in alle Richtungen informiert haben und nicht, dass Sie diese Taktik hier absichtlich einsetzen, was Sie aber tun. Oder?

6. Wenn Sie sprechen, klopfen Sie nicht mit der Faust auf den Tisch. Das lenkt von Ihren Argumenten ab – und das wollen Sie wirklich nicht. Ihre Hände sprechen für Sie; die linke kommt „vom Herzen" und leistet emotionale Überzeugungsarbeit (Sie setzen sie ein, wenn Sie gefühlsbetont verstanden werden wollen). Unterstreichen Sie mit Gesten der rechten Hand das Gesprochene, so signalisieren Sie: Hier spricht ein Fachmann, der sich alles genau überlegt hat und sich auskennt.

7. Vorbereitung ist unerlässlich. Sie beherrschen das Thema. Doch Achtung! Kopf nach unten, die Nase im Skriptum und Sie haben verloren. Sprechen Sie frei. Su-

chen Sie Textpassagen in Ihren Unterlagen dann, wenn Ihre Gegner reden. Sie benötigen unbedingt Blickkontakt zu allen in der Runde. Damit erbitten Sie Autorisierung.

8. Nicken Sie Ihren Zuhörern zu und signalisieren Sie, dass Sie es gut mit ihnen meinen. Nickt man Ihnen zu, so wissen Sie jetzt schon, dass Sie auf der Gewinnerstraße sind. Treffen Sie auf Kopfschütteln, so wissen Sie, wo Sie nachsetzen müssen. Nur Zahlen und Fakten darf man unter besonderem Hinweis vorlesen: „Da habe ich folgende Zahlen, die meine These untermauern." Liest man größere Textpassagen vor, so hebt man am besten die Vorlage auf Nasenhöhe und blickt gelegentlich daran vorbei in die Augen der Zuhörer. Lesebrillenträger blicken durch die Brille auf den Text und darüber in die Runde.

9. Sie werden unterbrochen? Hören Sie einen Halbsatz lang zu, dann antworten Sie mit einem kurzen, bestimmten und durchaus scharfen „Lassen Sie mich das doch bitte zu Ende führen". Damit gewinnen Sie für sich nahezu uneingeschränkte Gesprächszeit.

10. Ein gelegentlicher Gag signalisiert gegebenenfalls die nötige Distanz zur Thematik (wo sinnvoll!).

11. Verlassen Sie Ihre Linie nie. Ihre Gegner haben sich genauso gut vorbereitet wie Sie. Ein Einlenken in Grundsatzfragen Ihrerseits und Sie haben verloren. Sofort begänne die gegnerische Überzeugungskampagne zu rollen. Nachgeben in Teilbereichen kann man immer, aber zur vollkommenen Übereinstimmung kann es ja wohl kaum reichen.

12. Hoffentlich haben Sie bis jetzt gelesen, denn jetzt kommt der wichtigste Punkt: der *Winner*, der *Punch*, der entscheidende Schlag. Sie haben sich Ihr bestes Argument für den Schluss aufgehoben. Ganz am Ende

packen Sie aus, was alle überzeugt. Die große Akzeptanz beim Publikum, die Zufriedenheit der Kunden mit uns allen (das inkludiert auch Ihre Gegner), der offensichtliche Vorteil auch für die gegnerische Seite. Als *Finale furioso* loben Sie nun die gegnerische Variante als zweitbestes Konzept, zu dem man sich eben nicht durchringen kann, wo es doch das Ihre gibt.

Sollten Sie bis hierher gekommen sein und alles verlief nach Plan, können Sie sich nun zurücklehnen und der Diskussion ihren Lauf lassen. Sie sollten gemächlich die Früchte Ihrer Argumentation ernten können. Im besten Fall nehmen nun andere, vielleicht sogar die mittlerweile überzeugten Gegner, Ihre Idee an der Hand, adoptieren Sie, sozusagen, und gehen mit ihr weiter.

Es ist im Moment vollkommen egal, wer die gute Idee hatte, Hauptsache, sie wird von allen mit Enthusiasmus umgesetzt. Diesen Spruch kennen Sie doch sicher:

„*Der Erfolg hat viele Väter; die Niederlage ist ein Waisenkind.*"

Später sorgen Sie schon dafür, dass alle wissen, wer diese Idee hatte: nämlich Sie!

Wie sinnvoll ist es, loyal zu bleiben

Es ist lebenswichtig! Loyalität gilt in alle Richtungen: Mitarbeiter gegenüber Mitarbeitern, Vorgesetzte gegenüber Vorgesetzten. Mitarbeiter gegenüber Vorgesetzten und Vorgesetzte gegenüber Mitarbeitern.

Loyalität ist für den Erfolg eines Unternehmens und daher für alle Mitarbeiter mitentscheidend. Wer sich im Schlachtgetümmel des globalen Wettbewerbs auf seine Mitstreiter nicht verlassen kann, wird es sehr schwer haben, zu überleben.

TIPP

Natürlich ärgert man sich oft über Kollegen. Wenn es Ihnen nicht mehr möglich ist, diesen Ärger zu bewältigen, ohne unloyal zu sein, sollten Sie das Gespräch mit dem Menschen suchen, der den Ärger verursacht oder zu neuen Ufern aufbrechen.

Der offiziell rechtliche Standpunkt:

Es gibt eine traditionelle Treue zum Arbeitgeber, dem Prinzipal, die selbst handelsrechtlich geregelt ist. Als Arbeitnehmer ist man seinem Arbeitgeber nach der Rechtsprechung zu einem gewissen Maß an „Treue", also an Loyalität verpflichtet. Das fällt in den Bereich des Wettbewerbsverbotes und soll uns hier nicht länger beschäftigen.

Wie gehe ich mit meinem Spesenkonto um

Wenn Sie berechtigt sind, das Geld anderer (Ihres Dienstgebers) für Spesen auszugeben, sind Sie nicht privilegiert, sondern für den sorgsamen Umgang damit verantwortlich.

Legion die Zahl derer, die das Spesenkonto als versteckte Zusatzeinnahme verstehen. Halten Sie sich strikt an die Vereinbarungen und Sie werden nie Gefahr laufen, mit einem Beleg konfrontiert zu werden, der in Zweifel gezogen werden könnte.

Wie stelle ich jemanden ein

Der entscheidende Faktor bei einer Einstellung ist und bleibt die menschliche Chemie. Stimmt sie, so ist die Qualifikation die wichtigste Nebensache der Welt. Bedenken Sie, dass Sie weiterführende Gespräche ohnedies nur mit Menschen führen, die sich durch ihre fachliche Qualifikation bis in den Kreis der engeren Bewerber durchgeschlagen haben. Dann ist ein gutes persönliches Gefühl gegenüber einem Bewerber ausschlaggebend, es kann ein paar Prozent an fachlichen Mängeln leicht wettmachen. Und das Leben ist zu kurz, um sich mit Menschen zu umgeben, die einem nicht liegen (obwohl es natürlich Menschen gibt, die ausschließlich die Bestqualifizierten anheuern).

Zwölf Grundsätze für den Einstellenden:
1. Beachten Sie die Zeitabläufe. Wie lange hat der Bewerber gebraucht, um auf die Stellenannonce zu antworten? Wie schnell hat er auf Ihre Antwort reagiert? Wie rasch kam es zu einem persönlichen Treffen? Sie wollen nicht hören, welche Komplikationen dazu geführt haben, dass alles verzögert wurde. Außerdem brauchen Sie jetzt jemanden und nicht später. Natürlich ist manchmal der Bewerber, der verhindert war und erst jetzt Ihr Inserat gelesen hat, der Bessere. Aber im Allgemeinen ist es ein Zeichen von professioneller Aufmerksamkeit, wie rasch jemand reagiert. Wägen Sie ab, ob Geschwindigkeit in diesem Fall eher von Vorteil oder von Nachteil sein kann.
2. Fragen Sie nicht nach Dingen, die mit „Ja" oder „Nein" beantwortet werden können. Lassen Sie den Bewerber fragen. Lassen Sie ihn selbst erzählen, was er bei Ihnen machen wird, welche Möglichkeiten er sieht. Sokrates schon komponierte seine Fragen so, dass seine Gesprächspartner zu den richtigen Antworten kamen. Also zuhören – vielleicht lernen Sie etwas Inspirierendes. Ihre wichtigste Frage ist noch immer „Warum?" und „Haben Sie noch Fragen?". Hat der Bewerber keine, schade – und aufgepasst!
3. Geben Sie nicht an, wie toll Ihr Unternehmen ist und dass es ein Privileg ist, für Sie zu arbeiten. Es ist besser, Sie beweisen das ohne große Ankündigungspolitik. Außerdem ist es die Zeit des Bewerbers, ein bisschen anzugeben.

4. Achtung vor Bewerbern, die zu früh im Gespräch fragen, wie hoch ihr Gehalt sein wird. Erst sind die sachlichen Fragen zu klären, über das Gehalt kann man dann später reden.

5. Leider erzählt Ihnen niemand, wie er wirklich ist, sondern vielmehr, wie er in Ihrem Unternehmen sein möchte. Versuchen Sie, diese Zukunftsperspektive auf eine realistische Ebene zu führen.

6. Suchen Sie sich loyale Mitarbeiter aus, Menschen, von denen Sie das Gefühl haben, dass sie mit Ihnen einen langen Weg gehen werden. Sie werden Sie auch in Krisenzeiten begleiten und mit Ihnen Tiefs durchtauchen (Hochs macht ohnedies jeder gerne mit).

7. Sieht Ihnen der Bewerber in die Augen? Tut er es nicht, hat er etwas zu verbergen und Sie haben sicher keine Lust, herauszufinden, was es ist, nachdem Sie das erste Gehalt überwiesen haben (natürlich kann der Arme auch schrecklich nervös sein, und dabei verbirgt er gar nichts Böses. Trotzdem ist es nicht perfekt!). Das Gegenteil tritt ein, wenn Ihnen Ihr Bewerber nur in die Augen starrt, weil er irgendwann gelesen hat, wie wichtig Augenkontakt ist. Achten Sie auf seine Stimme und die Zeichen der Körpersprache.

8. Ihr Bewerber kratzt sich am Hals, reibt sich die Augen, hält sich immer wieder die Hand vor den Mund? Schauen Sie doch ein paar Absätze später unter „Wie sehe ich, ob jemand lügt" nach, was die Körpersprache sagt.

9. Vielleicht ist es gar nicht so einfach, jemanden, den Sie wirklich haben wollen, zu überzeugen. Sie haben die Stärken Ihres Unternehmens deutlich betont und die Zukunftsperspektiven der Position, um die es geht, sehr attraktiv erläutert. Packen Sie persönliche Geschichten aus, erzählen Sie von Ihrer emotionalen Bindung an das

Unternehmen, machen Sie aus dem „Job" eine „Berufung". Vielleicht fällt Ihnen eine gute Anekdote ein. Gemeinsames Lachen verbindet und löst Spannungen.

10. Klären Sie persönliche Verhältnisse. Sie wollen doch wissen, ob Ihr neuer Mitarbeiter sieben Kinder hat oder dreimal geschieden ist (oder beides).

Das Umfeld und die Herkunft sind genauso interessant wie seine Ausbildung und der bisherige Werdegang. Lassen Sie ihn über seine größten beruflichen Herausforderungen erzählen, seine persönlichen Niederlagen.

11. Jetzt ist der richtige Moment gekommen, um über das Gehalt zu sprechen.

12. Achten Sie auf die *famous last words*.

Oft entspannt sich nach einem vermeintlichen Sieg an der Verhandlungsfront Ihr Visavis und lässt in den letzten Sekunden noch ein Statement aus dem Ärmel, das Ihnen zu denken gibt.

Missachten Sie dieses Warnsignal nicht. Überdenken Sie alles nochmals gründlich.

TIPP

Bevor ich eine wichtige Position vergebe, gehe ich mit der Person, für die ich mich entscheiden möchte, essen. Wenn ich danach immer noch voll hinter meiner Entscheidung stehe, wird es gut gehen.

Wie sehe ich, ob jemand lügt

Die Rede ist natürlich von der Körpersprache, die über 90% unserer gesamten Kommunikation ausmacht!

Sie kennen die drei Affen, die nichts hören, sehen oder sprechen? Das ist die Grundlage der Lügengestenforschung. Wissenschaftlich untersucht, gibt es sichere Zeichen, die uns zumindest nachdenken lassen sollten, ob es unser Gegenüber nun ehrlich mit uns meint oder nicht.

Einige Lügensignale sind auffälliger als ein Raststationsschild auf der Westautobahn:

Die top sieben sind:

1. Finger an den Lippen oder gar im Mund signalisieren den unbewussten Versuch des Menschen, wieder die Sicherheit eines Säuglings zu erlangen, der an der Brust der Mutter trinkt. Fühlt sich jemand unter Druck gesetzt, so kann ihm so etwas passieren. Hier wie in allen nachfolgenden Punkten können Sie Gewissheit erlangen, wenn Sie nochmals das Gleiche ansprechen.

2. Hält Ihr Gesprächspartner die Hand vor den Mund, folgt er dem unbewussten Befehl seines Gehirns, täuschende Worte zu unterdrücken. Es ist das Symbol des kindlichen Lügens – bei dem Versuch, die unwahren Worte aufzuhalten, bedeckt das Kind oft den Mund. Selbst beim Erwachsenen ist diese Geste dazu angetan, uns zu täuschen: seien es nur einige Finger vor den Lippen, oder manchmal sogar die ganze Hand oder die Faust, als ob man husten müsse (das Hustengeräusch wird als Tarnung meist mitgeliefert!).

3. Wer leicht die Unterseite der Nase reibt oder sie fast nicht wahrnehmbar berührt, fällt selbst auf eine chemische Reaktion herein. Beim Lügen werden chemische Wirkstoffe freigesetzt, wodurch die Nasenschleimhaut anschwillt. Die Nase juckt. Und jetzt halten Sie sich fest: Absichtliches Lügen erhöht den Blutdruck und vergrößert die Nase. Pinocchio-artige Effekte sind nicht zu erwarten, aber der alte Spruch „Nimm dich selbst bei der Nase" hat somit eine neue Dimension erhalten.

4. Reibt sich Ihr Gesprächspartner seine Augen, so gibt er dem Befehl des Gehirns nach, Täuschung und

Zweifel fernzuhalten. Männer reiben sich mitunter die Augen fester, Frauen tun dies in Hinblick auf ihre Erziehung zu dezenten Gesten und auf ihr Make-up weniger auffällig. Alles findet statt, um den Blick in das Gesicht der Person, die belogen wird, zu vermeiden. Werden dabei auch noch die Zähne zusammengebissen und ein falsches Lächeln aufgesetzt, sollten alle Alarmglocken läuten.

5. Die Ohren sind ein wichtiger Bote. Reiben, daran zupfen, die Ohrmuschel verbiegen sind nicht gerade Signal für balkenbiegende Lügen, aber ein Zeichen von Schüchternheit und Unsicherheit. Ihr Visavis ist unentschieden.

6. Hören Sie ein auffälliges Räuspern? Das Kratzen im Hals Ihres Gegenübers signalisiert mehr, als ihm lieb ist. Er ist unsicher, nervös, angespannt oder einfach erkältet.

7. Lügen löst ein Kribbeln der Gesichts- und Halshaut aus, das den Lügner zum Reiben oder Kratzen veranlasst. Meist wird, so erzählt es die Wissenschaft, fünfmal am Hals gekratzt. Wenn Sie diese Geste bei jemandem sehen, fragen Sie Ihr Gegenüber, diesen Punkt noch einmal zu erörtern. Das bringt den Schwindler oft dazu, die Wahrheit zu sagen.

Wie deute ich einen Händedruck richtig

Wir greifen unserem Gegenüber beim Händedruck nicht mehr mit der linken Hand an den rechten Unterarm, um zu prüfen, ob er bewaffnet ist. Diese aus der Römerzeit stammende Geste bescherte uns den heutigen Händedruck.

Die Zeit ist fortgeschritten, und so haben wir uns unzählige Interpretationen zurechtgelegt, wie man einen Händedruck heute deuten kann.

Sieben Geheimnisse des Händedrucks eines Mitteleuropäers:
1. Weicher Händedruck signalisiert Unsicherheit und Schüchternheit. Die Festigkeit sollte man trainieren.
2. Feuchte Handfläche, fest oder weich gereicht: Nervosität, vielleicht Unehrlichkeit, sich unwohl fühlen. Gegen feuchte Hände hilft autogenes Training oder Talkum (ein feines weißes Puder), in besonders schweren Fällen lassen Sie sich medizinisch helfen.
3. Der dominante Händedruck: Handfläche zeigt nach unten, Handrücken nach oben. Bleibt Ihr Handrücken oben, so sind Sie der Überlegene. Zu Machtkämpfen im Händeschüttelbereich kommt es, wenn beide versuchen, die Hand des anderen in die Unterlegenheitsposition zu bringen. Daraus entwickelt sich ein schraubstockartiger Griff, bei dem beide Handflächen in senkrechter Position bleiben (unentschieden).
4. Zeigt die Handfläche nach oben und der Handrücken nach unten, signalisieren Sie: Sie sind der Unterlegene, oder aber Sie offerieren die Kontrolle über eine Situation oder über sich selbst. Ein Zeichen der offenen Übergabe. Nicht immer negativ. Auch ein Zeichen von Entschuldigung oder Versöhnung.
5. In der Regel wird der Ranghöhere die rechte Hand dann ausstrecken, wenn er sie dem anderen geben will. Damen dürfen im Gesellschaftsleben immer selbst bestimmen, wann und wem sie die Hand geben wollen. Im Geschäftsleben sind Damen und Herren gleichberechtigt. Den Rang bestimmt die Unternehmenshierarchie bzw. die Position, die jemand innehat. Ranghöhere Personen strecken die Hand als Erste entgegen. Sie dürfen nicht darauf vergessen, dass Ihr Gegenüber darauf wartet. In Österreich kann man sich bei Damen, international aber vor allem bei Ranghöheren, Älteren und allen, denen man damit Respekt erweisen möchte, mit

einer leichten Verbeugung vor dem Händedruck verneigen.

6. Perfekterweise ruhen die beiden Hände für die kurze Dauer des Händedrucks so ineinander, dass alle Finger einen leichten Druck auf die Hand des anderen ausüben. Der Druck wird vom Älteren bestimmt, bei Damen ist es auch für Männer keine Schande, sondern Pflicht, nur sehr leicht, aber doch so fest, wie *sie* es tut, zu drücken. Natürlich drückt man einem Mann die Hand viel fester als einem Kind. Dann stellt man Augenkontakt her.

7. Während des Händedrucks blickt man den anderen an, um Offenheit zu signalisieren und in seinen Augen zu „lesen", wie er es mit einem meint. Flattert der Blick und sind seine Hände feucht, so sollten wir versuchen, den Grund für diese Unsicherheit herauszufinden.

Wie entlasse ich jemanden

Wie gerne würden wir an dieser Stelle blauäugig und mit dem Brustton der Überzeugung schreiben: „Mit Stil, Gefühl und in aller Menschlichkeit."

Doch das wäre Naivität pur: Wenn einmal der Wurm drinnen ist, ist meist à la longue nichts mehr zu retten. Der erste Eindruck hat offensichtlich getrogen, der zweite trügt selten.

Es gibt gesetzliche Kündigungsfristen, und es gibt zwischenmenschliche Faktoren, die in die Regeln des Anstands hineinspielen. So ist eine Kündigung, die Sie am 23. Dezember eingeschrieben an die Privatadresse Ihres Mitarbeiters schicken, vielleicht rechtlich betrachtet notwendig (Kündigungsfrist per 31. Dezember, Firma sperrt für die Weihnachtszeit), aber menschlich gesehen ein Problem.

Suchen Sie im Vorfeld ein persönliches Gespräch. Eine Trennung von einem Mitarbeiter ist wie die Beendigung einer Liaison. Man hat eben erkannt, dass ein Miteinander nicht sinnvoll erscheint. Also beschließt man, sich zu trennen. Im besten Falle einvernehmlich, doch sollte Ihr Mitarbeiter das anders sehen, so ist eine Kündigung oft der letzte Ausweg.

Wenn die Logik des Gesprächs keinen Weg mehr findet, wenn Sie schon öfter verwarnt haben und auf kein Gehör gestoßen sind und Sie vielleicht jetzt auch schon die Lust auf die „gemeinschaftliche Lösung" an den Haken gehängt haben, dann folgen Sie diesen Regeln des richtigen Entlassens:

- Informieren Sie sich über die Gesetzeslage (Arbeiterkammer ...). Sie haben eine Personalabteilung – beraten Sie sich mit Ihren Leuten.
- Eine Entlassung aus fachlichen Gründen ist kein persönlicher Affront und so kann man formulieren: „Nehmen Sie es nicht persönlich", „Ich habe persönlich nichts gegen Sie ...". Doch natürlich kommt es

auch vor, dass die Chemie einfach nicht stimmt, aber die fachliche Kompetenz außer Frage steht, was man so sagen kann: „Sie sind ein großartiger Spezialist, aber ich denke, Sie fühlen es auch: Wir passen einfach nicht zusammen."

- Ihr Mitarbeiter spürt wie Sie, dass da der „Wurm" drin ist. Doch es ist Ihre Kompetenz und Unternehmensführung, die letztendlich die Entscheidung trifft: „Ich nehme an, Sie können sich denken, worum es geht." „Sie haben sicher in letzter Zeit auch schon gemerkt, dass unsere Vorstellungen, wie man Ihren Job erledigen könnte, zu weit auseinanderklaffen?" oder nach Beendigung der Probezeit: „Sehen wir das einmal positiv; das war hoffentlich eine lehrreiche Zeit für Sie bei uns, aber jetzt wollen Sie sich sicher noch ganz andere Dinge im Berufsleben ansehen!"

- Machen Sie es kurz. Sentimentale Gespräche sind die Mutter der Inkonsequenz. In 99% aller Fälle hätten Sie die Entlassung früher aussprechen sollen.

- Sollte eine Entschuldigung vorgetragen werden, die wirklich einleuchtend klingt, warum die Leistung so merklich gestört war, können Sie noch immer sagen „Warum, um Himmels willen, haben Sie das nicht gleich gesagt?" und demjenigen noch einmal eine Chance geben (die Sie genau terminlich fixieren müssen; hier wieder arbeitsrechtliche Konsequenzen wie übergebührliche Verlängerung der Probezeit beachten etc.). Natürlich haben Sie hier genauso die Möglichkeit, zu sagen: „Das tut mir wirklich leid, aber das hätte Ihre Leistung nicht in diesem Ausmaß beeinflussen dürfen."

- In den Minuten des letzten Gesprächs kann es durchaus zu einer einvernehmlichen Lösung kommen. Diese einvernehmliche Kündigung sollte gegenüber der Öffentlichkeit (Dienst- und Arbeitszeugnis) als Wunsch des Arbeitnehmers dargestellt werden. Im Anhang finden Sie die Geheimcodes der Personalchefs. Wir haben uns im gegenseitigen Einvernehmen (Einverständnis) getrennt heißt nämlich im Klartext: Wir haben ihn gefeuert.

- Der Arbeitnehmer kann sich verständnisvoll zeigen. Doch bereits unmittelbar danach kann die Situation umschlagen. Nach vorzeitiger Beendigung eines Dienstverhältnisses geht es für viele ums nackte Überleben. Existenzangst, die guten Tipps von Kollegen („Das kannst du dir nicht gefallen lassen!"), in Hass umgeschlagener Ärger über die Entlassung, zahllose, ständig wechselnde schützende Arbeitnehmergesetze und prozessgierige „gut meinende" Anwälte machen aus vielen einsichtig Gekündigten plötzlich Ihre erbitterten Prozessgegner vor dem Arbeitsgericht. Daher sollte jede Kündigung, auch wenn sie im freundschaftlichsten Ton verläuft, auf solider rechtskonformer Grundlage ablaufen.

- Geben Sie dem Mitarbeiter etwas Positives mit auf den Weg. Sie haben die Verantwortung dafür, dass das Selbstbewusstsein der gekündigten Person so wenig Schaden nimmt wie möglich. Überlegen Sie sich, auf welchem Gebiet der nun Arbeitsuchende erfolgreich sein könnte und empfehlen Sie diesen Weg.

Wie sieht mein Arbeitszeugnis aus

Ihr Arbeitszeugnis gehört zu Ihren wichtigsten Dokumenten. Die Hauptfunktion eines Arbeitszeugnisses besteht in seiner Verwendung als Bewerbungsunterlage im vorvertraglichen Arbeitsverhältnis. Es dient dabei dem Stellenbewerber als Nachweis über zurückliegende Arbeitsverhältnisse und dem voraussichtlichen Arbeitgeber als Informationsquelle über die Qualifikation des Bewerbers.

Ein gutes oder schlechtes Arbeitszeugnis beeinflusst wesentlich Ihren beruflichen Werdegang. Finden Sie hier einige wichtige Hinweise, worauf Sie achten sollten.

Äußere Form:
- Ist das Zeugnis auf Firmenbriefpapier geschrieben?
- Richtiges Ausstellungsdatum.
- Vom Firmenchef oder einer vertretungsberechtigten Person unterschrieben.
- Stimmen die Personalien?
- Sind Beginn und Ende des Arbeitsverhältnisses angegeben?
- Enthält das Zeugnis alle Angaben zur Tätigkeit?

Inhalt:
- Die Wortwahl ist entscheidend!
- Werden Ihre Führung und Leistung positiv beurteilt?
- Aus welchem Grund wurde das Arbeitsverhältnis aufgelöst – und von welcher Seite?
- Sind Ihre speziellen Kenntnisse gebührend erwähnt?
- Äußert Ihr Arbeitgeber sein Bedauern über Ihr Aus-

scheiden aus dem Arbeitsverhältnis?
- Dankt Ihnen Ihr Arbeitgeber für die geleisteten Dienste?

Wie lautet der Anspruch auf ein Dienstzeugnis

Gemäß § 39 Abs 1 Angestellten-Gesetz ist der Arbeitgeber verpflichtet, bei Beendigung des Dienstverhältnisses dem Angestellten auf dessen Verlangen ein schriftliches Zeugnis über die Dauer und die Art der Dienstleistung auszustellen.

Ein bestimmter Wortlaut ist im Gesetz nicht vorgeschrieben, die Formulierung ist Sache des Dienstgebers – das Zeugnis muss aber vollständig und objektiv richtig sein. Es muss die Art der Beschäftigung in der üblichen Weise bezeichnen und sie unter Umständen auch näher schildern, wenn dies für das Fortkommen des Arbeitnehmers von Bedeutung sein kann.

Soweit zur österreichischen Rechtslage. Da wir uns zunehmend mit Dienstnehmern aus Deutschland konfrontiert sehen, lernen Sie hier mehr über die Sprache eines Dienstzeugnisses, die eine wiederkehrende Bedeutung erlangt:

Nach einer Entscheidung deutscher Arbeitsgerichte

- kann ein Arbeitnehmer auch bei nur kurzer Tätigkeit ein ausführliches Arbeitszeugnis und den Abschluss des Arbeitszeugnisses mit einer Dankes- und Zukunftsformel verlangen.
- Wird der Inhalt des Zeugnisses bestritten, so muss der Arbeitgeber die einem unterdurchschnittlichen Arbeitszeugnis zugrunde liegenden Tatsachen beweisen, der Arbeitnehmer die für ein gewünschtes überdurchschnittliches Arbeitszeugnis erforderlichen Tatsachen.
- ist eine übergroße, aus bloßen Aufwärtslinien und Abwärtslinien bestehende Unterschrift eines Arbeitgebers unter einem Arbeitszeugnis rechtswidrig.

- darf ein Arbeitgeber ein laufendes Ermittlungsverfahren wegen Diebstahlsverdachts nicht in das Arbeitszeugnis des wegen Diebstahlsverdachts gekündigten Arbeitnehmers aufnehmen.

Wie lautet der geheime Code

Seit den sechziger Jahren hat sich unter Personalchefs ein geheimer Code für die Zeugnissprache entwickelt. Damit Sie klarer formulieren können, was Sie nicht direkt sagen wollen, finden Sie hier die wichtigsten klassischen und aktuellen Formulierungen (und für alle Arbeitnehmer):

Hier lernen Sie, Ihr Arbeitszeugnis richtig zu lesen:

So steht's drin	... und so ist's gemeint!
Der Dienstnehmer hat die ihm übertragenen Arbeiten stets zu unserer vollsten Zufriedenheit erledigt.	Steht uneingeschränkt für sehr gute Leistungen.
Er hat die ihm übertragenen Arbeiten stets zu unserer vollen Zufriedenheit erledigt.	gute Leistungen
Er hat die ihm übertragenen Arbeiten zu unserer Zufriedenheit erledigt.	ausreichende Leistungen
Er hat die ihm übertragenen Arbeiten im Großen und Ganzen zu unserer Zufriedenheit erledigt.	mangelhafte Leistungen
Er hat sich bemüht, die ihm übertragenen Arbeiten zu unserer Zufriedenheit zu erledigen.	unzureichende Leistungen
Er hat unseren Erwartungen entsprochen.	schlecht
... in jeder Hinsicht entsprochen.	befriedigend
... in bester Weise entsprochen.	ziemlich gut
... in jeder Hinsicht und in bester Weise entsprochen.	gut
Seine Leistungen haben in jeder Hinsicht unsere volle Anerkennung gefunden.	außergewöhnlich
Wir waren mit seiner Leistung in jeder Hinsicht außerordentlich zufrieden (... in jeder Hinsicht und in allerbester Weise entsprochen).	außergewöhnlich

Nebenbemerkungen, die ein genaueres Bild des Arbeitnehmers zeichnen:

Der Arbeitnehmer hat alle Arbeiten ordnungsgemäß erledigt.	Wenig Eigeninitiative entwickelt.
Mit seinen Vorgesetzten ist er gut zurechtgekommen.	Harmloser Mitläufer, der sich gut anpasst.
Er war sehr tüchtig und wusste sich gut zu verkaufen.	Er ist ein unangenehmer Mitarbeiter.
Er war sehr pünktlich.	Sonst gibt es wenig Gutes zu sagen.
Wir haben uns im gegenseitigen Einvernehmen (Einverständnis) getrennt.	Das kann entweder so sein, oder man hat sich auf diese Formulierung geeinigt, da er eigentlich von uns gekündigt wurde (Nachfragen!).
Er bemühte sich, den Anforderungen gerecht zu werden.	Nur es gelang ihm nicht.
Er hat sich im Rahmen seiner Fähigkeiten eingesetzt.	Und das war eben zu wenig.
Er zeigte für seine Arbeit Verständnis.	Er sah ein, arbeiten zu müssen, tat es aber nicht ...
Er hat sich bemüht, seinen Aufgaben gerecht zu werden.	Siehe oben.
Im Kollegenkreis galt er als toleranter Mitarbeiter.	Für Vorgesetzte ist er ein schwerer Brocken.

Wir lernten ihn als umgänglichen Kollegen kennen.	Viele Mitarbeiter sahen ihn lieber von hinten als von vorn.
Er ist ein zuverlässiger (gewissenhafter) Mitarbeiter.	Er ist zur Stelle, wenn man ihn braucht, allerdings ist er nicht immer brauchbar.
Er bemühte sich mit großem Fleiß, die ihm übertragenen Aufgaben zu unserer Zufriedenheit zu erfüllen.	Er hat versagt, unzureichende Leistungen.
Er hat sich mit großem Eifer an diese Aufgabe herangemacht und war erfolgreich.	Mangelhafte Leistung.
Sein geselliges Naturell ...	Neigt zu übertriebenem Alkoholgenuss.
Für die Belange seiner weiblichen (ihrer männlichen) Kollegen bewies er (sie) stets Einfühlungsvermögen.	Sucht Sexkontakte bei Betriebsangehörigen.
Für die Belange der Belegschaft bewies er/sie ein umfassendes Einfühlungsvermögen.	Gleichgeschlechtliche Neigung.

Zeugnisstufen für Arbeitszeugnisse von Lohnempfängern

- Mit seinem Fleiß, seinen Leistungen und seiner Führung waren wir in jeder Hinsicht zufrieden (entspricht Schulnote 1–2).
- Mit seinem Fleiß, seinen Leistungen sowie seiner Führung waren wir sehr zufrieden (Schulnote 2).
- Mit seinem Fleiß, seinen Leistungen sowie seiner Führung waren wir zufrieden (Schulnote 2–3).
- Mit seinen Leistungen und seiner Führung waren wir zufrieden (Schulnote 3).
- Seine Leistungen und seine Führung waren befriedigend (Schulnote 4).
- Wir bestätigen Herrn/Frau ..., geboren am ..., dass er/sie vom ... bis ... bei uns als ... beschäftigt war (Schulnote 5).

Wie verstehe ich das Wort Lobbyismus

Lobby ist die Halle eines Hotels oder die Wandelhalle eines Parlamentsgebäudes und – für viele wichtig – eine Interessengruppe von Menschen, die versuchen, auf Abgeordnete eines Parlaments Einfluss zu nehmen. Im Lobbyismus bildet sich eine Lobby (eine Gruppe von Menschen mit gleichem Ziel), in der diese – die Lobbyisten – versuchen, ihre Interessen durchzusetzen. So viel zum Sprachgebrauch.

Woher kommt der Ausdruck?

Im Willard Hotel in Washington – das so ziemlich in der Mitte zwischen Kapitol und Weißem Haus liegt, kehrten die Kongressabgeordneten gerne zwischen den Sitzungen ein. In der „Lobby" saß zu seiner Zeit Präsident Ulysses Grant, dem man in einer Ecke einen bequemen Fauteuil platzierte, wo er sich gerne ausruhte. Einige Abgeordnete hatten das herausgefunden und belagerten den Präsidenten in der Lobby, um ihm ihre Interessen zu unterbreiten. Für diese hartnäckigen Gruppierungen, die einander im Verfolgen ihrer gemeinsamen Ziele unterstützten, fand der Präsident bald einen passenden Namen: Er nannte sie die Lobbyisten.

Heute ist der Ausdruck auch für außerparlamentarisches Betreiben verwendbar und bezeichnet sogar die Tätigkeit einer Berufsgruppe, die sich auf die Unterstützung ihrer Kunden und Geschäftspartner durch einflussreiche Gruppierungen (Politiker, Medien, Kammern, Verbände ...) spezialisiert hat.

Selbstständig

Wie schätze ich mich richtig ein	121
Wie ist das so: Selbstständig	123
Wie führe ich meine Ich-AG anders	124
Wie halte ich Türen offen	125
Wie kreiere ich eine I.com	125
Wie motiviere ich mich jeden Tag aufs Neue	126
Wie manage ich meine Zeit	129
Wie ist das mit Multitasking	135
Wie teile ich Arbeit richtig ein	135
Wie bringe ich andere dazu, so viel zu arbeiten wie ich	137
Wie nütze ich Mitarbeitergespräche	138
Wie manage ich eine Krise	141
Wie lange muss ich auf mein Geld warten	145
Wie gehe ich mit meinem Konkurs um	147

SELBSTSTÄNDIG

Wie schätze ich mich richtig ein

Wer den Sprung in das Leben eines selbstständig Erwerbstätigen (so die offizielle Bezeichnung) unternimmt, träumt meist von Freiheit, Unabhängigkeit und schönen Profiten. Sie sind dabei aber weder frei von Konventionen noch unabhängig von Ihren Kunden und die Sache mit dem Profit ist auch nicht garantiert.

Machen Sie sich im cip- (copy/improve/paste)Verfahren existierende Formen zum Vorbild, verbessern Sie und implementieren Sie diese in Ihrer eigenen Firma, Ihrer I.com oder Ich-GesmbH.

Doch bevor Sie den Sprung ins kalte Wasser wagen, sollten Sie lernen, richtig einzuschätzen, ob Sie dafür geeignet sind, selbstständig zu arbeiten.

Hier eine kurze Checkliste:

1. Lieben Sie Herausforderungen, sind Sie entscheidungsfreudig und kämpferisch?
2. Haben Sie ein Konzept, einen detaillierten, schriftlichen Plan, eine Vision, an die Sie glauben und von deren Erfolg Sie absolut überzeugt sind?
3. Haben Sie umfassende Erfahrung im Berufsleben in dem angestrebten Geschäftsfeld gesammelt, die Ihnen hilfreich ist (Ausbildung, Mitarbeit in einem Unternehmen, in dessen Richtung Sie sich spezialisieren wollen)? Diese Erfahrung ist unerlässlich für Sie, Sie bauen auf dem Gelernten auf und vermeiden so hoffentlich jene Fehler, die andere schon gemacht haben.

4. Sind Sie bereit, für Ihr Unternehmen Tag und Nacht zu arbeiten, oft viel länger und vielseitiger gefordert als in einem Angestellten-Dienstverhältnis?

5. Als Selbstständiger können Sie sich nicht nur auf Ihr Spezialgebiet konzentrieren, sondern müssen auch alle administrativen Arbeiten wie Buchhaltung, Korrespondenz, Akquisition und die Abwicklung aller anfallenden Abläufe mitbetreuen oder organisieren.

Vielleicht sind Sie sogar selbst auch für Ein- und Verkauf, Marketing, Rechnungs- und Mahnwesen, Öffentlichkeitsarbeit, interne Kommunikation, Infrastruktur (Büro, Produktionsstätte), Fuhrpark, Rechnungswesen, Bilanzierung und Steuerangelegenheiten und Haustechnik zuständig.

6. Kennen Sie alle bürokratischen Vorgänge und die damit verbundenen Kosten für Ihre Unternehmensgründung?

7. Haben Sie die Finanzkraft, eine „Durststrecke" zu überstehen? Investitionen verschlingen viel Geld, und es dauert durch die unter Punkt 2 angeführten Gründe länger als geplant, die Produktion profitabel zu vermarkten. Wie lange halten Sie durch, ohne Geld zu verdienen? (*Worst-Case*-Szenario)

8. Sind Sie wirklich gut genug, um sich in den Haifischteich der freien Marktwirtschaft zu begeben? Während man selbst als mittelmäßige Fachkraft in einem Betrieb „mitschwimmen" kann, stehen Sie in der Selbstständigkeit auf dem Prüfstand der Konkurrenz. Eine gesicherte Position aufzugeben (wir gehen einmal davon aus, dass das Ihre Startposition ist), ist einfacher als wieder eine zu finden. Halten Sie sich rettende Rückwege offen.

9. Sind Sie bereit, die Verantwortung für Ihre Mitarbeiter zu tragen? „Wenn alles klappt, werden wir

reich!" klingt nach dem *American Dream*, ist aber als reale Existenzgrundlage zu wenig.

10. Kennen Sie den Markt, in den Sie als Neuling eintreten wollen, in- und auswendig?

11. Wissen Sie, wer Ihnen hilfreich zur Seite stehen kann, welche Fördergelder, Investitionsanreize, Standortvorteile, Steuererleichterungen, Exportförderungen etc. es gibt?

12. Sind Sie selbstkritisch und bereit, die Kritik anderer als Herausforderung zu betrachten, etwas an Ihren Plänen zu verändern? Im schlimmsten Fall müssten Sie sich eingestehen, dass Ihr Freund recht hatte und Ihr Vorhaben zum Scheitern verurteilt ist.

Sind all diese Fragen geklärt oder zumindest bewusst und Sie noch immer davon überzeugt, dass es der richtige Schritt ist, so seien Sie willkommen in der Gruppe jener Menschen, die als Wirtschaftstreibende diesen Globus merkantil bewegt.

Wie ist das so: Selbstständig

Bis vor Kurzem waren Sie ein Angestellter in einem mittleren Unternehmen. Jetzt haben Sie sich selbstständig gemacht.

Sie sind ein KMU (Kleines oder Mittleres Unternehmen) oder sogar ein EPU (Ein-Personen-Unternehmen).

Sie arbeiten von zu Hause aus, um Kosten für ein Büro zu sparen. Plötzlich ist alles anders. Kein Kollege, der Sie in der Früh begrüßt, kein Vorgesetzter, der mahnend auf die Uhr schaut, wenn Sie sich um 5 Minuten verspätet haben. Niemand, den Sie um Rat fragen können, wenn Sie sich nicht ganz sicher sind, ob Variante A oder doch B die bessere Wahl wäre.

Sie sind es, der den Takt angibt. Ihre Geschäftsidee, Ihre Vision, das Ziel Ihres Unternehmens ist der treibende Zündstoff, der Sie jeden Tag aufs Neue aus dem Bett springen lässt und Sie an Ihren Arbeitsplatz führt. Damit sind Sie allen anderen überlegen und haben einen größeren Motivationsfaktor als jeder Angestellter:

Sie wollen!

Sie müssen, um zu überleben!

Mit Leidenschaft sind Sie bereit, auch Einbußen in Kauf zu nehmen. Nur dann werden Sie auch den Erfolg haben, der Sie immer weiter trägt und neue Visionen entstehen lässt. Rückschläge gehören immer dazu. So wie es auch manchmal regnet. Sie sind nicht der Einzige, der mit Schwierigkeiten zu kämpfen hat.

Wie führe ich meine Ich-AG anders

Als kleiner Unternehmer haben Sie die Chance, Dinge einfacher, direkter und ohne komplizierte Verwaltungsstrukturen zu führen.

Planung und Umsetzung sind eine Angelegenheit von wenigen Personen, die involviert sind. Sie sind rascher und reagieren sofort auf veränderte Vorzeichen.

Oft begehen junge Unternehmer den Fehler, sich an der klassischen Struktur zu orientieren, ein teures Büro mit einem Verwaltungsapparat und Produktionsstätten zu schaffen. Überlegen Sie, wie notwendig die Ausgaben für alle administrativen Dinge sind und ob Sie das überhaupt brauchen!

Sprechen Sie mit Ihrer Bank offen über Ihre wirtschaftliche Situation. Von dort kommt meist jenes Kapital, mit dem Sie über die erste Zeit hinwegkommen.

Sollte Ihre Bank für die Finanzierung verantwortlich sein, so ist der regelmäßige Kontakt wichtig. Vereinbaren Sie monatliche Gespräche, in denen Sie Ihre Kreditsituation dem Geschäftsgang anpassen. Geht das Geschäft nicht wie erwartet, so ist es besser, Sie informieren Ihren „Banker". Ein offenes Wort ist wichtiger als den Kopf einzuziehen und sich „zu verstecken".

TIPP

Halten Sie Ihren Kundenbetreuer auf dem Laufenden, er muss Ihr Konto samt Kreditrahmen vor seinem Vorgesetzten rechtfertigen.

Belügen Sie Ihre Mitarbeiter nie. Bauen Sie ein Team, mit dem Sie offen über alles sprechen können. Es ist sinnlos, das Blaue vom Himmel zu erzählen, wenn am Monatsende die Überweisung des Gehalts nicht stattfinden kann. Geteilte Sorgen erhöhen auch den Verantwortungsgrad aufseiten Ihrer Mitstreiter, aber zeigen Sie, dass Sie die Lage im Griff haben und optimistisch in die Zukunft blicken.

Wie halte ich Türen offen

Vergessen Sie nicht, wo Sie vorher waren. Eine Politik der verbrannten Erde, in der Sie alle Brücken hinter sich einreißen, zeugt von schlechtem Benehmen. Korrespondieren Sie mit Ihren früheren Kollegen oder Vorgesetzten. Jeder hat Verständnis, wenn Ihr Unternehmen nicht erfolgreich ist, und jeder bewundert und beneidet Sie, wenn es funktioniert.

Geht alles schief, wird man Sie gerne zurückholen, weil Sie um einige unbezahlbare Erfahrungen reicher sind.

Wie kreiere ich eine I.com

Jedermann kann sich seine eigene I.com im Internet registrieren. Webseiten sind aber nicht mit dem rechtlichen Körper eines Unternehmens zu verwechseln. Sie sind zu vergleichen mit dem Boden, auf dem Ihr Bürogebäude steht, also quasi das virtuelle Grundstück im weltweiten Netz, dem Internet.

Die Webseite muss:
1. optisch zum Charakter des Unternehmens passen.
2. übersichtlich und leicht verständlich sein.
3. umfassend über das Unternehmen und seine Aufgabe informieren.
4. immer auf dem neuesten Stand sein und dies auch reflektieren (offensichtlich aktuelle Geschichten, Datum etc.).
5. technisch so aufbereitet sein, dass Menschen mit den verschiedensten Computern und *Browsern* sie lesen können (verzichten Sie auf eindrucksvolle Grafikelemente zugunsten von Schnelligkeit, machen Sie wichtige große Dokumente zu *Downloads*).
6. Kontaktmöglichkeiten wie Namen, Adresse, E-Mail, Telefonnummern etc. enthalten.
7. die richtigen *Metatags* enthalten. Das sind die Schlagwörter, die Sie eingeben müssen, damit man Ihre Webseite in Suchmaschinen findet. Sie müssen für Ihr Unternehmen aussagekräftig und mehrsprachig sein. Das garantiert Ihnen ein gutes *Google-rating*.

Wie motiviere ich mich jeden Tag aufs Neue

Haben Sie sich positiv oder negativ motiviert? Welche die bessere oder stärkere Motivation ist, muss jeder für sich entscheiden. Zum Ziel führen beide.

Beispiele gefällig?

Negative Motivation: Niemals zurück!

Der junge Mann, aus sehr einfachen Verhältnissen, Toilette im Hof, zwei Zimmer für sechs Personen, Butter gab es nur jeden dritten Tag ... Er will definitiv, dass es ihm einmal besser geht. Er lernt fleißig, ist mit vollem Einsatz dabei, wenn es darum geht, den Numerus clausus zu erzielen, um einen Studienplatz zu bekommen. Ja, er will einmal viel Geld verdienen, doch was ihn wirklich antreibt, ist das Ziel, nie wieder dorthin zurück zu müssen, wo er herkommt. Hier ist es eindeutig die negative Motivation, die in ihm ungeahnte Kräfte mobilisiert.

Positive Motivation: Rette die Welt!

Die junge Frau, die schon im Gymnasium fasziniert von Chemie war, will unbedingt einen Impfstoff gegen einen todbringenden Virus erfinden. Sie ist buchstäblich besessen von dem Gedanken, dass es ihr gelingen wird, die Welt zu verbessern (oder gar zu retten), und sie arbeitet hart und leidenschaftlich, um ihrem Ziel näher zu kommen. Sie holt sich die Kraft aus der positiven Motivation und ihrer Vision.

Wie motivieren Sie sich? Stellen Sie sich einige Fragen:

1. Wo stehen Sie?
2. Wo wollen Sie einmal hin?
3. Haben Sie die dafür nötigen Voraussetzungen oder müssen Sie diese erst schaffen?
4. Haben Sie Träume?
5. Sind Sie mit dem Erreichten zufrieden?
6. Warum wollen Sie etwas?
7. Sind das wirklich *Ihre* Ziele oder die Ihres Partners oder Ihrer Eltern?

Motivation funktioniert nur, wenn *Sie* wirklich voll und ganz hinter Ihren Zielen stehen.

Schreiben Sie Ihre Ziele auf.

Machen Sie eine Liste.

Dies gilt für alle Lebensbereiche (Karriere, Gesundheit, Fitness, Beziehungen, Kinder). Es können auch momentan unrealistisch erscheinende Ziele sein, aber prüfen Sie trotzdem, ob Sie nicht einer Utopie hinterherlaufen.

1. Besprechen Sie sich mit Freunden oder Vertrauten.
2. Stecken Sie sich konkrete Ziele, die zu verwirklichen sind. Teilen Sie Ihre Ziele in kurzfristig erreichbare und langfristige ein. Formulieren Sie nicht zu vage: „Ich werde versuchen, diesen Auftrag zu bekommen", sondern sehr konkret: „Ich will und werde diesen Auftrag bekommen", besser noch: „Ich bekomme diesen Auftrag."
3. Schieben Sie Neuanfänge nicht zu weit hinaus: „Ab nächsten Monat werde ich nicht mehr rauchen." Besser: „Ab sofort rauche ich nicht mehr." Wenn Sie schon motiviert sind, etwas zu tun oder zu verändern, dann müssen Sie diese große Energie sofort für sich nutzen. Bis zum nächsten Monat ist sie verpufft.
4. Für Karriereplanungen oder familiäre Planung ist allerdings eine etwas langfristigere Vorausschau gefragt. Versuchen Sie einen groben Zeitrahmen aufzustellen, in dem gewisse Ziele erreicht werden sollten. Nächsten Monat sollte das oder jenes erledigt sein, im kommenden Jahr will ich in einem neuen Büro sein, in fünf Jahren an der Börse, und in zehn Jahren verkaufe ich alles und gehe in Pension.
5. Seien Sie nicht zu streng, bauen Sie Zeitpolster ein. Sie könnten krank werden, etwas kommt dazwischen und Sie müssen etwas Unerwartetes einschieben, Sie sind auch von anderen (Zulieferern, Produzenten etc.) abhängig.
6. Halten Sie sich täglich vor dem Schlafengehen oder nach dem Aufstehen Ihre Ziele vor Augen.
7. Ziehen Sie Kraft und Bestätigung aus dem bereits Erreichten. Auch kleine Erfolge sind Erfolge. Ohne sie gibt es auch keine großen.

Aber auch der Misserfolg oder Rückschlag ist eine wichtige

Komponente. Er hilft uns beim Adjustieren unserer Ziele, bei der Diversifizierung der Strategien, um unsere Ziele zu erreichen. Wir erkennen dadurch auch beizeiten unsere Fehler und Schwächen und erfahren, was in uns steckt, wenn wir wirklich gefordert werden. Diese Rückschläge sind wichtig für unsere Persönlichkeitsentwicklung und unser Selbstbewusstsein.

Belohnen Sie sich zwischendurch für Ihre Disziplin oder streichen Sie sich das samstägliche Golf, wenn Sie eigentlich die Arbeit der letzten Tage noch nicht beendet haben.

Ja, Sie sind der Boss. Sie müssen zu sich selbst streng sein.

TIPP

Falls Sie doch einmal ein Tief haben, überlegen Sie sich, wie es ohne Ihren Job wäre, was gäbe es für Alternativen und sind die auch so gut wie das, was Sie jetzt verfolgen? Stellen Sie sich vor, Sie müssten jemand anderen für Ihre Tätigkeit begeistern. Suchen Sie positive Aspekte und stellen Sie die Vorteile Ihrer Position in den Vordergrund.

Wie manage ich meine Zeit

„*Es ist nicht wenig Zeit, die wir haben, sondern es ist viel Zeit, die wir nicht nützen.*"

Lucius Annaeus Seneca, genannt Seneca der Jüngere (etwa im Jahre 1 in Corduba; † 65 in der Nähe von Rom). Römischer Philosoph, Dramatiker, Naturforscher, Staatsmann und als Stoiker einer der meistgelesenen Schriftsteller seiner Zeit. Vom Jahr 49 an war er der maßgebliche Erzieher des späteren Kaisers Nero.

Hektische Bewegungen, nervöse Blicke, bissige Bemerkungen. Ist hier vielleicht jemand unausgeglichen? Wo bleibt die Contenance?

Ach, zu wenig Zeit! Zu viel um die Ohren?

Klarer Fall von schlechtem Zeitmanagement.

Viele schlaue Bücher sind über Zeitmanagement in den letzten Jahren erschienen. Viele Branchen haben sich auf das Produkt Zeit gestürzt (ist es nicht originell, dass andere mit unserer Zeit Geld verdienen?). Zeitplansysteme in allen Formaten findet man in den Regalen der Büroartikelhändler, das Angebot reicht vom Projektmanager im Taschenformat bis zur Kalendersoftware.

Interessanterweise glauben wir immer, dass Zeitknappheit ein Problem unserer Zeit wäre, aber offensichtlich haben sich schon in der Antike die Philosophen darüber den Kopf zerbrochen (siehe Seneca).

Wozu benötigen wir Zeitmanagement? Der subjektive Eindruck, zu wenig Zeit zu haben, erzeugt Stress. Übergroßer Stress führt zu einer unausgeglichenen Persönlichkeit, ein Zustand, der sich oft in Gereiztheit und Unhöflichkeiten äußert. Mal ganz abgesehen davon, dass er auch zu gesundheitlichen Problemen führen kann. Alles keine Boten des guten Benehmens. Und dabei wollen wir doch Karriere mit Stil machen. Also packen wir die Sache an den Wurzeln.

Zeitmanagement hat nicht zum Ziel, den Terminkalender noch voller zu stopfen. Ziel ist es, das Beste mit jener Zeit, die einem zur Verfügung steht, zu machen. Wir müssen für alle Teilbereiche unseres Lebens Platz schaffen. Damit erzeugen wir jenes Gefühl der ausgeglichenen Zufriedenheit, die uns wieder von der besten Seite zeigt.

Haben Sie schon vom Pareto-Prinzip gehört?

Vilfredo Pareto war ein italienischer Volkswirtschaftler des 19. Jahrhunderts. Er erfand das nach ihm benannte Pareto-Prinzip oder die 80/20-Regel. Sie besagt nichts anderes, als dass wir 80% unserer Ergebnisse in 20% der aufgewendeten Zeit erledigen.

Die Jagd nach den Zeitdieben

Was große Konzerne mit komplizierter Projekterfassungssoftware zuwege bringen, erledigen wir als Selbstständige mit Hausverstand.

Der erste Schritt:

Die Erfassung: Erstellen Sie ein Tagebuch über den Zeitraum von einer Woche. Notieren Sie minutiös, welche Tätigkeiten Sie wie lange beanspruchen. Vom Aufstehen bis zum Schlafengehen. Geben Sie auch „Mittagessen", „Pausen", eine Stunde Sport und andere scheinbar nicht die Arbeitszeit betreffende Termine ein. Auch „Frau Müller angerufen, fünfmal probiert!" kostet Zeit. Freund B. kommt auf einen Plausch vorbei, die Mutter ruft an und bittet „um einen ganz kleinen Gefallen, ich weiß, du hast ja keine Zeit!"

Der zweite Schritt:

Auswertung: Sie überprüfen, wie viel Stunden netto der Arbeit gewidmet waren. Wie viel Zeit wurde für Freizeit, Familie, Sport und Ähnliches in dieser Woche aufgewandt?

Sie werden überrascht sein, wie viel Zeit Sie mit *scheinbar* unwichtigen Dingen „vertrödeln". Scheinbar deshalb, da diese Dinge nicht unwichtig sind! Unterlagen suchen, jemanden am Telefon zum x-ten Mal anrufen, um wieder zu hören: „Es tut mir leid, Frau Müller ist noch nicht im Haus", Anrufer oder Besucher, die Sie ununterbrochen ablenken, weil sie Ihre Hilfe oder eine Auskunft wollen und Ähnliches – das alles gehört mit zur Arbeitswelt und muss als Zeitfaktor einberechnet werden.

Der dritte Schritt:

Das Aussieben: Welche Tätigkeiten nehmen sehr viel

Zeit in Anspruch? Ist es weiterhin gerechtfertigt, so viel Zeit dafür zu verwenden?

Was kann nur ich erledigen, was kann ich delegieren? Sie müssen also Prioritäten setzen.

Wofür muss ich unbedingt Zeit haben (Beruf), wie viel bleibt dann noch übrig (privat)? Nun überlegen wir, wo man die Organisation straffen oder vereinfachen kann.

Nehmen Sie den Zeitaufwand eines einzelnen Projekts: Kommen Sie zu dem Schluss, die Zeit, die ein Projekt real einnimmt, neu zu veranschlagen (die Erkenntnis, dass ein Mitarbeiter sich eben nicht acht Stunden am Tag ausschließlich dem Projekt x widmen kann, führt zu neuer Zeiteinteilung und vielleicht zu weniger Zeitdruck und damit zu einem besseren Ergebnis)?

Die größten Zeitdiebe:

1. Internet: Das Internet gilt als führender Zeitdieb im internationalen *Ranking*.

Lösung: Da das www so wichtige Information bringt, gilt es auch als Gewinn. Trotzdem haben einige Firmen tatsächlich interne Sperren, die es Ihren Mitarbeitern nur begrenzt ermöglichen, das Internet zu benützen.

Als Selbstständiger können Sie sich das zunutze machen. Sie können frei surfen und Dinge zutage fördern, die ein Angestellter mit beschränktem Webzugang nicht findet. Sie sind über die Konkurrenz früher informiert und wissen, wo etwas Neues auftaucht.

2. Telefonate: Sie arbeiten konzentriert und das Telefon läutet. Eine wichtige Sache. Sie werden vollkommen aus Ihrer Tätigkeit herausgerissen, Ihre volle Konzentration ist gefordert. Sie müssen reagieren, ins Internet schauen, andere Programme aufrufen, ins Nebenzimmer laufen, eine dritte Person konsultieren ... Kurzum: Sie sind aus der vorherigen Aufgabe herausgerissen.

Lösung: Während persönlicher Gespräche (Kunden, Besprechungen) oder auch während man konzentriert an einer Sache arbeitet, kann man ohne schlechtes Gewissen sein Telefon auf Mailbox stellen, damit man nicht immer wieder aus der Konzentration gerissen wird. Danach kann man dann in aller Ruhe die Nachrichten abhören. Das spart auch insofern Zeit, als die Nachrichten meist wirklich nur das Wesentlichste enthalten.

3. Fehlendes oder schlechtes Delegieren: Zu oft verschwenden wir unsere Zeit mit Dingen, die andere genauso gut oder sogar besser erledigen könnten.

Lösung: Sie delegieren. Dabei erklären Sie genau, wie man dieses Projekt anpackt. Nehmen Sie sich dafür genug Zeit, gehen Sie sicher, dass alles verstanden wurde. Exerzieren Sie es einmal kurz durch. Wenn Sie sich jetzt nicht die Zeit nehmen, es in Ruhe zu erklären, woher wollen Sie später die Zeit haben, es zu reparieren?

4. Informationsfluss: Mehrere Personen arbeiten an einem Projekt, das größte Problem ist die Kommunikation und Koordination.

Lösung: Vereinfachen Sie die Kommunikation. Bei E-Mails Adressen von allen Beteiligten mit einkopieren.

Legen Sie IMMER gleich alle hereinkommenden Unterlagen an dem dafür vorgesehenen Platz ab (im Computer und in ihrer richtigen Ablage). Die sofortige Ordnung spart Ihnen später wertvolle Zeit. Vielleicht gibt es ja auch jemanden, der es für Sie übernehmen kann, alles Notwendige zu sammeln und Ihnen dann zum vereinbarten Zeitpunkt zu übergeben. Müssen Sie ein Projekt abgeben, haben Sie alles in einem Folder und können sagen: „Da ist alles drin".

5. Wege: Jedem von uns ist das schon passiert: Man steckt im Stau. In der Stadt am Weg zu einem Termin, auf der Autobahn, der Flug, der ohnehin schon zu lang dauert, ist auch noch um Stunden verspätet. Das kostet Zeit. Wertvolle Zeit.

<u>Lösung:</u> Es liegt an Ihnen, die Zeit als verloren oder gewonnen anzusehen. Die Fahrt im Auto kann man, wenn man nicht selbst fährt, für Kommunikation nutzen (nehmen Sie einen Geschäftspartner oder einen Angestellten mit und nützen Sie die Gelegenheit für ein wichtiges Gespräch), Sie können geschäftliche Unterlagen durchschauen, sich lesend oder hörend weiterbilden oder ganz einfach schlafen und regenerieren.

Fahren Sie selbst, bleibt Ihnen das Hörerlebnis und notfalls das Telefonat über die Freisprecheinrichtung. Bedenken Sie aber, dass Sie sich nur auf eine Sache wirklich konzentrieren können, also wenn es ein wichtiges Gespräch ist, sollten Sie es später führen. Und schon haben Sie Zeit gewonnen. Unter normalen Umständen hätten Sie an diesem Tag wahrscheinlich nicht die Zeit gefunden, sich die neue Opernaufnahme oder die Welt des Friedrich Nietzsche anzuhören. Auf diese Art und Weise können Sie auch eine neue Sprache lernen.

Auch Wartezeiten auf Flughäfen können positiv genützt werden. Gehen Sie shoppen, dafür nehmen Sie sich sonst ohnehin nicht die Zeit. Erkundigen Sie sich über neue Mode und Trends. Blättern Sie durch die neuesten Bücher und Magazine im Zeitschriftenladen. Viele Flughäfen bieten außerdem Wellness, Massage, Kosmetik oder Friseure an.

TIPP

Wohnsitz und Arbeitsplatz in unmittelbarer Nähe spart Zeit und Geld und belastet die Umwelt weniger. Andererseits kann man leichter abschalten, wenn Wohnung und Arbeitsplatz getrennt sind.

Wie ist das mit Multitasking

Der Begriff kommt aus der Computertechnologie. Bei Menschen bezeichnet man heute damit die Kunst, mehrere Dinge nebeneinander zu erledigen. Das geht natürlich nur bedingt. Tatsächlich erledigt man Dinge abwechselnd oder hintereinander. Wenn Ihr Computer in einem Programm etwas rechnet und Sie sich in der Zwischenzeit Ihre E-Mails anschauen, dann ist das für den Rechner *Multitasking*, für Sie persönlich aber die geschickte Nutzung der Zeit. Wenn Sie eine Sauce anrühren, während Sie telefonieren, so kommt das der Sache schon näher. Dabei macht man natürlich leicht Fehler. Damit wären wir wieder beim Computer, der im *Multitasking* den Nachteil hat, dass Programme, die nicht kooperieren beziehungsweise Fehler enthalten, das gesamte System zum Stillstand bringen können.

Wie teile ich Arbeit richtig ein

Vielen Selbstständigen geht es so: Der Schreibtisch biegt sich, man arbeitet den ganzen Tag, und doch hat man den Eindruck, es wird nicht weniger. Dabei übersehen viele, dass auch das kleinste Unternehmen, selbst die Ein-Mann-Gesellschaft nach den Strukturen eines Großkonzerns funktionieren muss.

Unterteilen Sie Ihr geschäftliches Dasein in die drei großen Gruppen:

> Innovation und Produktion: Hier wird entwickelt, designed, getestet und entschieden und schließlich produziert. Was in einem Großkonzern in genauso vielen und mehr Abteilungen passiert, macht der Kleinunternehmer auch hier in einem Bereich.
>
> Administration: ist das A&O (=Ablage und Ordnung) Ablage von Dokumenten, Papieren, E-Mails archivieren und löschen.

Abrechnungen, Spesenaufstellungen, Post und deren Beantwortung (auch E-Mails), Bankgeschäfte (Rechnungen ausstellen, Mahnungen schreiben, Zahlungen).

<u>Repräsentation</u>: Das ist Ihre schlagkräftige „Verkaufs- und Marketingabteilung". Es hilft nichts, wenn Sie den ganzen Tag fleißig in Ihren vier Wänden werken. Sie müssen hinaus und verkaufen, präsentieren, repräsentieren und neue Projekte vorstellen.

Terminplanung: meist per E-Mail oder Telefon.

Ihr Webauftritt, E-Mail, Kampagnen, Messeauftritte, Roadshows etc. Und wer betreut Ihre Kunden, die Sie schon haben? Die Konkurrenz?

Einige Vorschläge, mit denen Sie Ihre Effizienz steigern und zu einer ausgeglichenen Verfassung finden:

1. Überlegen Sie sich einen Verteilerschlüssel, nach dem jeder Aufgabenbereich einen gewissen Zeitrahmen bekommt. Halten Sie sich Zeitabschnitte für Unvorhergesehenes und Unerledigtes vom Vortag frei.

2. Erstellen Sie eine Prioritäten-Liste. Verwenden Sie Farben, um Wichtigkeitsstufen zu markieren. Das Wichtigste ist rot, dann kommt orange, lila, blau, grün, usw. Was erledigt ist, wird durchgestrichen, so sehen Sie, dass Sie Fortschritte machen.

3. Delegieren Sie! Verteilen Sie die Arbeiten, die jemand anderer erledigen kann. So zeigen Sie Ihren Mitarbeitern oder Kollegen, dass Sie Vertrauen in sie haben und ihre Fähigkeiten schätzen. Auch andere bekommen hiermit eine Chance, sich zu beweisen und neue Aufgabenbereiche zu finden.

4. Entlasten Sie sich mental! Erstellen Sie tägliche **NZT- (noch zu tun)** Listen, die Ihnen helfen, zu überprüfen, was Sie erledigt haben (farbig markieren). Arbeiten Sie sich durch diese Liste systematisch durch.

Dieser Überblick nimmt oft den Druck einer sonst unübersehbaren Arbeitslast. Wichtig ist, dass Sie die Dinge schriftlich festhalten, Gedanken sind nicht fassbar oder einzuordnen und erzeugen unnötige zusätzliche Belastung.

WICHTIG: Sie sollten auch erfüllen, was auf der Liste steht.

Für alle Projekte und Termine empfehlen sich natürlich auch der Kalender und das Adressbuch Ihres Computers, die Sie mit Ihrem PDA synchronisieren. Sie können so auch automatisch rechtzeitig Erinnerungen an sich selbst oder an Mitarbeiter als E-Mail versenden.

Am Ende jeder Woche bilanzieren Sie im persönlichen Soll-Ist-Vergleich. Sollten Sie nicht alles erreicht haben, können Sie das Tempo in Zukunft erhöhen oder die Aufgaben reduzieren, z.B. durch noch mehr Delegieren oder sogar Neueinstellung.

Wie bringe ich andere dazu, so viel zu arbeiten wie ich

Seien Sie verständnisvoll. Es wird Ihnen nicht leichtfallen, Ihre Mitarbeiter dazu zu motivieren, genauso viel wie Sie zu arbeiten, sich mit Ihrer Firma genauso zu assoziieren, wie Sie das nun einmal können.

Führen Sie regelmäßige Mitarbeitergespräche, bei denen Sie klare Vereinbarungen treffen, welche Aufgaben vom Mitarbeiter zu erfüllen sind. Involvieren Sie alle in Ihre Planung und erklären Sie, wo das Ziel liegt. Ein klar definiertes Ziel ist leichter zu erreichen, vor allem wird niemand aufhören, daran zu arbeiten, wenn es noch nicht erreicht ist.

Machen Sie immer wieder klar, welche Leitlinien gelten. Motivieren Sie durch Lob und nicht durch Tadel. Bringen Sie Kritik möglichst konstruktiv und nicht verächtlich oder destruktiv an.

Wie nütze ich Mitarbeitergespräche

Es geht nicht um die oberflächliche Plauderei beim zufälligen Treffen am Gang. Es ist das konstruktive Gespräch, das zu einem genau festgesetzten Termin zwischen Vorgesetztem und einem einzelnen Mitarbeiter geführt wird.

Diese Gespräche kommen unter den verschiedensten Bezeichnungen. Also keine Angst, wenn Sie zur Bewertung Ihres PMP (*Performance Management Process*), zu einem *Goal Setting* oder einfach zu einem „Mitarbeitergespräch" gebeten werden: Es handelt sich um nichts anderes als ein Gespräch mit Ihrem Boss, das dazu dient, zu erfahren, wo Sie stehen, wo Sie hinwollen und wie Sie es erreichen.

Oft erfährt man in diesen Gesprächen Neuigkeiten. Man kann sich selbst mehr öffnen, als Vorgesetzter kann man sich in neuem Licht präsentieren, Unklarheiten beseitigen etc.

Mitarbeiter haben hier die Gelegenheit, ihren Standpunkt klarzulegen und auch von Leistungen zu erzählen, die ihrem Vorgesetzten nicht aufgefallen sind. Auch private Hintergründe (Verhinderungsgründe) können zur Sprache gebracht werden.

Mitarbeitergespräche sind:
- Motivation.
- Ein Beleg für die Beurteilung der erbrachten Leistung.
- Ideal, um sich mit der Aufgabenstellung kritisch auseinanderzusetzen.
- Ein Augenblick der gemeinsamen Zielsetzung.
- Der geeignete Moment, Anerkennung auszusprechen.
- Die Gelegenheit, ein Gehalt neu zu verhandeln.

Anlässe für ein Mitarbeitergespräch sind:
- Ablauf der Befristung des Arbeitsvertrags.
- Ende der Probezeit.
- Vertragsbeendigung, Auflösung bzw. Kündigung.
- Lob und Kritik.
- Abgegebene Mitarbeiterbewertungen.
- Planung eines Aufstiegs, Änderung der Aufgaben am Arbeitsplatz.
- Konfliktanalyse, -moderation.
- Förderung und Potenzialentwicklung.
- Das regelmäßige Mitarbeitergespräch (= das Ritual, das jedem Unternehmen – klein oder groß – zu empfehlen ist).
- Rückkehr nach Arbeitsunfähigkeit bzw. Krankheit.

Ziel aller Gespräche ist:
- Eine Vergangenheitsanalyse und Bewertung der erreichten Ziele.
- Eine Vereinbarung für den kommenden Zeitraum.
- Die Vereinbarung nächster Gesprächstermine.

Man kann zu so einem Gespräch auch eine Person der Personalvertretung beiziehen, speziell wenn der Beschäftigte das ausdrücklich wünscht. Man sollte ein Protokoll anfertigen und unterzeichnen. Es wird zum Teil der Personalakte.

Die Mutter aller Produktivitätsanalysen:

MBO, Management by Objectives, ist eine der wichtigsten Zielsetzungs- und Produktivitätsanalysen, die 1955 von dem Wiener Peter Drucker erfunden wurde. Seither gibt es diverse „Goal-Setting"-Prozesse, darunter den Perfomance Management Process, oder Jack Welchs (General Electric) Six-Sigma-Programm.

Druckers MBO hat das Ziel, die strategischen Ziele des Gesamtunternehmens und der Mitarbeiter umzusetzen, indem Ziele für jede Organisationseinheit und auch für die Mitarbeiter formuliert werden. Diese Ziele sollen „SMART" sein. Dabei steht SMART als Akronym für

S - *spezifisch (einer Abteilung zugeordnet)*
M - *messbar (Umsatzvorgaben)*
A - *aktiv beeinflussbar (der Mitarbeiter hat tatsächlich eine Chance, es zu erreichen)*
R - *realistisch (der Markt bietet die Chance, die Vorgabe umzusetzen)*
T - *terminiert (zeitlich klar befristet)*

Die IT als Grundlage für Ihre Mitarbeitergespräche

Komplexe Mitarbeiterbewertungssysteme im Internet ermöglichen die Auswertung bis hin zum individuellen Managementplan. *Performance Management Process* (PMP) ist nur eines der zahlreichen *„Goal Settings"*, bei dem Sie eine Selbstbewertung vornehmen, die in der Folge mit den Bewertungen Ihrer Person, die von Ihren Kollegen vorgenommen wurden, verglichen wird.

Eine grafische Auswertung zeigt Ihnen Ihre *„Performance on the job"* samt aller Stärken und Schwächen. Ihre förderungswürdigen Seiten werden unter die Lupe genommen, wo man Ihnen sogleich *Webinars* vorschlägt, also Seminare im Internet. Dort können Sie sich weiterbilden. Selbstredend wird auch Ihr Jahresbonus gleich mitberechnet.

Diese Unterlagen dienen Ihrem Vorgesetzten als Grundlage für das Mitarbeitergespräch, das aber, so versichern uns alle Konzerne, in unseren Breitengraden noch immer persönlich und unter Menschen geführt wird.

Management Made in Vienna

Aus Österreich kommt der Erfinder des Managements. Der Wiener Peter F. Drucker (geboren 1909) wurde zum Vater aller Unternehmensberater. 1943 bekam Drucker von General Motors den Auftrag, das – damals weltgrößte – Unternehmen zwei Jahre lang einer sozialwissenschaftlichen Analyse zu unterziehen. 1946 publizierte Drucker die Ergebnisse seiner Studie unter dem Titel „Concept of the Corporation" (dt.: „Das Großunternehmen") und legte damit den Grundstein zum Management als wissenschaftliche Disziplin.

Seitdem hat Drucker nahezu alle großen Unternehmen wie General Electric, Coca-Cola, Citicorp, IBM und Intel, aber auch zahlreiche Regierungsbehörden und nichtstaatliche Organisationen im In- und Ausland beraten. Seit den vierziger Jahren hat Drucker nahezu alle Schlüsselfiguren der amerikanischen Wirtschaft persönlich kennengelernt und auch beraten.

Wie manage ich eine Krise

Krisenmanagement ist nicht unbedingt ein Gegenstand eines Stilhandbuches? Hier irren Sie sich. Ist es nicht gerade ein Ausdruck feinster Lebensart, wenn man auch in verzweifelten Situationen gefasst reagiert? Muss die Antwort auf Krise und Desaster immer desaströses Krisenmanagement sein?

Sollte es nicht überlegte, vorbereitete Souveränität sein – zwar sichtlich geschockt durch die Ereignisse, aber trotzdem auf das Äußerste vorbereitet und entsprechend gefasst.

Ruhe bewahren wird nur derjenige können, der vorbereitet ist. Wir sprechen hier nicht nur von Erdbeben, Überschwemmungen, Großfeuer oder der Folge von Terroranschlägen, sondern auch von jenen Unglücken, die ausschließlich wirtschaftlicher Natur sein können.

Alle, das ist das Charakteristikum der Krise, gefährden Ihre physische oder materielle Existenz, im schlimmsten Fall beide.

Was könnte als Krise eintreten?

Naturereignisse:
- Lawinen, die das Tal abgeschnitten haben, in dem sich Ihr vollbesetzter Hotelbetrieb befindet.
- Der See/der Fluss ist über die Ufer getreten, die ganze Ernte ist vernichtet, Ihr Handwerksbetrieb vermurt und nicht mehr zu benützen.
- Ein Erdbeben oder Sturmkatastrophen mit entsprechenden Schäden.
- Blitzschlag oder Feuer verwüsten Betriebsanlagen.

Wirtschaftliche Existenzkrise:
- Ein wichtiger Kunde fällt aus, die Firma verliert einen existenziellen Auftrag und muss um ihre Zukunft bangen.
- Politische Ereignisse (Attacken wie Terroranschläge, Krieg ...) machen es unmöglich, Ihre geplanten Geschäftsbeziehungen fortzusetzen. Verluste in ungeahnten Höhen sind die Folge.
- Ein Lieferant fällt aus, Ihre Produktion stoppt.
- Insolvenz droht.
- Sie sind das Opfer von Kriminalität, Betrug etc.

In allen Bereichen der Krise ist Planung, Koordination und Kommunikation elementar. Je nach Lage des Unternehmens ist es wichtig, entsprechende Katastrophenpläne zu erstellen.

Während professionelle Einsatzkräfte wie Militär, Feuerwehr,

Rettung, Polizei und andere Einheiten sich um die akute Bekämpfung eines Brandes oder eines Naturereignisses kümmern, bleiben den Betriebsangehörigen folgende Punkte des Krisenmanagements.

Überprüfen Sie innerbetrieblich:

Wie können Sie im Ernstfall schnell die wichtigsten Leute verständigen?

Erstellen Sie eine Liste der Telefonnummern und Kontaktadressen von führenden Mitarbeitern und verteilen Sie sie an ausgewählte Mitarbeiter.

Proben Sie eine Telefonkette – jeder ruft nur eine ausgewählte Person im Krisenfall an, z.B.: in alphabetischer Reihenfolge, jeder ruft den Nachfolgenden an; kontrollieren Sie, wie lange es dauert, bis alle wichtigen Leute verständigt sind.

Wichtige Dokumente, die zur Fortführung des Betriebes notwendig sind, sind in Kopie außerhalb des Betriebes an einem sicheren Ort (z.B. Banksafe) gespeichert.

Dazu zählen:

1. Versicherungsunterlagen wie Polizzen
2. Miet-, Pacht- und Kaufverträge
3. Patenturkunden und Lizenzverträge
4. Bankunterlagen (Aktien, Wertpapiere, Kreditvereinbarungen ...)
5. Rechtliche Vereinbarungen
6. Betriebsstättengenehmigungen, Gewerbeberechtigungen
7. Komplette Liste aller Kontaktadressen aller Mitarbeiter, Kundendatei. Mehrere Personen sollen über all diese Datenspeicher informiert sein und Zugang dazu haben. Diese Personen kommunizieren im Krisenfall miteinander.

Informieren Sie Ihre Mitarbeiter über Ihre Vorkehrungen. Das schafft ein Gefühl der Sicherheit. Gehen Sie die Punkte mit Ihren Kollegen in regelmäßigen Abständen durch, sodass Sie Fehler vermeiden (z.b.: ein Mitarbeiter ist als Einsatzleiter im Katastrophenfall vorgesehen, der schon seit Monaten nicht mehr in Ihrem Betrieb ist etc.).

Und dann fragen Sie sich noch:
- Wer ist der Einsatzleiter bei einem Katastrophenfall?
- Bestimmen Sie für den Verletzungs- oder Urlaubsfall einen Ersatz.
- Wo laufen die Fäden zusammen?
- Wer berichtet wem?
- Wer spricht zur Öffentlichkeit? Sie benötigen **eine** Stimme, nicht viele unkoordinierte Aussagen von verstörten Betroffenen.
- Über welche Telefonnummer ist die Einsatzleitung oder eine Auskunftsstelle erreichbar? Haben Sie eine *Hotline*, die auch aus dem Ausland erreichbar ist?

TIPP

So schwer es in der Krisensituation auch fällt, doch bewahren Sie Ruhe und versuchen Sie Souveränität zu vermitteln. Nur so können Sie einer drohenden Panik entgegenwirken. Sie helfen damit auch anderen, sich an Ihrer Stärke zu orientieren und nicht die Nerven zu verlieren.

Wie lange muss ich auf mein Geld warten

Einer der Hauptgründe, warum Sie als EPU Zahlungsengpässe erleben können, liegt daran, dass man Sie nicht rechtzeitig und wie von Ihnen budgetiert bezahlt.

Sie kennen das: Sie mussten pünktlich liefern, die Leistung ist vertragskonform erfüllt. Da Sie allein sind oder nur ein sehr kleines Team beschäftigen, haben Sie vielleicht die letzten drei Monate an einem Projekt gearbeitet und benötigen genau dieses Honorar. Und zwar JETZT.

Nun zahlt Ihr Kunde leider nicht. Das ist häufiger der Fall als angenommen.

Die führenden Ausreden der anderen:
1. Wir haben Ihre Rechnung nicht erhalten, könnten Sie sie bitte nochmals schicken.
2. Die Person XY (Prokurist, Buchhaltung), die Zahlungen bearbeitet, ist auf Urlaub (diese Woche nicht da, im Krankenstand etc.).
3. Die Rechnungsanschrift, unsere UID-Nummer etc. hat sich geändert. Bitte stellen Sie die Rechnung neu aus, und zwar auf ...
4. Unser Computersystem ist zusammengebrochen. Bitte fragen Sie nächste Woche noch einmal nach.
5. Wir haben doch schon längst überwiesen. Lassen Sie uns die Kontonummern vergleichen. Wie sagten Sie, ... Oje, da haben wir ja den Fehler.
6. Die Rechnung ist noch bei der Überprüfung und wird dann prompt bezahlt.
7. Wir sind noch nicht sicher, ob wir die Leistung im vollen Umfang anerkennen und werden uns bei Ihnen zwecks eventueller Neufakturierung melden.

Ihre besten Argumente (zunächst mündlich, dann schriftlich):

1. Ich habe pünktlich geliefert.
2. Im Offert waren unsere Zahlungskonditionen klar angegeben mit ...
3. Ich musste meine Lieferanten für diesen Auftrag auch schon bezahlen.
4. Ich ersuche Sie, die Zahlung vorzuziehen, da wir mit dem Eingang viel früher gerechnet haben.
5. Wir wären gerne auch in Zukunft imstande, Ihnen einen so guten Preis zu machen, ohne von Haus aus Verzugszinsen einzuberechnen.
6. Ein Brief Ihres Anwalts.
7. Es steht hier als letztes Argument, und es sollte auch Ihr allerletzter Trumpf sein: Sie drohen mit Gericht. Doch allein schon die Drohung wird Grund genug sein, mit Ihnen nie mehr zu arbeiten. Doch manchmal muss man hart sein. Also überlegen Sie es sich gut.

Wie vermeiden Sie diese Ausfälle:

1. Im Vertrag klar machen, wer wann wie viel zu bekommen hat.
2. Finanzieren Sie den Auftrag, während Sie ihn ausführen (eine Anzahlung, 2. Rate, ... Restzahlung). Das macht es für Ihren Kunden leichter, die Summe aufzubringen, und Sie sind während der Projektzeit bezahlt. Außerdem merken Sie sofort, wenn Ihrem Kunden „die Luft ausgeht".
3. Liefern Sie gegen Zahlung oder verlangen Sie ein Akkreditiv (Bankgarantie).
4. Lassen Sie sich Materialkosten sofort ersetzen.
5. Honorare für einmalige Tätigkeiten: 50% a conto, Rest bei Lieferung (Abgabe etc.).
6. Konsulententätigkeit über eine längere Zeit: mo-

natliche Zahlungen und ein a conto über eine Monatsrate.

7. Sichern Sie sich gegenüber diversen Behörden ab, dass entsprechende Zahlungen erst nach Eingang der Zahlung fällig werden (Steuern).

TIPP:

Ein harter Standpunkt führt hier zu gar nichts, am besten sucht man das persönliche Gespräch mit dem zuständigen Partner in dieser Firma. Zeigen Sie Verständnis und werben Sie gleichzeitig um Verständnis für Ihre Situation. Ihre Zurückhaltung in dieser Lage wird angenehmer in Erinnerung bleiben, Ihre Härte kann zu einer Zerstörung der Beziehungen führen und obendrein zur Folge haben, dass Sie eine vielleicht nicht einbringliche Forderung einklagen müssen.

Aus Prinzip zahlt nur verspätet, wer sich daraus einen Gewinn errechnet (Zinsgewinn oder sogar Nachbesserung des Preises).

Wie gehe ich mit meinem Konkurs um

Sie haben alles in Ihrer Macht Stehende versucht. Sie sind gescheitert. Sie mussten Konkurs anmelden.

Wenn Sie vor dem Scherbenhaufen Ihrer langjährigen Unternehmungen stehen und sich alle Umstände dermaßen verdichtet haben, dass Sie zum geschäftlich Äußersten gezwungen waren, was unsere (Handels-)Rechtsprechung kennt, so sollten Sie diese nicht als das Ende betrachten, sondern als klassische Chance für einen Neubeginn.

Ein einfaches amerikanisches Sprichwort fällt uns dazu ein: „If you want to succeed, you have to 1. *fail*, 2. *fail and* 3. *fail!*

Das ist natürlich nicht als Erfolgsrezept zu verstehen, aber es soll veranschaulichen, wie gut Niederlagen sein können. Daraus schöpfen Sie eine weitere Erfahrung, um in Hinkunft noch besser auf (wirklich alle) Eventualitäten vorbereitet zu sein.

Die rechtliche Seite haben Sie in einer Schuldnerberatung geklärt, doch wie sieht es mit Ihrem Seelenleben aus? Psychologen haben festgestellt, dass die Angst vor dem eigenen Scheitern in beruflicher Hinsicht zum größten Teil auch die Angst vor der Blamage vor ihrer Umwelt ist. Es sind die Ängste vor Imageverlust, Statuseinbußen und dem Ausschluss aus gesellschaftlichen Kreisen und Vereinigungen, die uns zusätzlich bedrücken.

Wie gehen Sie vor?

Informieren Sie Ihre Familie.

Erklären Sie, wie es dazu kommen konnte. Ihre Familie, Ihr unmittelbarer Umkreis ist Ihr wichtigster Rückhalt in dieser Situation, die rasch vorbei sein, aber auch Jahre andauern kann. Von hier muss die größte Unterstützung kommen – schließlich sind Sie sicher nicht absichtlich in diese verdrießliche Lage geraten (was nicht mit „unschuldig" verwechselt werden darf).

Ihr Konkurs wird unter Umständen weite Kreise in Ihr Privatleben ziehen, kann mit einer dramatischen Veränderung Ihrer Lebensumstände einhergehen, die Sie und Ihre Familie betreffen (bis zur totalen Verarmung und Obdachlosigkeit). Versuchen Sie es Ihren Kindern so gut wie möglich zu erklären, warum das Telefon nicht mehr funktioniert (Telefongesellschaften sperren für gewöhnlich sofort alle Leitungen, melden Sie es rechtzeitig auf eine „neutrale" Person um). Abonnements, Versicherungen und andere Verträge muss man kündigen, um zu sparen, wo es geht.

Informieren Sie Ihre engsten Mitarbeiter.

Erklären Sie, dass Sie trotz erwarteter Loyalität drauf drängen, dass sie sich um einen neuen Job umsehen. Bieten Sie Hilfe in Form von guten Dienstzeugnissen, Empfehlungsschreiben etc. an, wenn dies gerechtfertigt ist.

Informieren Sie bei Gelegenheit Ihre engsten Freunde. Sie wollen nicht, dass es Ihre engsten Freunde aus der Zeitung erfahren. Bei einem Zusammentreffen können Sie es ihnen erzählen. Hilfsangebote nicht sofort ausschlagen, aber vorsichtig abwägen. Vermeiden Sie den Fehler, es jedermann unaufgefordert zu erzählen. Sie werden später einsehen, dass es nicht so wichtig gewesen ist.

Sollte Ihr eigener Familienname im Konkurs involviert sein (die Firma hieß so), werden Sie vielleicht in Hinkunft überlegen, ob Sie nicht auf „neutralerem Terrain" operieren wollen.

TIPP

Vergessen Sie nicht, dass mit dem Konkurs auch viele Sorgen genommen werden, die Sie schon lange nicht mehr schlafen ließen. Überlegen Sie auch, ob das Leben als Selbstständiger für Sie das Richtige ist. Oft ist der Traum von der scheinbaren „Freiheit" ein Alptraum, der Druck der Verantwortung so groß, dass er von Kreativität und Produktivität ablenkt, zwei Faktoren, die Unternehmen benötigen.

Vielleicht ist Ihre Energie in einem branchenverwandten Unternehmen besser eingesetzt. Sprechen Sie vor, bewerben Sie sich: Ihre externe Betrachtungsweise und Ihre Expertise sind wertvoll, Ihr unternehmerisches Denken kann sich von dem eines „normalen" Angestellten profitabel unterscheiden und Sie fühlen sich vielleicht in einem finanziell abgesicherten Umfeld zur Abwechslung auch einmal recht wohl.

Auftreten

Wie kleide ich mich richtig	151
Wie stellt der Herr seine Garderobe zusammen	154
Wie stellt die Dame ihre Garderobe zusammen	157
Wie dekoriere ich mich richtig	159
Wie pflege ich mich richtig	160
Wie bestelle ich Maßkleidung	161
Wie trägt man ein Stecktuch	163
Wie platziert man ein Monogramm	163
Wie kleide ich mich für eine Beerdigung	164
Wie setze ich Mimik und Gestik ein	166
Wie lese ich die Körpersprache	170

AUFTRETEN

Wie kleide ich mich richtig

Vielleicht geben es nicht immer alle zu, aber die Frage nach der perfekten Garderobe beschäftigt wohl jeden von uns, den einen mehr, den anderen weniger. Worauf muss man denn wirklich achten bei der richtigen Zusammenstellung? Ist es denn überhaupt wichtig, oder wird es überbewertet, womit man sich bekleidet? Sollte es nicht egal sein? Schließlich zählen doch Wissen, Können und innere Werte und nicht Äußerlichkeiten. In gewisser Weise stimmt das auch, es ist aber auch eine Tatsache, dass Ihre äußere Erscheinung besonders viel dazu beiträgt, wie Sie wahrgenommen werden. Also zurück zum Start: Kleidung.

Das falsche Kleid zur Vorstandssitzung, und schon setzen Sie Signale, die Sie vielleicht gar nicht beabsichtigt haben. Das zu stark gemusterte Hemd, dazu eine bunte Krawatte, und schon erwecken Sie den Eindruck, dass Sie offensichtlich nicht in den Spiegel geschaut haben. Und das ist noch das Freundlichste, was Ihnen passieren kann. Kompetenz, Sorgfalt, Einfühlungsvermögen und guten Geschmack wird man Ihnen nicht zutrauen. Wichtige Entscheidungen werden Ihnen vielleicht auch nicht überlassen, da der Eindruck entstand, dass man sich auf Sie doch nicht so ganz verlassen kann.

Sie sehen schon, die richtige Kleidung soll also auch Werte vermitteln. Seriosität oder Experimentierfreudigkeit, Kreativität oder klassische Eleganz, je nach dem, in welcher Berufsgruppe

Sie sich befinden, wird man andere Erwartungen in Sie setzen. In einem Design-Büro wird man wahrscheinlich kreative, extravagante Kleidung, Mut zu Farben und ausgefallenes Design eher schätzen als das graue Kostüm und den Nadelstreifanzug. Das Gefühl, welche Art von Garderobe in Ihrem Unternehmen und Ihrer Position wohl am ehesten die richtige ist, werden Sie allein entwickeln müssen (außer es gibt Kleidervorschriften). Ihre Beobachtungen, Ihr Feingefühl werden Ihnen bald ganz automatisch den Weg weisen.

Einige TIPPs, wie Sie nie falsch liegen können:

- Zu festlichen Anlässen gibt es klare Richtlinien, welche Kleidung angemessen ist. Wenn Herren Frack (*White Tie*) tragen, bedeutet das für die Dame großes, bodenlanges Abendkleid.

 Beim Smoking (*Black Tie*) entweder das kleine Schwarze, ein Cocktailkleid, kleines oder großes Abendkleid mit Ärmeln oder einem Jäckchen, je nach Anlass vielleicht einen langen Rock mit einer festlichen Bluse, Strümpfe und elegante, geschlossene höhere Schuhe.

 Zur Ballgarderobe gehören auch Handschuhe.

- Im Büro: Damen haben mehr Freiheiten, aber dies macht es nicht immer einfacher. Je nach Betrieb und „*dresscode*", von Jeans bis zum Tageskostüm. Ein Hosenanzug kann mit verschiedenen Oberteilen und Accessoires einmal elegant, dann modisch, pfiffig oder verspielt wirken. Verwechseln Sie Ihr Büro nicht mit einer Modeschau. Allgemein gilt, dass man nie besser angezogen ist als seine Vorgesetzten, es sei denn, dies ist ausdrücklich erwünscht. Nicht so gerne gesehen: Minirökke, Dekolletés, freizügige Kleidung. Dies lenkt von Ihrer professionellen Kompetenz ab.

- Im Büro: Herren tragen je nach Position helle oder dunklere Anzüge, Sakkos oder leichte Wollhosen. Der dunkelblaue Blazer ohne Metallknöpfe mit grauer Hose ist der Klassiker des Herrn, mit dem er weltweit meist richtig gekleidet ist. Heute ist es in vielen Büros üblich, sich wie in der Freizeit zu kleiden. Karrierebewusste Menschen sollten jedoch ihrem Erscheinungsbild mehr Gedanken widmen. Wenn Sie abends zu einem Geschäftsessen gehen, ist ein dunkler Anzug (schwarz, dunkelblau oder dunkelgrau, aus leichtem Wollstoff, mit oder ohne Weste, einreihig oder zweireihig geknöpft, abends Taschenklappen nach innen) mit einem weißen Hemd (Manschettenknöpfe) und einer eleganten Krawatte und schwarzen, eleganten Lederschuhen passend.

TIPP

Auch wenn Ihre Ehefrau Ihren eleganten Business-Anzug langweilig findet und Sie am liebsten in Jeans und T-Shirt oder Badehosen sieht, sollten Sie sehr genau wissen, welche Kleidung in Ihrem beruflichen Umfeld passend ist, aber auch, wie Sie sich privat und in Gesellschaft präsentieren sollten.

Und bedenken Sie immer: Schlicht ist elegant!

Wie stellt der Herr seine Garderobe zusammen

ANZUG

Je höher die Hierarchieebene, umso eleganter (dunkler Anzug).

Eine weniger elegante Kombination signalisiert mehr Offenheit und entspanntere Haltung, was sowohl im Umgang mit Mitarbeitern als auch Kunden oder Verkäufern manchmal vorteilhaft sein kann.

Untergebene sollten sich nicht eleganter kleiden als ihr Vorgesetzter, falls dieser dies nicht ausdrücklich wünscht, um vielleicht seinen eigenen „besonderen" Geschmack hervorzukehren.

Marscherleichterung geht nur vom Vorgesetzten aus (Sakko ablegen), im gesellschaftlichen Bereich aber nur nach Zustimmung der Damen.

HEMD

Abends ist Weiß erforderlich.

Tagsüber fein linierte oder pastellfarbene Hemden, wenn sie zum Anzug passen.

Manschetten sind in Vorstandsetagen angemessen (an sehr heißen Tagen auch kurze oder aufgekrempelte Hemden unter dem Sakko, falls das Unternehmen nicht eine andere Linie vorgibt).

Eventuell dunkle Sporthemden in der Freizeit.

KRAWATTE	Betont den eigenen Stil.
	Passend zu Anlass (elegant oder sportlich).
	Möglichst jeden Tag der Woche eine andere.
	Masche bzw. Fliege drückt eine etwas nonkonformistischere Haltung aus.
	In manchen Berufen oder bei bestimmten Veranstaltungen ist Krawatte nicht üblich.
TASCHENTUCH	Aus Stoff. Täglich frisch. Weiß und gebügelt ist es elegant und oft hilfreich. Bei Erkältung sind Papiertaschentücher vorzuziehen.
	Taschentücher gehören immer dazu.
SCHUHE	Elegant ist Schwarz mit dünner Sohle. Immer sauber (notfalls mit Glanzschwamm rasch glänzen).
	Braune Schuhe sieht man immer öfters zu dunklen Anzügen.
SOCKEN (knielang)	Nie weiße Socken zum Anzug (außer zum Trainingsanzug)!
	In der Farbe der Schuhe oder der Hose.
	Meist schwarz, dunkelgrau oder dunkelblau.

GÜRTEL oder HOSENTRÄGER	Es gibt nur „entweder – oder", aber nie ohne.
	Gürtel sollten zu den Schuhen passen.
	Bei Hosenträgern bedenken, dass man sie auch zu Gesicht bekommen kann.
SCHMUCK	Höchstens 2 Ringe.
	Manschettenknöpfe.
	Eventuell eine dezente Krawattennadel oder -spange.
	Die Uhr kann als Schmuckstück oder reiner Gebrauchsgegenstand verstanden werden.
UNTERWÄSCHE	Zu hellen Hemden nur weiße Unterwäsche.
	An heißen Tagen ist kein Unterhemd vorgeschrieben.
MANTEL und HUT	Mantel je nach Jahreszeit und Anlass heller oder dunkler, sportlich oder elegant, zum Anzug passend.
	Hut bei widriger Witterung, Farbe und Stil, zum Mantel passend.
HANDSCHUHE	Dunkelgraues Leder.

Wie stellt die Dame ihre Garderobe zusammen

KOSTÜM und HOSENANZUG	KOSTÜM: früher galt – je dezenter und dunkler, umso eleganter. Heute auch bunt. HOSENANZUG: fast immer etwas weniger elegant, deshalb manchmal nicht angebracht. Bei gewissen Anlässen von Vorteil (Podiumsdiskussionen).
BLUSE und ROCK oder KLEID	Schultern bedeckt. Rocklänge mindestens bis zum Knie. Stil zu Stellung, Anlass und Alter passend.
UNTERWÄSCHE	Minimum sind Strümpfe, BH und Slip. Letztere bleiben beide unsichtbar. Täglich frisch ist selbstverständlich.
TASCHENTUCH	Auch Damen brauchen in der Handtasche ein sauberes, weißes Stofftaschentuch und Papiertaschentücher.
SCHUHE	Auch durch die Wahl der Schuhe betont die Frau ihren Stil, passend zur übrigen Kleidung. Zu Hosen gehören eher flache Schuhe. Hohe Absätze mit Hosen sind beliebt, weil sie lange Beine vortäuschen.
SCHMUCK	Kein aufdringlicher Klunker im Geschäftsleben.
MAKE-UP und FRISUR	Tagsüber dezent natürlich. Abends etwas mehr. Weiblich, natürlich und schlicht.

HANDTASCHE Eine Aktentasche ist oft zusätzlich zur Handtasche erforderlich.

Die üblichen Handtaschenutensilien werden nicht neben den beruflichen Unterlagen aufbewahrt (wirkt professioneller).

Für alle gilt: Unterwäsche, Hemd, Bluse, T-Shirt, Socken, Strümpfe etc. gehören täglich gewechselt und nach einmaligem Tragen gewaschen.

Anzüge, Kostüme, Hosen, Pullover etc. an Frischluft einige Stunden auslüften, waschen oder reinigen lassen. Auch diese sollten nicht zwei Tage hintereinander getragen werden.

Männersache – oder doch nicht?

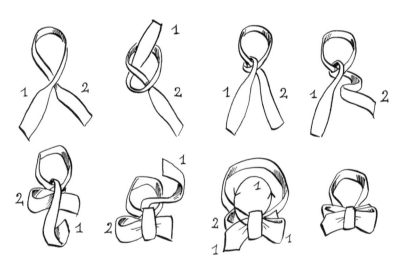

Die Masche, stilgerecht gebunden. Auch Fliege genannt, ist sie fertig vorgebunden zwar eine problemlose Angelegenheit, aber handgebunden doch stilvoller. Mit etwas Übung ist es auch ganz einfach, als Ungeübter sollte jemand in der Nähe sein, der Ihnen helfen kann.

Wie dekoriere ich mich richtig

Dekor, Farben, Schmuck, sich Verschönern – es gibt wenige Frauen, die nicht irgendwann einmal Gefallen daran fanden oder finden. Wie bei allem im Leben kommt es auch hier auf die Dosis an.

- Kaum eine Frau geht morgens ungeschminkt ins Büro. Das Verschönern mittels dekorativer Kosmetik ist so alt wie die Geschichte der Menschheit, trotzdem gehen immer noch viele Damen zu sorglos damit um.

Besonders bei Make-up gilt: Weniger ist mehr! Tagsüber verwendet die Dame sehr dezente Farben. Am besten geschminkt sind Sie, wenn man zweimal hinschauen muss, um zu sehen, ob Sie geschminkt sind. Je später der Abend, desto kräftiger dürfen die Farben werden.

Wenn Sie Ihre Augen farblich besonders hervorheben, ist der Lippenstift dezenter, wenn Sie sich für knallrote Lippen entscheiden, sind die Augen nur sehr leicht betont. Stimmen Sie die Farben Ihres Make-ups mit Ihrer Kleidung ab.

Goldpuder oder Glitzerpartikel für Haut oder Haar sind im Büro fehl am Platz. Wenn Sie Ihre Wangen pudern oder Ihre Lippen nachziehen wollen, erledigen Sie das bitte auf der Toilette, wo Sie allein sind. Ihr Schreibtisch ist nicht der richtige Ort dafür.

- Ein Blick in den Spiegel sagt Ihnen, die Kleidung ist perfekt, doch welchen Schmuck nehme ich heute?

Im Business orientiert sich alles nach dem Rang, und so gilt auch hier: Sind Sie die Bürogehilfin, sollten Sie nicht mit zu viel, auffälligem oder zu wertvollem Schmuck auf sich aufmerksam machen.

Sind Sie die Chefin des Konzerns, sieht das schon anders aus. Aber auch hier ist weniger mehr. An jeder

Hand sollte höchstens ein Ring sein. Tragen Sie nicht mehrere Ketten zur gleichen Zeit, auch nicht Armbänder mit der Uhr oder Fußketten. Der Schmuck sollte in Farbe und Design zusammenpassen und nicht aufdringlich wirken.

- Möchten Sie sich ein Tatoo oder ein Piercing machen lassen (das haben Sie sich sicher gut überlegt!?!), wählen Sie bitte eine Stelle, die nicht öffentlich sichtbar ist.

Das erspart Ihnen Erklärungen und womöglich Probleme am Arbeitsplatz. Schließlich repräsentiert jeder Mitarbeiter das Unternehmen, für das er arbeitet.

Wie pflege ich mich richtig

Damit Sie immer einen gepflegten Eindruck hinterlassen, ohne aufdringlich zu wirken, haben wir hier einige Tipps zur Körperpflege für Sie zusammengestellt:

- Tägliche Ganzkörperreinigung (Dusche), wenn Sie abends ausgehen, davor nochmals duschen. Gesichtsreinigung mit anschließender Hautpflege.

- Mindestens zweimal am Tag Zähne putzen und eventuell mit Zahnseide behandeln.

- Achten Sie darauf, dass Ihre Haare nicht ungepflegt oder unfrisiert erscheinen. Herren sollten einmal pro Monat zum Friseur gehen, um ihren Haarschnitt zu korrigieren (gilt auch für Damen mit Kurzhaarschnitt).

- Wenn Sie keinen Bart tragen, sollten Sie sich morgens rasieren und nochmals, wenn Sie am Abend ausgehen. Bartpflegeanleitungen (das ist noch aufwendiger) ersparen wir Ihnen. Verwenden Sie ein nicht zu stark riechendes oder nahezu geruchloses Aftershave, kein Parfum. Duft wirkt aufdringlich und passt nicht ins Geschäftsleben.

- Damen sollten ihre Beine und Achselhöhlen immer von Haaren befreien.
- Um Transpiration zu vermeiden, benützen Sie nach der Dusche ein mildes Deodorant, wenn möglich, ohne Duft oder mit einem sehr dezenten.
- Im Büroalltag sollten Damen auf Parfum verzichten (würde aufdringlich wirken – wie kommen Ihre Kollegen dazu, diese Geruchsbelästigung zu ertragen?). Die Mischung, die in einem Raum entsteht, wenn jeder parfümiert ist, kann sehr unangenehm werden.
- Die Hände sind besonders aussagekräftig und stehen ständig unter Beobachtung. Waschen Sie Ihre Hände öfter am Tag mit einer milden Seife und cremen Sie sie danach ein. Achten Sie auf saubere und gepflegte Fingernägel. Ihre Fingernägel sollten nicht zu lang sein, das wirkt unnatürlich. Nageldesign ist zwar extravagant, aber nicht elegant. Entscheiden Sie selber, was in Ihrem Unternehmen besser wirkt. Nagellack ist in diversen Farben möglich, wobei auch hier gilt: je heller und dezenter der Lack, desto eleganter. Auch rote Nägel sind sehr elegant, jedoch vielleicht nicht im Büro.

Wie bestelle ich Maßkleidung

Maßgeschneiderte Mode (Kleidung und Schuhwerk) gehört für viele Geschäftsleute zum guten Ton. Sie können sich so vom *Mainstream* abheben und Individualität sowie guten Geschmack demonstrieren. Außerdem zeigen Sie, dass Sie solide handwerkliche Fertigung und hochwertige Materialien der kurzlebigen Industriefertigung vorziehen. Wenn Sie den Schneider noch nicht kennen, wagen Sie ein Probestück, um herauszufinden, ob er Ihren Erwartungen entspricht. Lassen Sie sich aber unbedingt vorher einen Kostenvoranschlag geben, damit es dann nicht zu bösen Überraschungen kommt.

Die Dame wird sich von ihrem Schneider (*Couturier*) Modelle anfertigen lassen, die nicht nur ihren persönlichen Geschmack widerspiegeln. Durch professionelle Beratung können Sie sicher sein, dass Sie eine gute Figur machen (Ihre Vorzüge werden betont, während figürliche Schwächen kaschiert werden), und Farbe, Muster und Stoffqualität dem Modell und Ihnen entsprechen.

Entscheiden Sie sich für Zwei- oder Dreiteiler, die durch verschiedene Tops oder Accessoires vielseitig einsetzbar sind. Lassen Sie sich speziell knitterfreie Garderobe für Geschäftsreisen machen.

Der Herr weiß seine Garderobe in den besten Händen seines Schneiders, der Sakkos und Anzüge nicht nur anpasst und schneidert, sondern sich auch um die Reinigung und das Bügeln kümmert. Heute läutet die digitale Vermessung eine Renaissance der Maßanzüge ein. Es wird immer einfacher, individuellen Wünschen von der Stange zu entsprechen – auch wenn das paradox klingt.

Der gute alte Schneiderberuf wird trotzdem nicht aussterben. Die unverwechselbaren Vorzüge von kunstvoller, handwerklicher Maßarbeit liegen auf der Hand: Jedes Detail kann nach Ihren individuellen Wünschen gestaltet werden. Die exklusive handwerkliche Verarbeitung, auf Ihre persönliche Figur zugeschnitten, ermöglicht eine exzellente Passform und einen vorzüglichen Tragekomfort.

Nützen Sie die Gelegenheit, und lassen Sie sich in Ihre Anzüge diverse Taschen nach Ihren Bedürfnissen einbauen (Handy, Reiseunterlagen, Kleingeld, größere Innentaschen mit Reißverschluss, Geheimfach für Kreditkarten etc.).

Maßschuhe: Der Schustermeister nimmt Maß (Trittspur) und „bleibt bei seinem Leisten" (jene Holzform, die dem Fuß nachgeformt ist und ihm zum Aufbau des Schuhes dient). Im Fußbett werden Eigenheiten wie Hohl- oder Spreizfüße ausgeglichen. Noch ein Vorteil: Maßschuhe verlieren nahezu nie ihre Passform. Der Nachteil ist scheinbar der Preis, aber die Langlebigkeit dieses Schuhs macht ein Nachrechnen sinnvoll. Vermeiden Sie, Ihre Schuhe mit Metallplättchen bestücken zu lassen. Sie können auch anders auf sich aufmerksam machen. Hoffentlich.

Wie trägt man ein Stecktuch

Das Stecktuch des Herrn, französisch *Pochette,* ist weiß oder greift die Grundfarbe des Hemdes oder der Krawatte auf, nicht deren Muster, kann aber auch ein Muster haben: So zeigen Sie, dass Sie geschmackvoll kombinieren können. Das Stecktuch wird in die Brusttasche des Jacketts gesteckt. Entweder sind Ecken sichtbar oder es ist in der Mitte gerafft und locker eingeführt. Man kann es auch öffnen und leger in die Tasche stecken. Bei Frack und Smoking wird nur ein weißes Stecktuch benützt, das gekonnt locker mit den Spitzen nach oben in die Brusttasche gesteckt wird.

Wie platziert man ein Monogramm

Monogramme haben den Zweck, ein Kleidungsstück, Gepäckstück, Füllfedern oder Ähnliches Ihrem Besitzer zuzuordnen. Da diese Dinge meist speziell für eine Person angefertigt werden, haben sie somit eine gewisse Exklusivität. Das Geheimnis des Monogramms liegt in seiner Größe und an der Stelle, an der Sie es anbringen lassen.

Auf Hemden sollte es möglichst in der Stofffarbe oder leicht kontrastiert gehalten sein. Die Schrift sollte erhaben, nicht zu auffällig in Größe oder Schriftwahl sein. Man wählt meistens den Anfangsbuchstaben des Vor- und Zunamens. Auch nur die Initiale des Nachnamens ist möglich. Bei Sporthemden wird das Monogramm auf die Brusttasche gestickt, bei eleganten

Hemden in der Mitte der linken Hemdenbrust (etwas oberhalb des Bauchnabels) oder auf die Manschette.

Wie kleide ich mich für eine Beerdigung

Wenn man Sie vom Ableben eines Geschäftspartners, Kunden oder Kollegen verständigen möchte, werden Sie wahrscheinlich eine Parte bekommen, eine Traueranzeige. Hier kann es sich um eine einfache Information handeln (hier wird erwähnt, wer wann verstorben ist und wer die Trauernden sind) oder um eine gleichzeitige Verständigung mit den genauen Beerdigungsdaten und Kondolenzadressen.

Auf so ein Schreiben kann von Ihnen nun ein Kondolenzanruf erfolgen, wenn Sie den Verstorbenen gut kannten, oder ein Kondolenzschreiben, für den Fall, dass Sie an den Begräbnisfeierlichkeiten nicht teilnehmen werden. Drücken Sie Ihr „aufrichtiges Beileid" oder Ihre „innige Anteilnahme" (kein *herzliches* Beileid) mit einigen persönlichen Worten aus.

Wenn Sie zu einem Begräbnis gehen, beachten Sie bitte:

- Zu Beerdigungen ist man immer pünktlich.
- Die nächsten Angehörigen tragen Schwarz, andere Besucher dunkle Kleidung. Handelt es sich um eine sehr elegante Beerdigung (bitte vorher informieren), sind ein Stresemann mit weißem Hemd und schwarzer Krawatte oder Cut mit schwarzer Krawatte und schwarzer Weste angemessen. Herren sind mit einem schwarzen oder möglichst dunklen Anzug, weißem Hemd, schwarzer oder dunkler Krawatte, schwarzen Schuhen und Socken, dunklem Mantel gut gekleidet. Damen tragen ein schwarzes oder dunkles Kostüm, dunkle oder schwarze Strümpfe und Schuhe, keine *High Heels*, dunklen Mantel. Bitte keine nackten Schultern oder unbedeckten Arme und kein Dekolleté.

- Verwandte können einen Trauerflor (schwarze Binde) am linken Arm tragen.
- Mobiltelefone bitte unbedingt ausschalten.
- Wenn man zum Totenmahl geladen ist, wird man in den Gesprächen nicht ausschließlich den Verstorbenen zum Thema haben, Witze oder Albernheiten sind wie zu viel Alkohol fehl am Platz.
- Bei Beerdigungen wird nicht geraucht.
- Kränze oder Blumenschmuck kann man entweder zur Aufbahrung schicken lassen oder direkt zum Grab.
- Die Plätze unmittelbar hinter dem Sarg (Urne) und direkt am Grab sind der Familie vorbehalten.
- Falls man Erde oder Blumen in das Grab wirft, bleiben die Angehörigen am Grab stehen und die Trauergäste gehen an ihnen vorbei, vollziehen die Zeremonie, geben den Angehörigen die Hand, während sie einige Worte des Beileids formulieren.
- Werden Sie einen Kondolenzbesuch machen, seien Sie taktvoll und versuchen Sie die Trauernden etwas abzulenken. Der Besuch sollte nicht länger als 20 Minuten dauern.

Wie setze ich Mimik und Gestik ein

Sie bekommen nie wieder eine zweite Chance für einen ersten Eindruck.

Schon mit Ihrem Erscheinen, Ihrem Auftreten machen sich andere ein Bild von Ihnen. Ohne ein Wort gesprochen zu haben, treffen Ihre Gesprächspartner vielleicht schon ein Urteil über Sie. Sie verstehen natürlich, wie wichtig es ist, diese nonverbalen Signale zu kennen und bewusst einsetzen zu können.

Was sind nonverbale Signale? Dazu gehört Ihr gesamtes äußeres Erscheinungsbild:

Ihre Haltung, Ihr Gang, die Art, wie Sie sich bewegen, wie Sie Ihre Hände einsetzen, wie Sie in die Runde blicken, welchen Gesichtsausdruck Sie haben, Ihnen der Schweiß von der Stirne tropft, ob Sie mit dem Kopf wackeln oder mit den Fingern knacksen, beim Sitzen mit dem Knie wackeln, sich auf die Lippen beißen – schlichtweg alles, was nach außen sichtbar ist.

Unsere Mimik verrät unserem Gegenüber oft mehr, als uns lieb ist. Der Satz „Ich freue mich so, Sie endlich kennenzulernen" klingt nur dann glaubhaft, wenn sich die Freude in unserem Gesicht und unseren Augen widerspiegelt. Auch der Ton unserer Stimme muss zu dem Gesagten passen. Ein monotones „Danke, mir geht es gut" wirkt nicht wirklich überzeugend. Signale müssen für Ihr Gegenüber zu der Situation passen.

Negative Signale sind beispielsweise:

1. Sich in die Haare zu fahren oder sie ständig aus dem Gesicht zu streichen oder hinter das Ohr zu klemmen, wenn man an einer geschäftlichen Besprechung teilnimmt.

2. Am Kragen zu ziehen, die Krawatte zurechtzurücken (die Kleidung wiederholt korrigieren), nervt Ihr Gegenüber; zeigt Unsicherheit, Nervosität etc.

3. Mit den Fingern trommeln, knacksen, ebenso.

4. Seine Fingernägel aufmerksam zu studieren, zeigt Nachdenklichkeit oder gedankliche Abwesenheit.

5. Die Hände vor dem Mund, verkrampfen oder ineinander reiben.

6. Hände in den Hosentaschen können sowohl entspannte Selbstsicherheit als auch nervöse Unsicherheit signalisieren. Daher kommt es auf die gesamte Körperhaltung an und die Situation. Hochgezogene Schultern, Arme eng am Körper bedeutet: Unsicher. Lockere Haltung bedeutet: Sehr sicher oder sogar überheblich. In jedem Fall ist zu sagen: Es gehört sich nicht, die Hände in der Tasche zu haben, wenn man mit jemandem spricht oder gar jemanden begrüßt – wo es besonders herablassend wirkt.

7. Mit Stiften oder Gegenständen, die sich auf dem Tisch befinden, zu spielen, erweckt den Eindruck von Ungeduld, Hektik, Nervosität.

8. Den Kopf zu senken, verhindert Blickkontakt. Könnte heißen: Ich habe etwas zu verbergen (auch bei Ausweichen oder Meiden von Blickkontakt).

9. Den Körper von Ihrem Gegenüber abzuwenden, zeigt: Das interessiert mich nicht.

10. Das Stuhlbein mit den Füßen zu umschlingen, drückt Spannung oder Dynamik aus.

11. Das Verschränken der Arme vor der Brust kann für Abwehr oder Nachdenklichkeit stehen.

12. Auf einem Zettel Strichmännchen oder andere Kunstwerke zu kreieren, lenkt vom Gespräch ab und gehört sich nicht.

13. Eine schlampige Sitzhaltung einzunehmen, wirkt teils entspannt, teils unhöflich, respektlos, je nach Grad und Situation.

Positive Signale bei Sitzungen, Vorträgen, Gesprächen etc.:

1. Die Hände sind ruhig, eventuell übereinandergelegt, entweder auf Ihrem Schoß oder maximal bis 2/3 des Unterarmes auf dem Tisch. Nicht in den Haaren, auf dem Kopf, an der Nase, den Ohren, am Mund. (Wenn es Sie zufällig einmal juckt, können Sie sich schon kratzen, aber bitte so dezent und unauffällig wie möglich.)
2. Die Beine sind parallel gerade (oder etwas schräg nach hinten gerichtet bei Damen) oder gekreuzt unter dem Tisch oder Ihrer Sitzfläche.
3. Der Oberkörper bleibt im Sitzen gerade. Sie können sich auch leicht zurücklehnen, versinken Sie jedoch nicht in Kino-Gemütlichkeit.
4. Achten Sie auch beim Stehen darauf, dass Ihre Haltung gerade und offen ist. Die Schultern sind unten, sakken Sie nicht zusammen. Die Beine und Füße sind nicht zu weit gespreizt – das wirkt unsicher, wie auf einem schwankenden Schiffsdeck.
5. Gesicht und Körper sind Ihrem Gegenüber zugewandt, Augenkontakt so oft als möglich. Signalisieren Sie durch einen interessierten Blick und leichtes Kopfnicken Ihre Aufmerksamkeit.
6. Es ist in Ordnung, wenn Sie sich Notizen machen, wenn Sie gerade nicht schreiben, legen Sie den Stift aus der Hand.
7. Sprechen Sie mit fester Stimme, nicht zu laut, aber auch ja nicht zu leise. Sprechen Sie deutlich und in angemessenem Tempo.
8. Handflächen nach oben bedeuten Offenheit, rede mit mir! Ich bedrohe dich nicht! Sag etwas!

Handflächen nach unten strahlen Autorität aus, begleiten Einwände und gipfeln im Schlag auf den Tisch.

Die Hand zur Faust geballt, mit dem gestreckten Zeigefinger, der zum symbolischen Zeigestab wird. Der gestreckte Zeigefinger bedeutet „Folge mir, oder ich ..."

Zur Zeichensprache:
Hüten Sie sich vor scheinbar internationalen Zeichen, die Sie mit Ihren Fingern formen. Was bei Ihnen zu Hause ein harmloses Zeichen für Zustimmung war, kann von Ihrem Kollegen aus dem Ausland als sehr unanständige Geste gewertet werden (auch europäische Nachbarländer gelten hier als Ausland).

Haben Sie schon folgende Beobachtung gemacht?

Gesellt sich jemand zu einer Gruppe, in der er selbst fremd ist, so nimmt er manchmal eine defensive Haltung ein, bei der Arme und Beine gekreuzt sein können. Beginnt er sich aber in dieser Gemeinschaft wohl zu fühlen, durchläuft er einen Öffnungsprozess zu einer offenen, lockeren Haltung. Dabei sind die Beine ungekreuzt, die Füße in neutraler Stellung nebeneinander. Als Nächstes kommt der obere Arm aus der Verschränkung, beim Sprechen zeigt sich nun erstmals die offene Handfläche. Als nächster Schritt lösen sich nun beide Arme. Weiter geht es damit, dass er sich nun auf ein Bein zurücklehnt und unbewusst das andere nach vorne schiebt. Es zeigt nun, Sie werden es selbst sehen, auf die Person, die er am interessantesten findet.

TIPP

Das Problem mit unseren nonverbalen Signalen ist: Wir kennen sie alle, doch sie sind uns nur an uns selbst nicht immer bewusst. Und genau da müssen wir ansetzen. Beobachten Sie sich einmal sehr kritisch selbst. Notieren Sie sich eine gewisse Situation, Ihre Reaktion, und dann versuchen Sie, Ihre Mimik und Körpersprache zu rekonstruieren. Natürlich nützt das nur etwas, wenn Sie auch ehrlich sind. Sie können auch jemanden bitten, Sie auf Ihre Signale aufmerksam zu machen. Unterstreichen Sie alles rot, was Ihnen möglicherweise als falsches Signal in Erinnerung ist. Prägen Sie sich Ihre häufigsten Fehlsignale ein, und steuern Sie in Zukunft bewusst dagegen.

Wie lese ich die Körpersprache

Sie können in einem Menschen lesen wie in einem Buch, Sie müsen ihn nur genau beobachten. Dann können Sie sogar Charaktereigenschaften herausfiltern, die tiefer blicken lassen:

Unehrlichkeit:

Schnelles Sprechen, unangemessene Jovialität, „vertrauliche" Berührungen, Schwitzen, Verdecken des Mundes, Reiben an der Nase, Hin- und Herrutschen beim Sitzen, unruhige Fußbewegungen, übertrieben ernsthaftes Runzeln der Stirn.

Ärger und Wut:

Rötung des Gesichts, Ballen der Fäuste, in die Hüfte gestemmte Hände, Kurzatmigkeit, verkrampfte Kinnmuskulatur, versteinerte Miene, schmale Lippen, gekreuzte Arme, sarkastisches Lachen.

Langeweile:

Wandernde Blicke, Augenrollen, in die Ferne starren, tiefe Seufzer, rhythmische Bewegung von Fingern, Händen oder Füßen, Kritzeln oder Spielen mit einem Stift, häufige Veränderung der Sitzhaltung, Strecken, Dehnen, Herumfummeln an der Kleidung oder an den Fingernägeln.

Frustration:

Schulterzucken, heftiges Gestikulieren, starkes Ausatmen oder Stöhnen, Grimassen schneiden, Kopfschütteln, übertriebenes Augendrehen, Augenschließen, ansatzweise „Fluchtbewegungen".

Unsicherheit, Unentschlossenheit:
Körperliches Hin und Her, Angstschweiß in den Händen, übermäßiges Schwitzen, Drehungen, Gewichtsverlagerungen beim Sitzen, Öffnen und Schließen der Hände und/oder des Mundes, Hin- und Herwandern des Blickes zwischen zwei Objekten.

Traurigkeit, Depression:
Langsames, leises Sprechen, schlaffe Haltung, wenige Bewegungen bis hin zur völligen Erstarrung, verlangsamte Bewegungen, Tränen, niedergeschlagene Augen, Konfusion, Konzentrationsmangel, Gleichgültigkeit.

TIPP

Wir wissen alle, dass Menschen sehr viele Gesichter haben. Wenn wir glauben, jemanden sehr gut zu kennen und richtig einzuschätzen, sind wir von ihm enttäuscht, wenn er eine ganz andere Facette seiner Persönlichkeit zeigt. Dabei liegt der Fehler bei uns selbst. Denn wir haben uns ein Bild gemacht, ohne uns genügend Mühe zu geben, unser Gegenüber wirklich kennenzulernen.

Repräsentieren

Wie organisiere ich eine Veranstaltung	173
Wie lade ich effizient ein	175
Wie erstelle ich eine Gästeliste (Rangliste)	177
Wie komponiere ich ein Placement	181
Wie behandle ich einen VIP-Gast	182
Wie gehe ich mit einem fremdsprachigen Gast um	182
Wie reagiere ich auf Einladungen	183
Wie lange darf ich das U.A.w.g. hinauszögern	183
Wie bedanke ich mich für eine Einladung	184
Wie motiviere ich meinen Partner, mitzukommen	184
Wie erkläre ich meinem Partner, dass er nicht erwünscht ist	185
Wie manövriere ich mich durch eine Cocktailparty	186
Wie funktioniert sinnvoller Small Talk	187
Wie tausche ich Visitenkarten	187
Wie stelle ich eine gute Frage	188
Wie merke ich mir all die Namen	190
Wie halte ich eine Stegreifrede	194
Wie bereite ich eine Rede vor	196
Wie schickt man Blumen	201
Wie verbessere ich meine Sprache	203
Wie vermeide ich die peinlichen Füllwörter	205
Wie setze ich lateinische Phrasen richtig ein	206
Wie parliere ich nonchalant	215
Wie reagiere ich auf jemanden, der mich unterbricht	217
Wie lasse ich mich fotografieren	218
Wie komme ich in den Klub, der mir wichtig ist	220

REPRÄSENTIEREN

Wie organisiere ich eine Veranstaltung

Nichts bleibt unauslöschlicher in Erinnerung als eine strahlende Firmenveranstaltung, neudeutsch gerne als *Event* bezeichnet. Er (der *Event*) beweist Ihr Organisationstalent, Ihren guten Geschmack, und wenn Sie Glück haben, besorgt er auch Ihre Beförderung. Wenn alles klappt. Falls er schiefgeht, gehen Sie mit ihm unter. Sang- und klanglos. Ausreden auf Fehler von Kollegen in der Organisation, das Zelt war nicht gut genug befestigt, wer hätte ahnen können, dass es heute schneit etc. gelten nicht. Das hätten Sie vorhersehen müssen (Plan B).

Kundenparty, Produktpräsentation, Podiumsdiskussion, Firmenfeier, Jubiläum, Vereinsfest oder *Charity*: Selbst wenn Sie sich in die Hände eines professionellen Veranstalters begeben – Sie sind gefordert.

Wie machen Sie das?

- Bilden Sie ein Team, das Ihnen hilft.
- Behalten Sie in jedem Fall die Zügel in der Hand.
- Sie müssen über alles informiert sein.
- Sie sollten jeden Verantwortlichen jederzeit erreichen können und für alle immer erreichbar sein (Listen mit allen Telefonnummern).
- Budget festlegen (es reicht ohnedies nie).
- Gästeliste erstellen. Es kommen dauernd welche dazu, während andere absagen.

Betrachten Sie diese Liste bis zum letzten Moment als eine eher spekulative Angelegenheit (es sei denn, Sie haben die Tickets zu 1000 Euro verkauft – und selbst dann!).

- Einladungen drei Wochen vor dem *Event* verschikken (Achtung: auch rechtzeitig drucken lassen). Ein *save the date* kann schon zwei Monate vorher raus (für Herbstveranstaltungen vor den Sommerferien!). Antwortmöglichkeit auf U.A.w.g. per Fax, Telefon oder E-Mail.
- Zeitablauf festlegen und genügend Pufferzeiten einberechnen. Wenn ein Ablauf bei einer Person fünf Minuten dauert, dauert es bei 200 Personen mit Sicherheit länger.
- Bargeld je nach Event bereithalten (Musik muss bezahlt werden, schnell noch etwas nachkaufen, Trinkgelder ...).
- Lösung aller kulinarischen Fragen.
- Personalaufwand, wer moderiert den Event u.a.
- Garderoben und Empfang.
- Schmuck und Dekoration (Gedecke, Servietten, Tischtücher, Tischkarten, Tischschmuck, Raumdekoration).
- *Placement*: Setzen Sie Ehepaare auseinander, aber möglichst an denselben Tisch; setzen Sie nur Leute an einen Tisch, die sich miteinander verstehen. Beachten Sie Rangordnungen und Ehrengäste (siehe „Wie erstelle ich eine Gästeliste"). Hoffentlich findet sich kein Witzbold, der in letzter Sekunde die Tischkarten vertauscht, um leichter an seine Favoritin heranzukommen oder einem zugeteilten Herrn zu entfliehen.

Bei besonderen Anlässen kann man auch eine Menükarte erstellen. Auf dem Deckblatt kann der Anlass mit dem Datum stehen, auf der linken Seite die begleitenden Weine und Getränke und auf der rechten Seite die

Menüfolge. Jeder Tisch sollte mindestens eine haben. Es ist auch ein nettes Souvenir für jeden Gast.

Bleiben Sie im Hintergrund, überprüfen Sie permanent den Ablauf:
- Ist der Redner eingetroffen?
- Ist die Showeinlage bereit?
- Sind die Geschenke/Preise da?
- Weiß der Redner, wie er die Gäste adressiert?
- Sind alle Gäste auch wirklich gekommen, die auf der Liste des Redners stehen?
- Wissen Musik- und Lichtregie, was wann zu tun ist?

TIPP

Machen Sie eine Generalprobe, bei der Sie mit allen aus Ihrem Team den Ablauf am Ort des Geschehens durchgehen.

Halten Sie immer Plan B bereit. Er sollte jede Katastrophe wie die herbeigesehnte Fügung des Schicksals aussehen lassen.

Wie lade ich effizient ein

Ihre Einladungsliste sollte sehr gut durchdacht sein. An ihr hängt zu einem gewissen Grad alles: Ihr geschäftlicher Erfolg, Ihr Ruf, Ihre Reputation. In jedem Fall hängt der Erfolg einer Veranstaltung davon ab, wer daran teilnimmt.

Die Veranstaltung, zu der Sie Geschäftskontakte genauso ungezwungen bitten können wie Ihre besten Freunde, ist noch nicht erfunden. Trennen Sie von vornherein die Gruppen. Entscheiden Sie sich.

Hier Business, dort Privatleben. Hier Geschäftsimage, dort Freizeitvergnügen. Kommen Sie nicht auf die Idee, beides miteinander zu kombinieren. Es geht zu leicht schief.

Nehmen wir ein Firmenjubiläum. Es ist schon kompliziert genug, wenn Sie sich auf Ihre Geschäftskontakte beschränken. Auch hier gilt es, soziale Spannungen zu beachten.

- Lieferanten und Kunden gleichzeitig einzuladen, ist nicht immer ratsam, da unweigerlich die Neugierde auf Konditionen – dem einen hier gewährt, dem anderen dort verwehrt – in den Mittelpunkt des Interesses rükken könnten.

- Auch Kunden untereinander trennt man besser in verschiedene Gruppen, Individual- und Großkunden, zum Beispiel.

- *Events* kann man durch professionelle Gäste aufwerten. *Opinionleaders* und *Celebrities* eignen sich perfekt, Ihrem Fest zusätzlichen Glanz zu verleihen. Vielleicht kennen Sie jemanden? Oder jemanden, der jemanden kennt?

- Wenn Sie Ihre Gäste von einem Moderator oder einem Kabarettisten unterhalten lassen, suchen Sie diesen Programmpunkt sorgfältig aus, informieren Sie sich genau über das Programm des Künstlers und informieren Sie wiederum diesen genau über Ihre Gäste. Nur so vermeiden Sie das berühmte Fettnäpfchen, in das er eben nicht tapsen darf.

- Wählen Sie fachspezifisch aus. Für die Firmenfeier den Gremienvorstand. Für das Jubiläum einer renommierten Firma einen anerkannten Historiker. Für den *coolen Event* einen erfolgreichen Sportler. Für die Lesung bei der Weihnachtsfeier eine bekannte Schauspielerin. Und so weiter.

- Wollen Sie ins Reich der seitenblickenden Presse

eindringen, so sind parallel dazu die geeigneten Medien einzuladen. Bei einem Anruf in den zuständigen Redaktionen müssen Sie schon ein genaues Bild Ihrer prominenten Gästeliste haben (Wie hoch ist die „Promidichte"?). Diese Redaktionen sind sehr kritisch! Dazu sollten Sie die Entscheidungsstrukturen und die Verantwortungsbereiche dieser Medien kennen. Es geht prinzipiell darum, dass Sie oder Ihre Gäste interessante Interviewpartner abgeben. Das ist die Basis für den Erfolg. Diese Interviews werden gerne gesehen und gelesen, die Auflage bzw. Einschaltquote steigt, Sie haben Ihren Auftritt und jeder ist glücklich.

Wie erstelle ich eine Gästeliste (Rangliste)

Überlegen Sie, je nach Art des Anlasses, welche Ehrengäste Sie einladen müssen oder wollen. Vermeiden Sie zu große soziale Unterschiede. Achten Sie auf mögliche Sprachbarrieren.

Wenn Sie die Liste erstellen, notieren Sie den Namen, den Titel, die Position und ungefähres Alter des Gastes in der linken Spalte, in der rechten seine Begleitung in gleicher Weise. Das erleichtert die Arbeit für die Einladungen, das Adressieren, Platzkarten oder schriftliches *Placement*. Die Liste beginnt mit den Ehrengästen oder den Ranghöchsten.

Beispiel einer Rangliste:

Ein Beispiel aus Deutschland als Orientierungshilfe für die Abfolge von Einzügen, Reden, Sitzordnungen und Reihungen aller Art:
- *Bundespräsident*
- *Bundesratspräsident*
- *Bundestagspräsident*
- *Bundeskanzler*
- *Ausländische Botschafter und Gesandte*

- Bundesminister
- Bundestagsabgeordnete
- Präsidenten von Bundesgerichten
- Kardinäle
- Direktoren ausländischer Organisationen
- Höhere Ministerialbeamte
- Deutsche Botschafter und Gesandte
- Präsidenten von Bundesinstitutionen
- Präsidenten von Spitzenverbänden auf Bundesebene
- Bundesrichter
- Aufsichtsratsvorsitzende von Großkonzernen
- Generäle
- Landtagspräsidenten
- Ministerpräsidenten der Länder
- Landtagsabgeordnete
- Landesminister
- Höhere Beamte von Landesministerien
- Präsidenten von Landesinstituten
- Bischöfe und Landesbischöfe
- Äbte bzw. Kirchenratsmitglieder
- Universitätsrektoren

Dekane und Präsidenten von Universitätsinstituten
- Universitätsprofessoren
- Präsidenten von Wirtschafts-Organisationen auf Landesebene
- Kammerpräsidenten
- Vorstandsvorsitzende und Generaldirektoren von Großkonzernen
- Gerichtspräsidenten
- Richter, Anwälte, Notare, Staatsanwälte
- Ausländische Konsuln
- Beamte des höheren Dienstes
- Stabsoffiziere
- Regierungspräsidenten
- Direktoren von Staatsbanken

- *Direktoren von Großbanken*
- *Landräte*
- *Kreistagsmitglieder*
- *Generaldirektoren großer Unternehmen*
- *Oberbürgermeister*
- *Bürgermeister*
- *Stadt- und Gemeinderäte*
- *Polizeipräsidenten*
- *Chefredakteure großer Blätter*
- *Gesellschafter und Direktoren von Unternehmen*
- *Redakteure regionaler Blätter*
- *Abteilungsleiter von Unternehmen*
- *Ärzte, Architekten, Berater, Freiberufler*
- *Regionalbankdirektoren*
- *Kleinere Unternehmer*
- *Künstler*
- *Geschäftsführer, Sekretäre u.Ä. von Kammern, Verbänden, Instituten etc.*
- *Linienoffiziere*
- *Polizeioffiziere*
- *Pfarrer und andere Geistliche*
- *Direktoren höherer Schulen*
- *Lehrer an höheren Schulen*
- *Beamte des gehobenen Dienstes*
- *Prokuristen*
- *Volksschuldirektoren*
- *Lehrer*
- *Vorsitzende lokaler Vereine und Organisationen*
- *Techniker und Meister*
- *Beamte des mittleren und einfachen Dienstes*
- *Verdiente Ruheständler*
- *Angestellte*

N.B.: Es gibt kein Patentrezept für Ranglisten und so muss man sie dem jeweiligen Anlass und den lokalen Usancen anpassen.

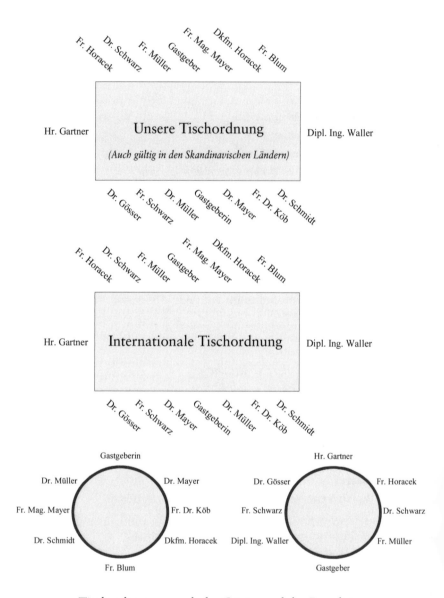

Tischordnungen nach der Gäste- und der Rangliste.

Beispiel einer Gästeliste:

Landesgerichtsrat Dr. Schwarz, 55	Frau Schwarz
Dr. Mayer, Staatsanwalt i.R., 74	Frau Mag. Mayer
Staatssekretär Dr. Müller, 50	Frau Müller
Dozent Dr. Gösser, 36	Frau Opernsängerin Blum
Dir. Dkfm. Horacek, 45	Frau Horacek
Dr. med. Schmidt, 48	Frau Min.-Rat Dr. Köb
cand. med. Gartner, 23	
Univ. Ass. Dipl. Ing. Waller, 32	

In der Grafik auf der linken Seite sehen Sie, wie Sie diese Gäste am besten setzen.

Wie komponiere ich ein Placement

Die Gastgeberin führt den Vorsitz (falls Sie nicht den Bundespräsidenten eingeladen haben). An einer Tafel können die Gastgeber einander gegenüber sitzen. Bei mehreren Tischen gibt es nur einen Gastgeber pro Tisch, Sie sollten Augenkontakt halten können. Dadurch werden auch andere Paare an unterschiedliche Tische kommen können.

Sie haben zusammen vier Ehrenplätze zu vergeben (je einen links und rechts neben der Gastgeberin und dem Gastgeber). Diese Plätze stehen den Personen mit den höchsten gesellschaftlichen Rängen zu. Da empfiehlt es sich manchmal sogar, bewusst Gäste mit verschiedenen Rangstufen zu laden, damit man diese Frage leichter in den Griff bekommt. Nehmen Sie die Gästeliste und nummerieren Sie diese nach der Rangordnung. Verteilen Sie alle Gäste um den Tisch.

Achten Sie darauf, dass Ehepartner, Geschwister und Verwandte getrennt werden und auch Leute, die sich nicht mögen oder nicht miteinander sprechen können (Fremdsprachprobleme), nicht beisammensitzen.

Bei einer hohen Gästezahl mit mehreren Tischen ist ein gezeichnetes *Placement* an der Garderobe sehr praktisch, damit sich die Gäste orientieren können, wo sie sitzen und wer ihre Tischnachbarn sind. Das ist für alle Beteiligten schon deshalb wichtig, da es ja des Herrn oberste Pflicht ist, für das Wohl seiner Tischdame (die Dame zur Rechten) zu sorgen.

So setzen Sie Ihre Gäste richtig (zwei und vier Gäste)

Wie behandle ich einen VIP-Gast

Leider gibt es immer wieder Menschen, die glauben, durch besonders arrogantes Auftreten ihren VIP-Status dokumentieren zu müssen. Auch dafür kann ich manchmal Verständnis aufbringen, weil es eine Möglichkeit ist, lästige Leute etwas auf Distanz zu halten. Wenn Sie charmant und selbstbewusst auftreten und die Distanz wahren, haben Sie gute Chancen, rasch ein Gesprächsklima mit VIPs zu schaffen, das einen erfolgreichen Umgang ermöglicht. Auch VIPs sind nur Menschen.

Wie gehe ich mit einem fremdsprachigen Gast um

Wenn Sie sich mit Ihrem Gast in dessen Muttersprache unterhalten können, werden Sie viel leichter Erfolge erzielen. Auch wenn Sie nur einige Worte beherrschen, lockert dies bereits die Atmosphäre. Als Gastgeber sorgen Sie dafür, dass eine ungehinderte Konversation geschaffen wird, indem schon bei der Sitzordnung darauf geachtet wird, dass Menschen zusammensitzen, die sich gut verständigen können. Informieren Sie sich im Vorhinein über geografische, klimatische, kulturelle, sprachliche usw. Gegebenheiten des Heimatlandes Ihres Gastes.

TIPP

Zeigen Sie Interesse und Offenheit für Fremdes. Es mag mühevoll sein, aber es ist Ihre Pflicht, auch Gäste, die nur schwer zu verstehen sind, zu integrieren.

Wie reagiere ich auf Einladungen

Für eine Einladung soll man sich immer bedanken (auch bei Absage). Eine Absage enthält eine kurze Begründung, den Ausdruck des Bedauerns sowie den Wunsch für gutes Gelingen. Bei einer Zusage machen Sie deutlich, dass Sie sich auf die Veranstaltung freuen, zu der Sie eingeladen wurden. Private Einladungen sollten innerhalb von sechs Monaten erwidert werden.

Wie lange darf ich das U.A.w.g. hinauszögern

An sich ist eine rasche Antwort auf das ominöse Kürzel im Privatleben eine Frage der Höflichkeit. „U.A.w.g.", das Kürzel für die deutsche Version „Um Antwort wird gebeten", auf Französisch „RSVP" für *„Répondez si'l vous plaît"*. Doch hier kann der Profi ein wenig taktieren.

Zunächst ist eine schnelle Zusage ein Zeichen für echte Freude über die Einladung, die im Notfall durch eine späte, aber gut begründete Absage noch immer rückgängig gemacht werden kann. Andererseits kann man den Einladenden in eine unangenehme Situation bringen, wenn man zu- und dann wieder absagt (z.B.: bei gesetzten Essen im kleinen Rahmen (*Placement*, Tischordnung) oder Veranstaltungen, wo Sie der Ehrengast oder einer der Redner sind). Das sollte also wohlüberlegt sein. Ein einfaches „Bin leider an diesem Abend schon besetzt. Schade!" unter Freunden tut der Sache Genüge. Im offiziellen Fall sollte man einen förmlicheren Text schicken: „Ich bedaure sehr, an diesem Termin verhindert zu sein."

Bei Geschäftsterminen wie Vorträgen, Seminaren oder gar mit Kosten verbundenen Veranstaltungen gilt Ihre Zusage auch für den Veranstalter als Bestätigung, dass seine Veranstaltung stattfinden muss. Daher ist ein Erscheinen selbstredend erforderlich. Werbeveranstaltungen, die um Zusage buhlen, gehen den üblichen Weg des freien Wettbewerbs: Wenn sie gut genug sind, werden sie besucht werden.

Wie bedanke ich mich für eine Einladung

Mindestens vier Mal: Bei der Zusage, beim Eintreffen, bei der Verabschiedung und am nächsten Tag per Anruf, das ist das Persönlichste. Per SMS, das ist heute akzeptabel, oder per Brief, das ist vor allem richtig, wenn mehr als 20 Personen eingeladen waren.

TIPP

Haben Sie vergessen und wäre es angebracht gewesen, Blumen zu bringen, so kann man sie am nächsten Tag mit den entsprechenden Worten auf der Visitenkarte (ohne Unterschrift) nachschicken.

Wie motiviere ich meinen Partner, mitzukommen

Ihr Partner hat absolut keine Lust, zur Firmenfeier mitzukommen? Das Abendessen mit Ihrem Chef ist ihm zuwider? Na bravo. Dabei ist er ausdrücklich eingeladen.

Die Anwesenheit Ihres Partners kann von entscheidender Bedeutung für den geschäftlichen Erfolg Ihrer Mission sein. Das Essen mit Ihrem Chef spielt da eine wichtige Rolle.

Erklärbar ist das doch am besten so, dass man nicht allein zu diesem Essen/Fest etc. gehen möchte, weil man doch nicht den Eindruck erwecken möchte, „Freiwild" zu sein, oder gar, dass man keine funktionierende Beziehung aufzuweisen hat. Außerdem könnte der charmante Einsatz des Partners beim Chef sehr wohl einen Eindruck hinterlassen, der so nostalgische Gefühle wie „solides Privatleben", „stabile Basis" oder „treu und zuverlässig" hervorrufen könnte, falls noch jemand weiß, wovon wir da sprechen?

TIPP

Wer immer allein zu Einladungen kommt, könnte auch den Eindruck erwecken, der Partner wäre nicht vorzeigbar. Sollte der Partner aber wirklich nicht in das berufliche Umfeld passen oder sich absolut unwohl in der Gegenwart des Chefs fühlen oder einfach keine Zeit haben, ist es besser, doch allein hinzugehen.

Wie erkläre ich meinem Partner, dass er nicht erwünscht ist

Zur Jubiläumsfeier Ihres Unternehmens werden Sie vielleicht mit Partner eingeladen sein. Aber wie erklären Sie es Ihrem Partner, wenn Sie allein einer Einladung Folge leisten sollen? Folgende Situationen rechtfertigen das Ansinnen, den Partner zu Hause zu lassen:

- Frauen/Männer wollen unter sich sein.
- Es handelt sich um eine innerbetriebliche Veranstaltung, bei der ausschließlich Mitarbeiter anwesend sind.
- Es ist wichtig, dass nur Profis anwesend sind.
- Der Partner des Mitarbeiters passt nicht zum Kunden.
- Wenn Ihr Partner sich in keiner Sprache mit dem Gast unterhalten kann.
- Manchmal hat man mit Kunden oder Lieferanten aus anderen Kulturkreisen zu tun, in denen es nicht üblich ist, Ehefrauen einzuladen.
- Sie müssen Ihrem Kunden ein Abendprogramm bieten, das keine Ehepartner erlaubt.

Wie manövriere ich mich durch eine Cocktailparty

Gehen Sie nur hin, wenn Sie willens sind, das zu tun, wofür die Cocktailparty da ist: *Meeting people and Small Talk*.

Je mehr Menschen Sie in ein kurzes und kurzweiliges Gespräch entführen können, umso mehr werden Sie von den Gastgebern geschätzt. Wer von einer Gruppe zur nächsten geht und sich nach etwa 60–90 Minuten von der Party wieder verabschiedet, weiß, was sich gehört.

Wichtig für diese Form des Networking:

- Genügend Visitenkarten mitnehmen.
- Falls Sie Probleme haben, sich Namen zu merken, lesen Sie vorher „Wie merke ich mir all die Namen".
- Wenn Sie nicht das Glück haben, von Bekannten anderen vorgestellt zu werden, nehmen Sie das selbst in die Hand. Gehen Sie auf eine Gruppe zu und warten Sie einen günstigen Moment ab, wo Sie nicht den Konversationsfluss stören. Ein kurzes „Guten Tag, darf ich mich vorstellen, mein Name ist (Vor- und Zuname) ..." eröffnet Ihr Gespräch. Vielleicht ergänzen Sie noch Ihre Position und das Unternehmen, für das Sie tätig sind. Es ist durchaus üblich, falls sich jemand nur mit Namen vorstellt, nach seiner Position zu fragen und für welches Unternehmen er tätig ist. Auch andere Zusatzinformationen wie „Ich war der erste Kunde des Gastgebers" sind für die Konversation sehr hilfreich.
- Wenn Sie von einer Gruppe zur anderen wechseln wollen, genügt ein „Entschuldigen Sie mich bitte, ich muss dort drüben jemanden begrüßen. Wir sehen uns ja noch" oder „Ich würde mich freuen, Sie bald wieder zu treffen" oder „Ich werde mich gerne bei Ihnen melden."

Wie funktioniert sinnvoller Small Talk

„Isn't it a nice day?", sagt man in England, egal ob es regnet oder die Sonne scheint. Dieser klassische Starter für die Konversation ist jene unschlagbare positive Feststellung, die in ihrer schlichten Offenheit jedes Eis bricht. Besonders, wenn sie von einem entwaffnenden Lächeln begleitet wird.

Die Fähigkeit, Kontakte aktiv herzustellen, fremde Menschen so anzusprechen, dass sie sich einem zuwenden und allmählich öffnen, kann natürlich nicht aus einem Buch gelernt werden. Klar ist jedoch, dass diese Fähigkeit für geschäftliche Erfolge sehr nützlich ist.

TIPP

Geben Sie sich einen Ruck! Wenn Sie im Zug oder Flugzeug unterwegs sind, im Wartezimmer sitzen, bei einer Veranstaltung auf den Beginn warten etc. – beginnen Sie Gespräche.

Mit dieser Übung wird es Ihnen leichtfallen, wichtige Personen in Gespräche zu verwickeln, nachdem Sie ohne Scheu offen auf sie zugegangen sind. Übung macht den Meister.

Es gibt noch einen wichtigen Grund, weshalb es für Ihren Erfolg sehr vorteilhaft ist, möglichst viele Gelegenheiten zu Gesprächen mit anderen Menschen zu schaffen: bessere Menschenkenntnis. Sie erlaubt uns rasches Agieren im Einklang mit der jeweiligen Situation, Teamfähigkeit, erfolgreiches Verhandeln, Motivationserfolge usw. Kurz, sie ist von größter Bedeutung für unseren beruflichen und privaten Erfolg.

Wie tausche ich Visitenkarten

Eine elegante Form ist die asiatische Übergabe. Dabei halte ich meine eigene Visitenkarte mit beiden Händen so, dass der Text für den anderen lesbar ist. Dann überreiche ich sie mit einer leichten Verbeugung und empfange dabei meist die Karte des anderen in der gleichen Form.

Wie einfach hingegen unsere: „Darf ich Ihnen meine Karte geben?", und schon hält man sie dem anderen entgegen, ob er will oder nicht. Man greift danach, bedankt sich und steckt sie weg. Dabei sollte man sie genau studieren, damit man weiß, mit wem man hier die Ehre hat.

Die Karten sollten ein gewisses Standardformat nicht überschreiten (55 x 90mm), damit sie in Kartenhalter und Karteikästchen für Visitenkarten passen. Ihre Business Card muss Ihren Berufstitel und Ihre Position und den Namen des Unternehmens sowie alle Kontaktdaten beinhalten. Das Design entspricht der Corporate Identity des Arbeitgebers.

Müssen Sie etwas hinzufügen, so können Sie das handschriftlich auf der Rückseite tun (z.b. Ihre persönliche Handynummer). Nur Ihre Unterschrift, die gehört nie auf diese kleine Karte.

Wie stelle ich eine gute Frage

Fragen Sie! Damit eröffnet man wunderbar neue Gesprächsstoffe und Themenregionen. Die richtige Frage zu stellen, erfordert nicht nur Neugier und Interesse, sondern auch Fingerspitzengefühl. Grundsätzlich sollten Sie im reinen Geschäftsleben z.b. bei einer Besprechung wenige persönliche Fragen stellen.

„Sind Sie verheiratet?" oder „Haben Sie Kinder?" sind hier schon das Äußerste. „Wie lange sind Sie schon bei der Firma?" ist durchaus vertretbar. Fragen, die Sie in Zusammenhang mit Ihrem Beruf stellen müssen, sind in der folgenden Tabelle zusammengestellt.

TIPP

Gehen Sie nach der „Trichtermethode" vor. Stellen Sie zuerst weite, offene Fragen, und kommen Sie dann immer gezielter auf den Punkt.

Die Trichtermethode

Offene Frage

Mit einem Fragewort eingeleitet (Warum, Wann, Wieviel ...). Informationsabfrage; offene Fragen lassen nicht so schnell den Eindruck eines Verhörs entstehen („Welchen Betrag möchten Sie anlegen?").

Geschlossene Frage

Kann nur mit „JA" oder „NEIN" beantwortet werden. Unklarheiten beseitigen, Kontrolle, Herbeiführen von Entscheidungen („Möchten Sie die Möglichkeit haben, Zusatztilgungen zu leisten?", „Habe ich Sie richtig verstanden, dass ...?").

Alternativfrage

Der Antwortende soll sich zwischen zwei Möglichkeiten entscheiden. Herbeiführen einer Entscheidung („Wollen Sie über die Zinsen jährlich verfügen oder sollen sie mitveranlagt werden?").

Suggestivfrage

Sie lässt die gewünschte Antwort erkennen, Beeinflussung, kann Abwehrreaktionen des Kunden hervorrufen („Sie sehen es doch sicher auch so, dass ein bisschen Risiko die Anlage erst attraktiv macht.").

Rhetorische Frage

Frage, die nicht von den Teilnehmern beantwortet werden muss, Stilmittel, soll Aufmerksamkeit wecken („Darf ich vorstellen?", „Darf ich vorgehen?").

Wie merke ich mir all die Namen

Sie kennen das: Auf einer Party fasst Sie jemand ins Auge, steuert zielsicher auf Sie zu, grüßt euphorisch, freut sich aufrichtig, Sie wieder zu sehen. Sie wissen, Sie sollten die Person kennen, nur: Sie haben keine Ahnung, wer es ist.

Vielleicht erinnern Sie sich, wo Sie diese Person das letzte (erste) Mal getroffen hatten. Dann genügt ein „Ich kann mich noch lebhaft an unser Treffen beim XY-Kongress erinnern, aber leider ist mir Ihr Name entfallen."

Okay. Solange Sie allein sind, können Sie in einem Gespräch vorsichtig abtasten, wer Ihr freundliches Gegenüber ist. Doch stellen Sie sich vor, Sie unterhalten sich mit einer anderen Person und der herbeigeeilte „alte Bekannte" hat nur eines im Sinn, nämlich endlich auch dieser Person vorgestellt zu werden.

Sehen Sie so einer Attacke gefasst entgegen. Meist weiß man zumindest, ob man per Du war oder nicht. Je nachdem, wie gut Sie einander zu kennen glauben, küssen Sie die Betroffene links, dann rechts auf die Wange (immer mit links beginnen, in Frankreich dreimal, also links, rechts, links. Na? Dämmert schon etwas? Erkennen Sie vielleicht das Parfum?), dem Herrn drücken Sie fest und freundlich die Hand, blicken in die Augen und sagen soviel wie „Freue mich sehr" und nützen jede verstreichende Sekunde, die Namensdatei im Tiefenspeicher abzurufen. Kommt noch immer keine rettende Information aus dem Gehirn, dann ziehen Sie Ihren momentanen Gesprächspartner in die Sache mit hinein und sagen zum Neuankömmling: „Kennen sich die Herren?"

- Die Chancen, dass sich die beiden kennen, ist bei einer gemeinsamen Einladung zumindest 50:50. Sollte dies nicht der Fall sein, so treten Sie ein wenig zurück und überlassen dem Neuankömmling das rettende Sichselbst-Vorstellen („Nein, ich hatte noch nicht das Vergnügen: Karen Müller von der Firma XYZ.").

• Sollten Sie den Namen Ihres Gesprächspartners auch nicht kennen, müssen Sie die doppelte Blamage vermeiden, einen verbalen Salto mortale rückwärts à la „Na, ich denke, Sie beide muss ich einander ja nicht vorstellen" produzieren und sich vorsichtig, aber rasch zurückziehen. „Ich besorge uns nur rasch etwas zu trinken" oder „Ich kann Sie/Euch doch eine Sekunde allein lassen?" sind zwei Varianten.

• Kennen sich die beiden und es wird also kein Name ausgetauscht, so wissen Sie zwar jetzt auch nicht mehr, aber es macht vorübergehend nichts mehr aus. Neu Hinzukommende sollten sich nun selbst vorstellen, und das ist ja nicht mehr Ihr Problem. Es sei denn, diese Personen sind Ihnen gut bekannt, sodass Sie die Vorstellung vornehmen müssen.

Natürlich kann man manchmal den Gastgeber fragen, wer wer ist. Ein einfaches „Könnte ich nochmals Ihre Karte haben?" ist eine Hilfe. Ein freches „Wie schreibt man noch mal Deinen/Ihren Namen?" stößt oft auf ein verwundertes „Also ich bitte Dich/Sie: Müller!", was man mit einem „Na, das weiß ich doch. Ich meine den Vornamen!" vielleicht noch retten kann. Sie sehen, meist ist es besser, alles zuzugeben: „Verzeihen Sie, ich weiß im Augenblick nicht, woher ich Sie kenne ...".

TIPP

„Namen sind Schall und Rauch" ist Unsinn.

Es ist wichtig, sich Namen zu merken. Der Name Ihres Gesprächspartners ist Teil seiner Persönlichkeit, das Ansprechen per Namen in einem Gespräch ein wichtiger Ausdruck der Wertschätzung. Es streichelt einfach die Seele, wenn man jemanden sofort mit seinem Namen anspricht und mindestens einen Satz mit der rich-

*tigen Anrede beginnt: „Also wissen Sie, Frau Braun ..."
Den Vogel schießt man ab, wenn man selbst nach einem längeren ersten Gespräch den Namen noch weiß und sich verabschiedet, indem man ihn erwähnt.*

Seien Sie also in diesem weit verbreiteten Dilemma auch selbst hilfreich. Merken Sie, dass Ihr Gegenüber keinen blassen Schimmer hat, wer Sie sind, stellen Sie sich einfach nochmals vor: „Thomas Müller, Sie werden sich erinnern?" Noch immer nicht? Lassen Sie Details einfließen: „Rom, vor acht Jahren muss das gewesen sein ..."

Sie lachen? Nur so lange, solange Sie nicht von einer Cocktailparty weggegangen sind und sich anschließend grün geärgert haben, dass Sie den Namen, der Ihnen jetzt wie selbstverständlich einfällt, nicht mehr gewusst haben. Wo es doch so praktisch gewesen wäre, diesen alten Kontakt wieder einmal aufzuwärmen.

Seien Sie beruhigt – es geht nicht nur Ihnen so.

Also gut, hier ein paar Tipps:

Wie merke ich mir einen Namen?

1. Am Telefon ist es einfach: Da meldet sich Ihr Gesprächspartner mit Namen oder Sie fragen danach. Sie können sich während eines Telefonates Notizen machen.

Verabschieden Sie sich mit Namensnennung („Danke für Ihren Anruf, Frau Berger"), und Sie verteilen emotionale Streicheleinheiten.

Erwähnen Sie in einem Telefonat nach geraumer Zeit wieder den Namen Ihres neuen Gesprächspartners. Das zeigt Interesse, Wertschätzung und Kompetenz.

2. Bei persönlichen Treffen ist die Sache schon kniffliger. Hier stellt man sich vor oder wird miteinander bekannt gemacht. Im Geiste sollten Sie den Namen no-

tieren. Wiederholen Sie ihn laut, fragend und als Bestätigung. Sie signalisieren damit gesteigertes Interesse.

3. Tauschen Sie sofort Visitenkarten (*Businesscards*) miteinander aus (leider ist dies in Europa nur am Beginn einer geschäftlichen Beziehung immer üblich). Übergehen Sie diese Karte nicht einfach! Lesen Sie genau, was darauf steht. Es gilt als unhöflich, die Karte unbeachtet einzustecken (das gilt immer für diese Karten!).

4. Die Karte enthält für gewöhnlich Titel, Namen, Firmenname und Position. Daran lässt sich sofort ein Gespräch knüpfen. Dabei kann man den Namen der Person erstmals einsetzen: „Herr Braun, sind Sie für ... zuständig?" Auch die Firma sollten Sie hier ansprechen. Lassen Sie sich eine schlaue Frage einfallen und verstärken Sie so die Assoziationskette zwischen Namen und betroffener Person.

5. Erwähnen Sie den Namen dieser Person in den ersten Minuten des Gesprächs gelegentlich wieder.

6. Außergewöhnliche Namen kann man hinterfragen (ist das nicht ein französischer Name? Das klingt Russisch? ...).

7. Gedächtnistrainer empfehlen, Namen mit Bildern, Gegenständen, Pflanzen, Tieren, Ereignissen etc. zu „verknüpfen". Bauen Sie sich Eselsbrücken. Dies führt zu erstaunlichen Gedächtnisleistungen, wenn es konsequent geübt und angewandt wird.

Wie halte ich eine Stegreifrede

„Für eine gute Stegreifrede brauche ich mindestens drei Wochen", hat Mark Twain gesagt. Ein befreundeter Finanzfachmann brachte es auf den Punkt, als er verriet, dass er niemals nervös sei, wenn er eine Rede hält. Befragt, warum, antwortete er lächelnd: „Weil ich immer sehr gut vorbereitet bin."

Fühlen Sie also diesen unbezähmbaren Drang in sich hochsteigen, gerade dann etwas sagen zu wollen, wenn der geeignete Moment gekommen ist und niemand sonst es tut, dann erheben Sie sich und Ihre Stimme und sprechen Sie. Machen Sie es gut, sonst ist der Effekt verloren und jeder würde sich wünschen, niemand – und schon gar nicht Sie – hätte den Mund aufgemacht.

Auch wenn Sie keine Zeit hatten, sich vorzubereiten, ist es oft erforderlich, ad hoc ein paar Worte zu sagen. Dann versuchen Sie, im Eiltempo so viele Tipps zu befolgen wie möglich.

Ihre Stegreifrede – so geht's

Überlegen Sie sich kurze, prägnante Sätze.

Schreiben Sie sich ein Stegreifmanuskript zur Not auf die Speisekarte. Lesen Sie ungeniert ab, statt ins Leere zu stottern. Auswendig beherrschen und frei sprechen ist natürlich besser, weil Sie Blickkontakt zu Ihren Zuhörern haben.

Sagen Sie ruhig, Sie hätten sich da einige Notizen gemacht. Gehen Sie auf die Veranstaltung ein.

Nehmen Sie alle mit an Bord: „Ich glaube, für alle zu sprechen, wenn ich an dieser Stelle sage ..."

Erklären Sie kurz, wieso gerade Sie sprechen – stellen Sie den Bezug zwischen Ihnen und dem Anlass her („Uns verbindet nun eine 30-jährige Freundschaft", „Ich bin vielleicht Ihr langjährigster Kunde ...") oder, falls kein Bezug herzustellen scheint, loben Sie: „Ich bin heute hier nur Außenseiter, ein Gast, sozusagen, doch mit tiefer Bewunderung blicke ich auf so einen erlauchten Kreis von Fachleuten/Kollegen/Freunden ...").

Sagen Sie, was Sie sagen wollten. Ganz recht, Ihre Botschaft, die Message. Sie sollte substanziell sein: ein Gruß von außen, ein Glückwunsch zum Anlass oder eine freudige Nachricht.

Schließen Sie rasch, erwähnen Sie nochmals Name des Adressierten und Anlass, ehe Sie „nun das Glas zum Anlass erheben" oder „So schließe ich mit den Worten ..." sagen.

Ist das Ende Ihrer Rede von einem von Ihnen ausgebrachten Toast begleitet, so ist Ihr „Applaus" das gemeinsame „Zum Wohl" und das Erheben der Gläser. Sollte Ihre Rede ohne Erheben der Gläser enden, so ist es durchaus üblich, Applaus zu ernten. Dieser Applaus gilt zwar Ihnen, aber tatsächlich applaudiert man dem Adressaten Ihrer Ansprache, den Sie gerade in schillernden Farben gelobt haben. Nützen Sie diese Sekunden, um persönlich dem Betroffenen mit einem Händedruck und unter permanentem Augenkontakt zu gratulieren. Es geht nicht um Sie, also vermeiden Sie es, sich lange zu verbeugen oder Zustimmung aus dem Publikum zu erheischen. Ein kurzes Nicken zum Publikum erfüllt die Anforderung.

TIPP

Weniger ist mehr. Meist sind zwei Minuten gerade richtig für einen Toast.

Wie bereite ich eine Rede vor

Sprache ist und bleibt unser wichtigstes Kommunikationsmittel. Erst wenn Sie sich der Wirkung der Sprache bewusst sind, können Sie ein erfolgreicher Kommunikator werden (siehe auch: „Wie verbessere ich meine Sprache").

Seien Sie sich dessen bewusst, dass beim Empfänger etwas anderes ankommen kann, als der Sender ausgesendet hat. Hier liegt die Ursache für die meisten Probleme in der zwischenmenschlichen Kommunikation. (z.B.: Ein Paar sitzt beim Abendessen, es gibt einen Braten. Er meint ganz allgemein, dass man doch in Zukunft öfter Fisch statt Fleisch essen sollte, da man dem Fisch so viel Gutes nachsagt. Sie antwortet pikiert, dass er doch ins Restaurant gehen sollte, wenn es ihm nicht passt. Ein Klassiker der Missverständnisse.)

Sie sehen, auf der einen Seite haben wir den Inhalt – auf der anderen die Interpretation mit der Emotion.

Eine gelungene Rede spricht beim Zuhörer immer beide Gehirnhälften an. Die linke Seite nimmt sprachliche, rationale Dinge wahr, die rechte Seite emotionale und bildhafte Darstellungen (auch nonverbale Informationen). Es ist also gar nicht so einfach, eine gute Rede vorzubereiten. Prinzipiell können Sie sich an die klassischen Stadien der Redevorbereitung, die auf Cicero zurückgehen, halten:
1. Inventio – das Gedankenmachen
2. Dispositio – das Anordnen der Gedanken
3. Elocutio – das Formulieren der Gedanken
4. Memoria – das Sich-vertraut-Machen mit dem ausformulierten Material
5. Actio – das Halten der Rede

Wenn Sie jetzt noch die neuesten Erkenntnisse der Rhetorik, Werbung und Psychologie mitberücksichtigen, wird Ihre Rede sicherlich ein Erfolg.

- Die rechte Gehirnhälfte aktiviert die Fantasie. Da wir wissen, dass bildhafte Botschaften viel intensiver aufgenommen werden als das gesprochene Wort, müssen logische Argumente durch Bildsprache ergänzt werden. So erzeugen Sie eine Emotion, und schon ist Ihre Botschaft angekommen. Verwenden Sie, so oft es geht, Bilder oder Redewendungen, die jedermann visualisiert, wie „hier müssen wir Weichen stellen für ...", „Brücken schlagen ...", „einander die Hände reichen ..."
- Die Werbung ersetzt, wo es geht, Wortbotschaften durch Bilder, nichts führt besser zum Ziel! Die rhetorische Visualisierung kann auch dazu führen, dass Sie den Zuhörer zu sehr abwandern lassen (besonders bei Schreckensbildern, wie dem 11. September oder dem Tsunami in Südostasien). Hier müssen Sie radikal auf die sachliche Ebene zurückführen.

Kommen wir nun zu Ihrer Rede.

Ihre Rede ist Ihre Chance.

Minuten, die nur Ihnen gehören.

Jetzt haben Sie die Möglichkeit, Ihre Ideen oder Vorstellungen darzulegen.

Egal vor wie vielen Menschen Sie sprechen, nutzen Sie die Aufmerksamkeit, die Ihnen geschenkt wird. Es ist DIE Gelegenheit, vergeuden Sie diese nicht.

- Sie begeistern Ihr Publikum mit authentischer Überzeugungskraft.
- Zeigen Sie Ängstlichkeit, Unsicherheit oder werden Ihre Aussagen oberflächlich, haben Sie schon verloren. Im besten Fall ernten Sie Mitleid.

Bevor Sie die Rede verfassen, machen Sie eine Zielgruppenanalyse. Es ist von großem Vorteil, wenn Sie Ihr Publikum möglichst gut kennen und sich in die Lage der Zuhörer versetzen.

Hier sind einige Punkte, die Ihnen dabei helfen werden, Ihr Publikum einzuordnen:

1. Welche Vorkenntnisse mein Thema betreffend kann ich beim Zuhörer voraussetzen? Sind alle auf dem gleichen Wissensstand oder sind Unterschiede zu berücksichtigen?
2. Gehören alle Zuhörer demselben Unternehmen oder der gleichen Berufsgruppe an? Teilen alle ein bestimmtes Schicksal oder Interesse?
3. Haben alle schon eine Meinung zum Thema? Was könnten sie erwarten?
4. Wollen alle etwas Bestimmtes lernen (Weiterbildungsseminar)?
5. Sind meine Zuhörer freiwillig hier oder ist es eine berufliche Verpflichtung?
6. Geschlechtsspezifisches: Frauen/Männer, wie viele?
7. Welche Altersgruppe überwiegt?

Nun kommen wir zur Rede selbst.

Was ist Ihre Botschaft?

Was wollen Sie Ihrem Publikum unbedingt mitgeben?

Wovon wollen Sie es überzeugen?

1. Verfassen Sie eine griffige Schlagzeile, die Sie immer wieder einstreuen können. Aus dieser Schlagzeile resultiert die Aufforderung an das Publikum, entweder etwas zu unterlassen oder etwas zu unternehmen, um dem Ziel näher zu kommen. Bereits hier müssen Sie Emotionen wecken (Sie erinnern sich, die Bedeutung von Emotionen, siehe oben ...).
2. Manchmal erreichen Sie jedoch mehr, wenn Sie genau das Gegenteil von dem fordern, was Sie eigentlich wollen. Schon bei Kindern merken wir, dass es nicht viel

nützt, wenn wir ihnen wiederholt verbieten, mit Steinen zu werfen. Gerade dann macht es besonders Spaß. Vor allem die Werbung macht sich dieses Phänomen zunutze. Manchmal werden Sie nicht direkt aufgefordert, dieses oder jenes Produkt zu kaufen. (z.b.: Autowerbung: Es wird nicht als Fahrzeug an sich angepriesen. Sie sollen es auch nicht kaufen, um damit von A nach B zu kommen. Nein, wenn Sie es kaufen, erwerben Sie damit Freiheit, Fortschritt, Unabhängigkeit, es eröffnen sich ungeahnte Möglichkeiten, Ihr Nachbar bewundert Sie vielleicht, Ihr Ansehen steigt ... Sie sehen, es werden lauter Sehnsüchte oder Emotionen geweckt.)

3. Niemand kann alles wissen, darum informieren Sie sich umfassend über Ihr Thema. Gedanken sammeln, Fakten, Zahlen. Schon der Gedanke, dass man jetzt ohnehin schon genug zu einem Thema weiß, ist überheblich. Je mehr Zahlen, Statistiken, Tatsachen, Expertenmeinungen oder Umfrageergebnisse Sie haben, desto besser. Notieren Sie sich immer die Quelle Ihrer Informationen. Es ist sehr peinlich, wenn Sie gefragt werden, woher Sie diese oder jene Zahlen haben, und Sie müssen sagen, dass Sie es nicht wissen.

   Natürlich dürfen die Zuhörer nicht mit Zahlen überhäuft werden. Eine PowerPoint-Präsentation mit Grafiken ist viel anschaulicher.

4. Wenn Sie genügend Fakten haben, entwickeln Sie eigene Gedanken und Ideen. Ziehen Sie Schlüsse, wagen Sie Prognosen, provozieren Sie!

5. Hüten Sie sich davor, alles, was Sie an Fakten wissen, gleich Ihrem Publikum mitzuteilen. Wählen Sie mit Bedacht nur das Wesentlichste. Sie könnten sonst Ihre Zuhörer überfordern. Die restlichen Informationen kön-

nen Sie sicherlich später noch in Gesprächen oder bei der Beantwortung von Fragen einsetzen.

6. Stellen Sie persönliche Bezüge während Ihrer Rede her. Bauen Sie eine Geschichte oder Begegnung ein. Kreieren Sie „Ich-Bezüge" oder „Wir-Bezüge". Auch damit wecken Sie Emotionen und Anteilnahme. Auch das Publikum fühlt sich so mit eingeschlossen und genießt es, praxisnahe, wahre Geschichten zu hören.
7. Vermeiden Sie „Du-/Sie-Botschaften". Sie haben immer einen negativen, aggressiven Tenor, weil sie die Gegensätze zwischen Ihnen und dem Publikum besonders hervorkehren.

Wenn Sie die Rede fertig ausformuliert haben, proben Sie.

Üben Sie Ihre Rede am besten vor einem Spiegel so lange, bis Sie wirklich zufrieden sind. Kontrollieren Sie Ihren Blickkontakt zum Publikum. Nehmen Sie sich einmal auf, um etwaige Ähs oder immer wiederkehrende Füllwörter zu erkennen und zu vermeiden. So können Sie auch Ihren Zeitrahmen überprüfen. Ihr Manuskript sollte beim Halten der Rede nur mehr ein Stichwortverzeichnis sein, auf das Sie hin und wieder einen Blick werfen. Oder Sie haben Stichwortkärtchen in der Hand, damit Sie nichts vergessen. Besonders wichtig: Sprechen Sie Namen richtig aus.

TIPP

Wenn Sie bei einer Veranstaltung in Ihrer Rede die Ehrengäste begrüßen, quälen Sie Ihr Publikum nicht mit ewig langen Begrüßungszeremonien. Versuchen Sie, nur wenige persönlich zu begrüßen und dies etwas aufzulockern.

Sagen Sie zu manchen Namen ein paar Details, erklären Sie, warum jemand anwesend ist, in welchem Verhältnis er zu der Veranstaltung oder Firma steht.

Streuen Sie einige humorvolle Bemerkungen ein, und schon werden sich Ihre Zuhörer auch merken, wer Ihre Ehrengäste sind und Sie haben einen unterhaltsamen Einstieg in Ihr Programm.

Wie schickt man Blumen

Blumen werden mitgebracht oder zugestellt, wenn eine Dame oder ein Paar einlädt. Natürlich sind sie in jeder Beziehung – auch im Geschäftsleben – ein willkommener Botschafter. Ob Sie sich für einen Gefallen oder die gute Zusammenarbeit bedanken wollen oder eine Entschuldigung ansteht, ein unerwarteter Blumengruß wirkt immer.

Wählen Sie die Blumen mit Bedacht (Bedeutung von Farben, Arten, Größe). Am besten, Sie lassen sich von einem Floristen beraten. Erklären Sie ihm genau, für wen und für welche Gelegenheit Sie die Blumen benötigen. So können Sie sich eventuelle Peinlichkeiten ersparen.

Wenn Sie immer mit demselben Floristen zusammenarbeiten, wird er sich mit der Zeit die Vorlieben Ihrer Frau, der Schwiegermutter oder der Chefeinkäuferin merken. Variieren Sie trotzdem, sonst wirken Sie einfallslos.

Sind die Blumen für eine Abendeinladung, so lassen Sie den Strauß schon am Nachmittag zustellen. Nehmen Sie eine ungerade Anzahl und schenken Sie keine Topfpflanzen, es könnte kleinlich wirken. Geben Sie dem Blumenhändler die Telefonnummer der Gastgeber, damit er einen Zustelltermin vereinbaren kann. Ihre Visitenkarte sollte nicht dabei fehlen, einige Worte wie „Ich freue mich auf den Abend" oder (wenn Sie die Blumen verspätet nachschicken) „Vielen Dank für den bezaubernden Abend" genügen.

Auch wenn Sie die Blumen an jemanden in ein Büro schicken, sind wenige Worte ausreichend. Visitenkarten werden nicht unterschrieben. Gehen Sie nicht zu sehr ins Detail (Diskretion). Ihre Karte wird vielleicht auch von anderen gelesen.

Wenn die Blumen in normales Seidenpapier eingewickelt sind, packen Sie diese aus, bevor sie überreicht werden. Immer öfter werden Sträuße kunstvoll in Zellophan verpackt, mit farbigen Bändern und diversem Schmuck verziert. Hier ist das Auspakken nicht angebracht.

Die großen Blumentipps entnehmen Sie bitte dem Elmayer-Klassiker „Früh übt sich ... und es ist nie zu spät".

TIPP

Kaufen Sie Ihre Blumen für eine Einladung nicht bei der Tankstelle oder im Supermarkt. Wenn doch einmal kein Weg daran vorbeiführt, unbedingt auspakken, neu arrangieren und eventuell kürzen.

Wie verbessere ich meine Sprache

Das Verfeinern der sprachlichen Fähigkeiten ist der erste Schritt zur zielgerichteten Kommunikation.

1. Vermeiden Sie Wortwiederholungen, suchen Sie sich in einer stillen Stunde für Ihre meistverwendeten Ausdrücke Synonyme. Unsere Sprache ist so reich, dass wir ein und dasselbe immer wieder anders ausdrücken können. So können wir die Chance verbessern, von jedem Zuhörer verstanden zu werden.
2. Setzen Sie sich mit Sprache auseinander, indem Sie bewusst auf die Sprache anderer achten.
3. Notieren Sie sich gut formulierte Redewendungen, integrieren Sie Fremdworte oder andere Fachausdrücke in Ihren bestehenden Wortschatz. Legen Sie sich einen Notizblock mit neuen Formulierungen an und machen Sie es sich zur Gewohnheit, die neuen Ausdrücke in den kommenden Tagen in Ihren Sprachgebrauch zu integrieren. So werden Sie auf einfache Weise in kurzer Zeit Ihren Wortschatz erweitern. Üben Sie auch im privaten Bereich das Verwenden neuer Ausdrücke. Das gibt das Gefühl, dass Sie up to date sind.
4. Halten Sie sich kurz.
5. Vermeiden Sie Schachtelsätze. Mehrere kurze Sätze sind einprägsamer.
6. Wandeln Sie Negatives in Positives: Wenn Sie Ihren Mitarbeitern mitteilen müssen, dass ein bestimmtes Vorhaben nicht verwirklicht werden konnte, dann formulieren Sie es nicht so (negativ). Betonen Sie, was schon alles erreicht wurde und dass alle am Erreichen des endgültigen Zieles arbeiten (positive Formulierungen). Sprechen Sie nicht von Personalabbau oder dass Posten

nicht nachbesetzt werden. Es klingt doch viel besser, wenn der Kollege in den wohlverdienten Ruhestand geht und mit dem Wegfallen dieses Postens für das ganze Team neue Herausforderungen entstehen. Andere Mitarbeiter können nun neue Aufgabenbereiche übernehmen und sich profilieren. Nach so einer Auslegung des Sachbestands, verpackt in eine kurze Ansprache, wird trotzdem ein positives Klima herrschen, obwohl doch alle verstanden haben, was Sie meinten.

7. Drücken Sie sich klar aus, wenn Sie klare Vorstellungen haben. Unverbindliche, vage Aussagen signalisieren Willensschwäche. Wenn Sie nicht immer bekommen, was Sie wollen, liegt es auch an Ihnen, dass Sie nicht klar genug aussprechen, was Sie erwarten.

TIPP

An folgendem Beispiel kann man erkennen, dass unsere reiche deutsche Sprache uns hilft, nie sprachlos zu sein. Wir brauchen uns nur etwas anzustrengen.

Nehmen wir das universell einsetzbare Wörtchen „cool".

Auf Deutsch steht es für abenteuerlich, ansehnlich, auffallend, ausgefallen, außergewöhnlich, beachtlich, bedeutend, bedeutungsvoll, beeindruckend, besonnen, beträchtlich, bewundernswert, bewundernswürdig, bombig, brillant, eindrucksvoll, enorm, entwaffnend, erstaunlich, fantastisch, gefasst, geil, gelassen, genial, groß, großartig, herausragend, hervorragend, imponierend, imposant, kühl, laut, locker, lässig, ruhig, klasse, krass, märchenhaft, nennenswert, ohnegleichen, prima, sagenhaft, sensationell, sondergleichen, spektakulär, stattlich, spitze, spitzenmäßig, stark, super, toll, überhöht, überraschend, ungeläufig, überwältigend, unvergleichlich, verblüffend.

Wie vermeide ich die peinlichen Füllwörter

Sie kennen den Verkäufer, der immer „wie schon erwähnt" sagt und es noch nie erwähnt hat (und nie erwähnen wird). Sie sind die Peinlichkeiten unseres sprachlichen Alltags – hier sind die Stars, für Sie zusammengetragen.

Wir ersuchen um Aufmerksamkeit beim

1. eloquenten Erzähler, der „bei allem, was recht ist" immer wieder „aus dem Stegreif" die Phrase „wie schon erwähnt" einstreut und mit „ich denke" darauf verweist, dass Denken bei ihm etwas Außergewöhnliches ist.

2. unsicheren Plauderer, der „automatisch" am Ende jedes zweiten Satzes „sage ich jetzt einmal" oder „sozusagen" anfügt.

3. Beispielgeber, der „beispielsweise" liebt.

4. Gründlichen, der uns „genau genommen" mit seinem „im Grunde genommen" langweilt.

5. Ehrlichen, der „in Wahrheit" oder „in Wirklichkeit" sagt, wenn er „wenn ich ehrlich bin" erwägt, als lüge er sonst immer.

6. nicht selbst sprechenden „Selbstredend".

7. vollkommen gewissenlosen „gewissermaßen ganz ohne Umschweife".

8. Überflieger, der vorschlägt, „darauf vorerst mal nicht so genau im Einzelnen näher einzugehen".

9. beispiellosen „quasi zumeist noch".

10. und „schlussendlich" jenem, der „sozusagen" „ganz ohne Umschweife", also „unumwunden" zum Thema kommt.

Wie setze ich lateinische Phrasen richtig ein

Eine Liste der gebräuchlichsten lateinischen und französischen Fremdwörter (ohne Anspruch auf Vollständigkeit) sollte Ihnen helfen, diese in Hinkunft richtig einzusetzen.

Zunächst ein paar klassische (lateinische) Granaten der Konversation und ihre Bedeutung, die man kennen sollte:

a conditio	unter der Bedingung.
ad acta	wörtl.: zu den Akten; etwas gilt als erledigt.
ad hoc	wörtl.: eigens zu diesem; aus dem Stegreif, plötzlich.
ad infinitum	bis ins Unendliche.
ad interim	in der Zwischenzeit.
ad latus	wörtl.: zur Seite; später wurde daraus ein Wort Adlatus, das einen Diener oder Helfer bezeichnet.
ad libitum	nach Belieben.
ad litteram	wörtlich.
ad multos annos	auf viele Jahre (Geburtstagswünsche).
AEIOU, Austriae est imperare orbi universo	Alles Erdreich ist Österreich untertan; Wahlspruch des letzten in Rom gekrönten deutschen Kaisers Friedrich III. (1440–1493).
Alea iacta est!	wörtl.: Der Würfel ist gefallen; wenn eine folgenschwere Entscheidung gefällt wurde.
alias	wörtl.: anders; wenn jemand unter einem anderen Namen bekannt ist.

Alibi	wörtl.: anderswo; im Falle eines Verbrechens muss man nachweisen, dass man sich an einem anderen Ort aufgehalten hat als dem Tatort.
Alma Mater	wörtl.: die nährende Mutter; Bezeichnung für Universitäten und Hochschulen, z.B. Alma Mater Rudolfina.
Alter Ego	wörtl.: das andere Ich; man beschreibt damit das Wesen meist eines Freundes, das dem eigenen gleicht.
a priori	wörtl.: von vornherein; selbstverständlich.
Auditorium maximum	der größte Hörsaal einer Universität, auch Audi-Max genannt.
Bella gerant alii, tu, felix Austria, nube!	Kriege führen mögen andere, du, glückliches Österreich, heirate! Anspielung auf die Heiratspolitik der Habsburger.
Bibamus!	Lasset uns trinken!
bona fide	wörtl.: in gutem Glauben; aufrichtig, gewissenhaft, etwas in der Überzeugung tun, dass man im Recht ist und vertrauen darf.
Carpe diem!	wörtl.: Pflücke den Tag; lass den Tag nicht ungenützt vorübergehen (Horaz).
Casus Belli	wörtl.: der Kriegsfall; Bezeichnung für einen Umstand, der einen Krieg auslösen kann.
Cave canem!	wörtl.: Hüte dich vor dem Hund!

Circulus vitiosus	wörtl.: fehlerhafter Kreis; wird verwendet im Sinne von Teufelskreis, eine Sache, aus der man nicht herauskommt; eine Katze, die sich in den Schwanz beißt.
C + M + B	Abkürzung für: Christus manionem benedicat, also Christus segne dieses Haus. Wird am Dreikönigstag über Eingangstüren geschrieben; modernere Auslegung: Caspar, Melchior, Balthasar.
Cogito, ergo sum.	wörtl.: Ich denke, also bin ich (René Descartes).
Conditio Iuris	wörtl.: Bedingung des Rechts; eine Voraussetzung, die sich aus einem Geschäft notwendigerweise von selbst ergibt.
Conditio sine qua non	wörtl.: eine Bedingung, ohne die (etwas Bestimmtes) nicht (eintreten kann); eine unerlässliche Bedingung.
contra legem	wörtl.: gegen das Gesetz.
coram publico	vor versammeltem Volk, öffentlich.
Corpus Delicti	wörtl.: Gegenstand des Vergehens; Beweisstück, Tatbestand.
c. t., cum tempore	wörtl.: mit Zeit; der Beginn einer Veranstaltung ist eine Viertelstunde später, also mit „akademischem Viertel". Im Gegensatz zu
s. t., sine tempore	was pünktlich bedeutet.
cum laude	wörtl.: mit Lob; Beurteilungsgrad bei akademischen Abschlussprüfungen: mit gutem Erfolg.

Curriculum Vitae	Lebenslauf.
deductio ad absurdum	wörtl.: Hinführung zum Widersinnigen; etwas ad absurdum führen, nachweisen, dass etwas widersinnig ist.
de facto	wörtl.: über die Tatsache; tatsächlich.
De gustibus non est disputandum.	Über Geschmack lässt sich nicht streiten.
de iure	von Rechts wegen.
Dum spiro, spero.	wörtl.: Solange ich atme, hoffe ich.
Errare humanum est.	wörtl.: Irren ist menschlich.
Errata	wörtl.: Irrtümer; Fachausdruck für Druckfehler in Büchern.
et cetera	wörtl.: und Weiteres.
ex aequo	wörtl.: auf Grund des Gleichen; unentschieden.
exemplum statuere	ein Exempel statuieren, exemplarisch bestrafen, zwecks Abschreckung bestrafen (Livius).
ex libris, Exlibris	wörtl.: aus den Büchern; aus der Bibliothek des ... (Name des Bucheigners), auf der ersten Seite eines Buches zu finden, oft künstlerisch gestaltet.
explicit	wörtl.: es ist zu Ende – am Ende von Schriften zu finden; ausdrücklich, deutlich.
expressis verbis	wörtl.: mit ausdrücklichen Worten; dem genauen Wortlaut nach, wortwörtlich.

Gaudeamus igitur	wörtl.: Daher lasst uns lustig sein; Anfang des berühmten Studentenliedes, die heutige Fassung stammt aus dem Jahr 1781.
Habemus Papam.	wörtl.: Wir haben einen Papst. Nach der Wahl eines neuen Papstes verkündet der Kardinaldiakon mit diesem Ruf den Namen des im Konklave gewählten Papstes: „Annuntio vobis magnum gaudium, Papam habemus."
Hannibal ad portas (nicht ante, wie oft gemeint)	wörtl.: Hannibal an den Toren, gemeint sind die Tore Roms (211v.Chr.; Redewendung nach Cicero); Ausspruch, wenn unmittelbar Gefahr droht.
hic et nunc	wörtl.: hier und jetzt.
honoris causa, h.c.	wörtl.: wegen der Ehre; ehrenhalber. Abkürzung h.c., die an ehrenhalber verliehene Doktortitel angefügt wird.
ibidem	wörtl.: ebenda; oft abgekürzt ib. oder ibd.
in dubio pro reo	wörtl.: im Zweifel für den Angeklagten.
in flagranti	wörtl.: im brennenden (Zustand); auf frischer Tat jemanden erwischen.
in medias res	wörtl.: mitten in die Dinge (hinein); in einer Angelegenheit gleich auf den Punkt kommen.
in memoriam	wörtl.: zum Gedächtnis.
in persona	wörtl.: in eigener Person; persönlich.
in petto	etwas im Sinn oder bereit haben.
in puncto	wörtl.: im Punkt; hinsichtlich, was ... betrifft.

in spe	wörtl.: in Hoffnung (auf); zukünftig, z.B. der Schwiegersohn.
in vino veritas	wörtl.: Im Wein (ist) die Wahrheit. Gemeint ist, dass Betrunkene die Wahrheit sagen und Geheimnisse ausplaudern.
Lapsus	Fehler, Irrtum, Versehen.
Laudatio	Lobrede.
lege artis	wörtl.: mit den Regeln der Kunst; vorschriftsmäßig.
locus minoris resistentiae	wörtl.: Ort des geringeren Widerstandes; wunder Punkt, wo jemand verletzlich ist, die Achillesferse.
magna cum laude	wörtl.: mit großem Lob; Bezeichnung von Prüfungsergebnissen an Universitäten: mit außerordentlichem Erfolg.
Manus manum lavat.	wörtl.: Hand wäscht Hand; entspricht dem Sprichwort: „Eine Hand wäscht die andere." Wobei gemeint ist, dass jeder dem anderen einen Gefallen tut.
Mens sana in corpore sano.	wörtl.: In einem gesunden Körper (wohnt) ein gesunder Geist, eine gesunde Seele.
Modus Vivendi	wörtl.: eine Art zu leben; Art und Weise, miteinander erträglich auszukommen; wie man trotz verschiedener Standpunkte toleranterweise nebeneinander leben kann.
nolens volens	wörtl.: nicht wollend, wollend; im Sinne von: ob gern oder ungern, ob man will oder nicht.

nomen et (atque oder est) omen	wörtl.: Name und (ist) Vorbedeutung; die Phrase will sagen, dass der Name zugleich Vorbedeutung auf die bezeichnete Person haben kann.
Non scholae, sed vitae discimus.	Nicht für die Schule, sondern für das Leben lernen wir (Seneca).
notabene	wörtl.: merke (es) wohl; wohlgemerkt, man achte darauf, auch abgekürzt als N.B.
Numerus clausus	wörtl.: die geschlossene Zahl; gemeint ist eine beschränkte Teilnehmeranzahl, begrenzte Zulassung (an der Universität, zum Beispiel).
olim	wörtl.: einst; seit Olims Zeiten ... Gemeint ist vor undenklich langer Zeit, schon immer.
ora et labora!	wörtl.: Bete und arbeite! Grundsatz des Benediktinerordens.
panem et circenses (dare)	wörtl.: Brot und Zirkusspiele (geben); das Volk erwartete vom Herrscher, mit Essen und Vergnügungen versorgt zu werden, dann war es zufrieden.
Pecunia non olet.	wörtl.: Geld stinkt nicht (Kaiser Vespasian); womit gemeint ist, dass Gelderwerb nicht zu verachten ist, gleichgültig, wodurch ein solcher Erwerb zustande kommt.
per aspera ad astra	wörtl.: auf rauen Wegen zu den Sternen (Seneca); erst nachdem man Schwieriges bewältigt hat, darf man sich auf seinen Lorbeeren ausruhen.

Persona ingrata (non grata)	Eine Person, die in Ungnade gefallen ist, unbeliebt, nicht gerne gesehen; ein Diplomat, der seine Tätigkeit einstellen muss.
Pluralis Majestaticus (oder Majestatis)	wörtl.: Mehrzahl der Majestäten; Redeweise eines Hochgestellten (meist Papst oder Kaiser), der in der Wir-Form von sich selbst spricht.
Primus inter Pares	wörtl.: Erster unter Gleichen
pro sit, Prosit	wörtl.: es nütze; wohl bekomm's, zum Wohl. Trinkspruch; Verdeutschung = Prost.
quod erat demonstrandum	wörtl.: Was zu beweisen war (Euklid).
Quod licet Jovi, non licet bovi.	wörtl: Was dem Jupiter erlaubt ist, ist dem Ochsen nicht erlaubt; in der Bedeutung: es schickt sich nicht für alle. Bestimmte Rechte sind von einem bestimmten Stand abhängig.
Quo vadis?	wörtl.: Wohin gehst du? (Evangelium des Johannes). Frage, die Petrus an Jesus stellt. Es ist auch der Titel des berühmten Romans des polnischen Autors Henryk Sienkiewicz (1896).
Si tacuisses, philosophus mansisses!	wörtl.: Hättest du geschwiegen, wärest du ein Philosoph geblieben! Man gebraucht dieses Sprichwort, um zu sagen, dass einer durch sein Schweigen seine Unkenntnis verbergen kann.

sub auspicis	wörtl.: unter dem Ehrenschutz (von); auszeichnende Formel bei Promotionen nach hervorragenden Prüfungsleistungen, die mit der Verleihung eines Ehrenringes verbunden sind.
Tabula rasa	wörtl.: abgewischte Schreibtafel, im übertragenen Sinn ein unbeschriebenes Blatt; oder reinen Tisch machen, Ordnung schaffen.
Ultima Ratio	wörtl.: die letzte Vernunft, das letzte Mittel, der letzte Ausweg; Kardinal Richelieu ließ alle Kanonen, die in seiner Amtszeit hergestellt wurden, mit dieser Inschrift versehen, auch Friedrich II. von Preußen benützte diese Inschrift für seine Kanonen.
Urbi et orbi	wörtl.: der Stadt (Rom) und dem Erdkreis.
Veni, vidi, vici.	wörtl.: Ich kam, sah, (und) siegte! (Cäsar); man umschreibt damit einen schnell errungenen Sieg.
vice versa	wechselweise, umgekehrt.
viribus unitis	wörtl.: mit vereinten Kräften; Wahlspruch des österreichischen Kaisers Franz Joseph I.

Wie parliere ich nonchalant

Viele französische Floskeln sind zum fixen Bestandteil der europäischen Sprachen geworden, seit Napoleons Truppen über den Kontinent zogen (zu dieser Zeit wurde das Kipferl zum Croissant, das Erdgeschoß zum Parterre und der Hausmeister zum Portier oder Concierge):

Affront	Wenn Sie jemanden bewusst „vor den Kopf stoßen", so ist das ein Affront, eine bewusste Konfrontation. Macht man manchmal, um eine Reaktion zu erzielen (politisch).
à la longue	auf längere Zeit.
Bonmot	ein witziger, treffender und geistreicher Ausspruch.
Chacun à son goût	Jeder hat seinen Geschmack.
Contenance	Die Gelassenheit schlechthin. Man bewahrt die Contenance in jeder Situation – wäre zumindest wünschenswert.
Eklat	ein Skandal, Aufsehen oder Knall.
en passant	wörtl.: im Vorübergehen, was man so nebenher noch miterledigen kann, außerdem ein Ausdruck beim Schach.
en vogue	Etwas, das gerade modern ist; es ist dann meist der letzte Schrei, der dernier cri.
Fauxpas	Schlürfen Sie irrtümlich die Fingerbowle leer, dann war das der „falsche Schritt", ein *faux pas* eben. Ein Hinweis, dass Sie noch ein paar Dinge zu lernen haben. Weiterlesen!

Malheur Eine Peinlichkeit, die unbeabsichtigt passiert und somit auch leichter vergeben wird; eine offene Hose, die man nach dem Besuch der Toilette zu schließen vergessen hat, zum Beispiel. Darauf macht man jemanden mit der Mitteilung aufmerksam, dass er „einen kleinen Toilettefehler" hat (der sich etymologisch nicht auf das Örtchen, die Toilette, bezieht, sondern auf die Garderobe, die früher als Toilette bezeichnet worden war). In gewissen Kreisen war jemandem auch ein kleines Malheur passiert, wenn die Sprache auf unangenehme Dinge kam, eine Firmenpleite etwa oder ein Autounfall.

Nonchalance lustlos, teilnahmslos, man nimmt etwas nonchalant zur Kenntnis, also ohne mit der Wimper zu zucken, ungerührt.

rien ne va plus „Nichts geht mehr", sagt der Croupier im Casino und meint damit, dass man nicht mehr setzen kann. Das kann man umgangssprachlich immer gut einsetzen.

Wie reagiere ich auf jemanden, der mich unterbricht

Der gute Ton besagt zwar, dass man einander ausreden lassen soll, aber leider sind nicht alle unsere Mitmenschen damit vertraut.

Sie sind also in der unangenehmen Lage, ständig unterbrochen zu werden oder als Leiter eines Meetings/einer Diskussion damit konfrontiert, störende Zwischenrufer in die Schranken zu weisen. Natürlich werden Sie höflich, aber bestimmt vorgehen und zunächst darauf aufmerksam machen, dass momentan jemand anderer am Wort ist. Kommt es wiederholt vor, sprechen Sie denjenigen nochmals darauf an, nachdem Sie ihn bei seinem Namen genannt haben. Wenn das nicht ausreicht, haben wir hier einige Tipps für Sie:

- Zunächst müssen Sie schlagfertig sein. Aber Vorsicht: Schlagen Sie nicht mit gleicher Waffe zurück. Sie können nur gewinnen, wenn Ihre Argumente wirklich besser sind. Lassen Sie sich nicht einschüchtern.

- Begegnen Sie einem verbalen „Untergriff" immer mit einem „Übergriff". Steigen Sie nicht in die Niederungen der deutschen Sprache herab, die Ihrem Niveau nicht entsprechen, auch wenn sich Ihr Widerpart dort befindet. Wenn ein Gespräch zu sehr unter Ihr Niveau sinkt, beenden Sie es lieber mit den Worten, dass Sie sich lieber nicht mit dem Gesprächspartner weiter unterhalten möchten, wenn dieser nichts Sinnvolles zu sagen hat. Oder wenden Sie sich noch besser wortlos ab.

- Bieten Sie an, dass derjenige doch an Ihrer Stelle den Vortrag halten solle, da er offensichtlich ein Fachmann sei.

- Demaskieren Sie den anderen, indem Sie andeuten, dass er ja nur von seinem eigenen Problem XY ablenken wolle. Im Übrigen wollen Sie darauf aber jetzt nicht eingehen.

- Die Frage „Sie wollen sich also hier in den Mittelpunkt stellen?" sollte dem Störenfried eigentlich unangenehm genug sein.
- Der Satz „Wenn Sie uns jetzt vom Thema ablenken wollen, wird Ihnen das nicht gelingen" wird auch die anderen Gesprächsteilnehmer bestärken, beim Thema zu bleiben. Noch zeitsparender ist ein klares „Bleiben wir beim Thema".

TIPP

Hier sind besonders Ihr Fingerspitzengefühl und Ihre Kompetenz gefragt. Bleiben Sie souverän, sachlich und bestimmt, ohne unhöflich oder emotional zu werden. Bewahren Sie Ruhe. Stehen Sie über der Situation. Contenance beeindruckt.

Wie lasse ich mich fotografieren

Einige Menschen blühen vor der Linse auf, andere vergehen.

Es ist immer wieder bemerkenswert, wie Frauen und Männer gleichermaßen vor einer winzigen Kamera ihre Contenance verlieren können. Kaum kommt das kleine Kästchen zum Vorschein, frieren Gesichtszüge ein, werden Haare zurechtgezupft, Arme grimmig verschränkt, zufällig in der Nähe befindliche Menschen Hilfe suchend in den Arm genommen, die Stirn besorgt in Falten gelegt und gekonnt bewiesen, dass man keine Ahnung hat, was man zu tun hat, wenn man fotografiert wird.

Dabei, so könnte man es auf den Nenner bringen, gehört der Bauch eingezogen, das Doppelkinn gereckt, die Zähne gebleckt und die Brust rausgestreckt. Wenn Fotos zu einem Teil Ihres öffentlichen Berufslebens werden, dann ist es sicherlich sinnvoll, die folgenden neun sicheren Tipps zu beherzigen, wie Sie sich vor einem Fotografen nicht lächerlich machen:

1. Sagen Sie nie „Ich hasse Fotos" (lächerliche Koketterie) und auch nie „Ich sehe auf Fotos immer schrecklich aus" (wirklich ganz allein Ihre Schuld. Wenn wir hier fertig sind, wissen Sie es besser).

2. Stehen Sie zu sich und Ihrem Aussehen. Wenn Sie wirklich so sehr darunter leiden, dann sollten Sie ohnedies etwas unternehmen. Und wenn Sie nicht allein im Bild sind: Suchen Sie sich die Menschen aus, mit denen Sie fotografiert werden wollen. Ein Foto bleibt als ewiger Zeuge eines Augenblicks – und Sie sollten vorausblicken, was es darstellen soll.

3. Spielen Sie mit der Kamera. Sie ist nicht Ihr Feind. Sie bestimmen ganz allein, was sie aufnimmt. Die Linse ist Ihr Freund – kommunizieren Sie nur mit ihr und nicht mit dem Fotografen oder gar anderen Leuten dahinter oder rundherum. Damit blicken Sie dem späteren Betrachter direkt in die Augen.

4. Seien Sie „Sie", nicht irgendjemand, der Sie sein wollen. Wenn Sie versuchen, wie Hugh Grant auszusehen, werden Sie mit dem Resultat nicht glücklich sein.

5. Niemals die Arme vor dem Körper verschränken, Sie wirken damit defensiv und abweisend. Stecken Sie Ihre Hände nie in die Hosentasche, obwohl es kaum ein Modefoto gibt, wo dies nicht der Fall ist, weil es so cool aussieht.

6. Fotografen empfehlen Ihnen, Worte wie Marmelade zu sagen, während Sie fotografiert werden. Damit ist Ihr Mund 80% der Zeit leicht geöffnet, was den Anschein eines ungezwungenen Lächelns erzeugt. Sie sollten dabei aber auch noch zusätzlich lächeln, also die Mundwinkel nach oben ziehen, sonst sehen Sie empört und erschrocken aus. Vergessen Sie für einen Sekundenbruchteil, dass Sie vor einer Kamera stehen und lächelnd Marmelade sagen. Es geht vorbei. Besser ist es,

Sie lernen eine Lächelpose vor dem Spiegel.

7. Lassen Sie sich nie durch schlechte Witze oder gar persönliche, untergriffige Bemerkungen zu einem Lachen motivieren. Und an alle Fotografen: Ihre Bemerkungen sind entscheidend! Manche werden dafür geprügelt (falls Sie sich schon mal gefragt haben, warum wieder ein Paparazzo geschlagen wurde).

8. Jeder hat eine Schokoladeseite. Ihre finden Sie innerhalb von fünf Minuten vor dem Spiegel heraus. Den Kopf leicht nach vorne geneigt (nie das Kinn krampfhaft nach vorne schieben, den Trick kennen wir schon, viele versuchen damit ihr Doppelkinn zu verstecken, und es sieht aus, als wären Sie im Stress). Fehlt nur noch der Augenaufschlag, damit die Augen offen bleiben.

9. Wenn Sie sich eine Reihe von Fotos für repräsentative Zwecke anfertigen lassen, sprechen Sie während der Aufnahme mit dem Fotografen. So erhält er eine Reihe von verschiedenen Gesichtsausdrücken von Ihnen, aus denen Sie dann wählen können. Ein eleganter Anzug oder ein Kostüm bei Damen verleiht Ihnen das Image von Eleganz, Brillen von Intelligenz. Krawatte und Schmuck sollten auch auf ihre Fotogenität überprüft werden.

Wie komme ich in den Klub, der mir wichtig ist

Vereinigungen suchen und finden ihre Mitglieder – und wenn Sie dazupassen, dann werden Sie eines Tages in die Reihen des ersehnten Klubs aufgenommen werden.

Wie können Sie es beschleunigen? Sprechen Sie ein Mitglied der Vereinigung an und geben Sie Ihr Interesse kund. Wenn Sie niemanden aus Ihrem Wunschklub kennen, rufen Sie einfach an und erkundigen Sie sich über Aufnahmemodalitäten. Viele Vereine freuen sich über neue Mitglieder, da sie meist die Finanzkraft stärken und – vereinsrechtlich ausgedrückt – helfen, die angestrebten Ziele des Vereins zu erreichen.

Sportklubs sind in Schüler- und Studentenjahren ein gutes Sprungbrett, um Leute kennenzulernen, die später in anderen Organisationen Fuß fassen und Ihnen dort die Türen öffnen.

Gerne werden aber Sportklubs mit Karriereleitern verwechselt. Dabei übersieht man oft, dass ihre prominenten Mitglieder nur dabei sind, um in Ruhe ihren Lieblingssport auszuüben. Sprechen Sie also Ihre Klubkollegen nur mit Zurückhaltung auf geschäftliche Themen an. Ein Sportklub, in dem man während des Sportausübens Zeit für Gespräche hat (etwa Golf), ist hier sicher nützlicher.

Kammern und Interessenvertretungen sind weitere Organisationen, denen man sich anschließen kann. Bedenken Sie jedoch, dass etwaige politische oder religiöse Bindungen in einigen Jahren vielleicht nicht mehr Ihrer Überzeugung entsprechen könnten. Dies kann auch Nachteile mit sich bringen, die nur schwer zu überwinden sind (nicht alles kann man mit Jugendtorheiten erklären).

Erkundigen Sie sich zuerst nach den Bedingungen und Voraussetzungen für einen Beitritt. Wenn Sie überall zustimmen können, stellen Sie Ihren Aufnahmeantrag, der möglichst von Mitgliedern unterstützt werden sollte.

Vergessen Sie nicht, dafür zu sorgen, dass Sie entsprechend vorgestellt und in die Mitgliederkreise eingeführt werden.

Wohltätigkeitsorganisationen setzen Ihr persönliches Engagement voraus, oft auch finanzielle Aufwendungen, obwohl jene, die im Organisationskomitee sitzen, manchmal ungeschoren davonkommen.

Kommunikation

Wie wecke ich das Interesse der Medien	223
Wie gehe ich mit Journalisten um	227
Wie melde ich mich am Telefon	230
Wie telefoniere ich richtig/Alphabet	231
Wie beende ich ein Telefonat	233
Wie lebe ich mit der Warteschleife	234
Wie führe ich ein VOIP-Telefonat	236
Videotelefonate	237
Wie bearbeite ich meine E-Mails	238
Wie lese ich eine URL	242
Wie deute ich E-Mail-Adressen richtig	242
Wie schreibe ich eine wirklich kurze SMS	245
Wie adressiert man richtig	248

  Brief, Fax, Adelsanschrift, Titel und akademische Grade

KOMMUNIKATION

Wie wecke ich das Interesse der Medien

Pressekonferenzen ziehen Journalisten manchmal an wie das Licht die sprichwörtlichen Motten. Ich habe aber auch schon erlebt, dass kein einziger einer Einladung gefolgt ist. Es gibt nur eine Situation, die noch peinlicher ist: wenn nur einer kommt. Wie erklären Sie ihm das ...?

Großereignisse mobilisieren schon mal ein paar Dutzend Journalisten. Die jährliche Pressekonferenz zum Opernball versammelt über dreihundert Mitarbeiter der berichterstattenden Front, die alle paar Monate stattfindende Eröffnungs-Pressekonferenzen von neuen Ausstellungen der Wiener Galerie Albertina füllen regelmäßig den Musensaal mit 200 Journalisten. Aktionärsversammlungen großer Konzerne werden von etwa 1000 Journalisten aus aller Welt begleitet.

Entscheidend ist das Thema oder die Neuigkeit, die Sie der Öffentlichkeit mitteilen wollen. Das Spätwerk Picassos hat entschieden größere Zugkraft als die Regulierung des Willersbach in Oberschützen. Doch wer sagt das schon? Die Kunst besteht darin, auch Botschaften, die weniger öffentliches Interesse wecken, zum Zielpublikum zu bringen. Erscheinen Ihre Erfolgsmeldungen und Zukunftspläne für die Medien uninteressant, machen Sie daraus eine Meldung über die alternative Schaffung von Arbeitsplätzen. Dies könnte dann einen Bericht wert sein.

Die zwölf Gebote, wie Ihre Pressekonferenz zum Erfolg wird. (Weitere Anleitungen finden Sie auch unter „Wie wird ein Meeting zum Erfolg" und „Wie organisiere ich eine Veranstaltung".)

1. Die Einladung: Ein rechtzeitiges *„Save the date"* als E-Mail oder per Post nicht vergessen. Eine gut gestaltete und formulierte Einladung ist die Voraussetzung, größeres Interesse für Ihre Veranstaltung zu wecken. Bedenken Sie: Damit können Sie bereits einen ganz bestimmten Eindruck hinterlassen.

2. Wählen Sie eine markante Adresse oder einen Ort wie ein bekanntes Palais, ein Hotel, ein Restaurant, das Dorfwirtshaus, das Bürgermeisteramt oder ein Veranstaltungscenter ... eine *Location*, die zur Veranstaltung passt.

3. Schreiben Sie einen auffälligen Titel („Keine Arbeitsplätze den Bach hinunter!", um dann aber sofort sehr präzise auszuführen: „25 Menschen finden in einem Jahrhundertprojekt Arbeit in der Gemeinde ...").

4. Kündigen Sie an, wer als Interviewpartner da ist („Herr Bürgermeister Soundso steht für Fragen zur Verfügung").

5. Geben Sie die genaue Beginnzeit und die Endzeit an (11.00 bis 12.00 Uhr).

6. Beginnen Sie entweder sehr früh (8.00 Uhr), nach der Redaktionskonferenz (zwischen 10.00 und 11.00 Uhr) oder am Abend (nach Redaktionsschluss, ab 18.00 Uhr, immer mit Getränken und Snacks bis Abendessen).

7. Teilen Sie mit, ob es etwas zu essen gibt. Journalisten sind keine „Schnorrer", sondern sehr beschäftigte Leute, die einfach wenig Zeit haben, tagsüber in bürgerlicher Gemütlichkeit etwas zu sich zu nehmen.

Wenn sie die Möglichkeit sehen, bei Ihnen neben der Informationsaufnahme auch die der Nahrung in „einem Aufwaschen" zu erledigen, stehen Ihre Chancen auf einen Besuch besser. Bei einem langweiligen Thema können Sie zum Vier-Gänge-Menü ins Korso einladen, und kein bedeutender und für Sie wirklich wichtiger Journalist wird kommen.

8. Ihre Einladung an einen bestimmten Journalisten zu versenden, ist nur sinnvoll, wenn Sie sicher sind, dass dies „Ihr" Fachjournalist ist. Sonst sind Einladungen an eine Abteilung, die hier „Redaktion" heißt, zielführender (die Wirtschaftsredaktion der Presse, die Lokalredaktion der Kleinen Zeitung). Der Chefredakteur, der zuständige Ressortleiter oder eine clevere Redaktionssekretärin verteilt die Einladungen zuverlässig an einen zuständigen Redakteur.

Drei Tage nach Versenden der Einladungen sind alle Medien durchzutelefonieren, um sicherzugehen, dass die Einladungen erhalten wurden. Hier kann man schon einen Namen des zuständigen und somit eingeladenen Journalisten oder sogar eine Zusage bekommen. Wenn nicht, ruft man drei Tage vor der Veranstaltung nochmals an. Leider sind alle Zusagen nur begrenzt verbindlich. Plötzlich auftretende tagesaktuelle Themen können Ihre Präsentation jederzeit in den Schatten stellen.

9. Halten Sie immer mehr Presseinformationen (Pressemappe: Text und Bilder) in gedruckter und digitaler Form bereit. Lassen Sie sich nicht von der angemeldeten Teilnehmerzahl blenden. Es können immer mehr kommen. Oder weniger. Eine aktuelle Webseite mit den gleichen Daten ist sehr hilfreich. Diese Informationen sollten am Tag der Präsentation erstmals erscheinen. Eine Telefonnummer für Nachfragen während des Verfassens der Geschichte ist noch immer das Beste.

10. Am Eingang zu Ihrer Pressekonferenz liegt die Gästeliste. Vermerken Sie alle erschienenen Redakteure – Sie benötigen die Daten nachher für die Auswertung. Bitten Sie alle um ihre Visitenkarten. Vergleichen Sie Ihre „Soll"-Liste mit der „Haben"-Liste. Senden Sie an wichtige Journalisten, die nicht erschienen sind, die Presseunterlagen persönlich nach.

11. Ein Moderator, der begrüßt und durch die Veranstaltung führt, muss nicht nur überzeugen, er sollte das Thema auch in unterhaltsamer Form präsentieren. Antworten auf die zu erwartenden FAQs (*frequently asked questions* = die am häufigsten gestellten Fragen) vorbereiten. Der Moderator muss wissen, an wen er Fragen weiterleitet und welche er eventuell selbst beantworten kann.

12. Die Veranstaltung selbst und die Anzahl und Qualität der Artikel oder Berichte, die daraus resultieren, sollten im Nachhinein analysiert werden. Bauen Sie daraus Ihre Presseliste der Zukunft, vermerken Sie die Anwesenheit von Journalisten bei der Konferenz. Bleiben Sie Tage darauf gut erreichbar (ist Ihre Handynummer bekannt?): Meist tauchen die echten Fragen erst auf, wenn der Journalist den Artikel schreibt, und das kann auch viel später sein.

TIPP

Einen Flop zu landen, ist nicht nur frustrierend, sondern auch sehr riskant. Journalisten haben wirklich keine Zeit für Nachrichten, die nur wenige interessieren. Sie kommen kein zweites Mal, wenn Sie zu Ihnen schon einmal umsonst gekommen sind. Daher ist im Zweifel eine gute PR-Agentur ihr Geld wert.

Wie gehe ich mit Journalisten um

Journalisten helfen uns, unsere Anliegen, unsere Ideen, Ziele und erreichten Erfolge in der Öffentlichkeit zu artikulieren. In diversen exponierten Positionen haben Sie mit der Presse zu tun (als Public Relations Manager, Konzernsprecher, Politik, Sport etc.).

Machen Sie sich die Medien zum Freund. Für das Interview gibt es neun goldene Regeln, die Ihre Konfrontation mit der Presse zum Erfolg machen.

Interview:

Prinzipiell: Zwischen Ihnen und einem berichterstattenden Vertreter der Medien entsteht ein fiktiver Vertrag: Du gibst mir Informationen, ich gebe dir Exposition. Das ist der *Deal*. Umso besser die Informationen, umso besser die Story. Davon lebt der Journalist. Davon leben Sie.

Innerhalb dieser vertraglichen Vereinbarungen hat man gewisse Spielräume. Speziell für Radio- und TV-Interviews gilt:

1. Loben Sie die Qualität der Frage: „Eine gute Frage" oder „Eigenartigerweise hat mich das noch niemand gefragt ...", „So habe ich das noch gar nicht gesehen ...", „Man merkt, Sie haben recherchiert." Sprechen Sie dabei den Redakteur mit seinem Namen an, falls Sie ihn vergessen haben, sagen Sie „Herr/Frau Redakteur".

2. Nun kommt Ihre Message! Antworten Sie gezielt mit dem, was Sie transportieren wollen. „Hier sind wir natürlich in unserer Kernkompetenz angesprochen. Diese ist ja ...", „Sie dürfen nicht vergessen, dass ich ...", „Sie scheinen gehört zu haben, dass ich/wir ..."

3. Da sich Ihre Antwort nicht immer mit dem deckt, was der Journalist hören will, haben Sie gute Chancen, nochmals gefragt zu werden. Da Sie manchmal mehr als eine Message haben, ist das die Möglichkeit, wie

uns unsere Politiker vorexerzieren, entweder das Gleiche nochmals, aber ein wenig anders, oder etwas Neues zu sagen: „Ich sagte ja schon, dass" – und hier wiederholen Sie Ihre *Message*, „Sie haben recht. Sehen Sie ..." – und hier sagen Sie nun die zweite *Message* – „Verzeihen Sie, wenn ich da scheinbar ausweiche, aber ..." und hier sagen Sie jetzt die eigentliche *Message*.

4. Vermeiden Sie es, Abwesende zu beleidigen. Wer sich nicht wehren kann, ist Ihrem Schutz als Ehrenmensch in der Öffentlichkeit ausgeliefert. Derartige Bemerkungen bringen Ihnen möglicherweise kurzfristig Schlagzeilen, doch im Endeffekt müssen Sie sich persönlich und offiziell entschuldigen. Gerechterweise könnte diese Attacke auch rechtliche Konsequenzen haben.

5. Stellen Sie nach Ende des Interviews sicher, dass alle Informationen ausgetauscht wurden. Ein Radiojournalist, der ein Interview aufgezeichnet hat, wird wie sein Kollege von der schreibenden Zunft dankbar sein, wenn Sie ihm noch einige Randbemerkungen mit auf den Weg geben, damit er seinen Beitrag „einmoderieren" kann. Ein vertrauliches „Wenn Sie wollen, können Sie das bringen" erweckt den Eindruck, dass ein bisher wohlgehütetes Geheimnis erstmals das Licht der begierigen Öffentlichkeit erblickt und hat den Sex-Appeal des Stoffes, aus dem gute *News* sind.

6. Bitten Sie vor dem Interview darum, den Artikel vor der Veröffentlichung zur Freigabe zugemailt zu bekommen. Dies ist keine versuchte Zensur, sondern zur Vermeidung von Missverständnissen auch im Sinne des Journalisten. Mir ist es zwar erst einmal passiert, dass ich einen Artikel einfach nicht freigeben konnte, weil er überhaupt nicht dem entsprach, was ich gesagt hatte. Korrekturen zum besseren Verständnis oder nachträgliche Ergänzungen, die für einen Artikel sehr wertvoll

waren, habe ich sehr häufig vorgenommen – zum beiderseitigen Vorteil.

7. Erkundigen Sie sich, wann und wo der Beitrag über Sie erscheint. Damit signalisieren Sie dem Redakteur, dass Sie Interesse an seiner Arbeit haben und dass es wichtig für Sie ist, was er macht (abgesehen davon, dass wir davon ausgehen, dass es Sie wirklich interessiert). Bei Printmedien ist es üblich, um ein Belegexemplar zu bitten, speziell wenn der Beitrag im Ausland erscheint.

Wenn Sie professionellen Wert auf dieses *feedback* legen, beauftragen Sie eine Firma wie „Observer", die alle Medien „beobachtet" und Ihnen jede Meldung über Sie tagesaktuell zumailt.

8. Seien Sie erreichbar. Einem Redakteur fällt oft in letzter Minute noch eine wichtige Frage ein, die er nicht gestellt hat.

9. Bedanken Sie sich nach Erscheinen für eine gute Story („So hat das noch keiner gebracht!" etc. Lob!). Damit bauen Sie ein gutes Verhältnis zu dem betroffenen Redakteur auf und können vielleicht schon die nächste Geschichte ins Gespräch bringen.

TIPP

Ich beantworte die Fragen direkt und punktgenau. Das ist in unserer Zeit schon ein Überraschungsangriff, denn damit rechnet niemand mehr. Authentisch wirkt, wer Kompetenz und Ehrlichkeit demonstriert – und das kann durchaus einmal ein „Das weiß ich wirklich nicht!" inkludieren. Das ist es, was Menschen mögen. Sie spüren es, wenn jemand Zeit und Medienpräsenz schindet, und genauso spürt es der Zuseher, wenn es jemand ehrlich meint.

Wie melde ich mich am Telefon

Sie melden sich beispielsweise der Firmenpolitik entsprechend mit dem Namen der Firma, Ihrer Stelle (Vermittlung, Verkauf etc.) und Ihrem Namen, wenn das gewünscht wird.

Amerikanischen Beispielen folgend dürfen wir als Anrufer manchmal einer ganzen Litanei lauschen, ehe wir auch noch gefragt werden, was man für uns tun darf.

Das klingt dann zum Beispiel so: „Francis&Behn&Mahres, Verkaufsabteilung, Franz Fisch, Schönen guten Tag, Wie darf ich Ihnen behilflich sein?"

Die Philosophie hinter dieser komplexen Ansage lautet:

1. Dass man dem Anrufer in der ersten „Schrecksekunde" ein Bild von seinem Gesprächspartner vermitteln möchte (weiblich, männlich, tiefe, hohe Stimme ...). Man kann sich so in Ruhe auf den anderen einstellen.

2. Dass man so wirklich genau erklären kann, wo sich der Anrufer befindet und mit wem in welcher Abteilung er spricht.

3. Dass die Frage nach „Wie darf ich Ihnen behilflich sein?" Hilfsbereitschaft signalisiert.

4. Dass man so das Gefühl von „Zeit" vermitteln kann. Andererseits sollte man hier bedenken, dass dies die Zeit ist, die der Anrufer bezahlen muss und die er vielleicht gar nicht hat (besonders, wenn man weiterverbunden wird und in Warteschleifen mehr oder weniger guter Musik lauschen muss und beim Nächsten, der abhebt, das Ganze noch einmal hört). Niemand weiß, wie oft genervte Anrufer deshalb auflegen.

TIPP

In der Tanzschule Elmayer melden wir uns so: „Grüß Gott, Nachname, Tanzschule Elmayer."

Wie telefoniere ich richtig/Alphabet

- Lächeln Sie beim Telefonieren. Der Anrufer merkt deutlich, ob Sie ein freundliches Gesicht machen oder nicht. Ihr Lächeln verändert Ihre Stimme.
- „Grüß Gott" (bayerisch/österreichisch) oder „Guten Tag" kann durch ein „Guten Morgen" oder „Guten Abend" ersetzt werden. Nie durch „Mahlzeit".
- Achten Sie auf Hintergrundgeräusche. Sprechen Sie direkt in die Sprechmuschel, halten Sie diese nicht an den Kehlkopf oder offen in den Raum, da Hintergrundgeräusche dominieren können.
- Verstehen Sie etwas nicht, so fragen Sie nach. Lassen Sie sich Namen in Ruhe buchstabieren, fragen Sie unter Verwendung des Buchstabieralphabets nach, wie man den Namen richtig schreibt. Buchstabieren Sie ihn nochmals laut.
- Wiederholen Sie Zahlenkombinationen wie Kontonummern oder Telefonnummern. Bei diskreten Informationen achten Sie darauf, dass Sie nicht abgehört werden (Zuhörer in der Nähe).
- Werden Sie weiterverbunden, so können Sie sich von Ihrem Gesprächspartner mit einem kurzen Dank verabschieden.

Um sicherzugehen, dass Sie korrekt verstanden werden, buchstabieren Sie am Telefon mit einem Buchstabieralphabet. Müssen Sie zum Beispiel einen Namen buchstabieren oder aber auch nur einzelne Buchstaben eines Codes etwa übermitteln, so erklären Sie das Ihrem Gesprächspartner mit den Worten: „Ich buchstabiere A wie Anton, Zet wie Zeppelin ..."

Das Telefonalphabet heißt streng formell Internationales Radiotelephonie-Buchstabieralphabet, auch „Phonetisches Alphabet".

Buchstabe	Deutscher Name	Deutsch	Englisch
A a	a	Anton	Alfa
Ä ä	a-Umlaut; ä	Ärger	
B b	be	Berta	Bravo
C c	tse	Cäsar	Charlie
D d	de	Dora	Delta
E e	e	Emil	Echo
F f	ef	Friedrich	Foxtrott
G g	ge	Gustav	Golf
H h	ha	Heinrich	Hotel
I i	i	Ida	India
J j	jot	Julius	Juliet
K k	ka	Kaufmann	Kilo
L l	el	Ludwig	Lima
M m	em	Martha	Mike
N n	en	Nordpol	November
O o	o	Otto	Oscar
Ö ö	o-Umlaut; ö	Ökonom	
P p	pe	Paula	Papa
Q q	ku	Quelle	Quebec
R r	er	Richard	Rome
S s	es	Siegfried	Sierra
ß	scharfes es		
T t	te	Theodor	Tango
U u	u	Ulrich	Uniform
Ü ü	u-Umlaut; ü	Übermut	
V v	vau	Viktor	Victor
W w	we	Wilhelm	Whisky
X x	iks	Xanthippe	X-ray
Y y	ypsilon	Ypsilon	Yankee
Z z	zet	Zeppelin	Zulu

Wie beende ich ein Telefonat

Vermeiden Sie langatmige Verabschiedungen bei geschäftlichen Telefonaten. „Vielen Dank und auf Wiederhören" genügt. Wünschen Sie Ihrem Gesprächspartner höchstens kurz etwas der Tageszeit oder den Umständen Angepasstes wie „Noch einen schönen Abend" oder „Alles Gute" oder „Ich wünsche Ihnen mit diesem Vorhaben viel Erfolg".

Stellen Sie sicher, dass jeder weiß, wer wann den anderen das nächste Mal anrufen soll bzw. welche Vereinbarungen getroffen wurden und wer welche Aufgaben übernommen hat. Wiederholen Sie dies noch einmal vor Beendigung des Gesprächs.

Haben Sie die Telefonnummer des anderen notiert?

Warten Sie immer, bis der Ranghöhere aufgelegt hat. Es ist außerdem unhöflich, aufzulegen, sobald man die letzte Silbe gesprochen hat. Vielleicht fällt Ihrem Gesprächspartner doch noch etwas ein.

Verabschieden Sie sich in Österreich nicht mit Tschüs, verwenden Sie das kindliche baba höchstens im privaten (wenn Sie per DU sind) oder familiären Bereich.

Übrigens: Falls Sie sich verwählt haben, legen Sie nicht einfach auf. Das kann passieren. Ein freundliches „Entschuldigen Sie vielmals, aber ich muss mich verwählt haben. Auf Wiederhören" ist angebracht.

Falls sich das wiederholt und sich immer wieder die gleiche Person meldet, obwohl Sie die scheinbar richtige Nummer wählen, entschuldigen Sie sich wieder und kontrollieren Sie die Nummer. Fragen Sie nicht den unfreiwilligen Gesprächspartner nach seiner Nummer, wiederholen Sie die Nummer, die Sie gewählt haben und fragen Sie nur, ob das seine Nummer ist.

Wenn Sie richtig gewählt haben, aber den falschen Teilnehmer erwischen, können Sie sich für einen möglichen technischen

Fehler entschuldigen. Warten Sie vielleicht eine Weile, bevor Sie es wieder versuchen. Wenn Sie höflich agieren, wird Ihnen sicherlich niemand böse sein.

Wie lebe ich mit der Warteschleife

„Für Spezielles drücken Sie bitte eins, für Weniger drücken Sie bitte zwei, für Fragen dazu drücken Sie bitte drei, für gar nix drücken Sie bitte vier, und wissen Sie nicht, was Sie wollen, drücken Sie bitte null für die Vermittlung."

Willkommen in der Warteschleife.

„Ihr Anruf wurde neu gereiht. Sie befinden sich nun auf Warteposition Nummer zwei."

Seit der Erfindung dieser oben genannten Vorsortierung von Anrufen soll der Anrufer nicht mehr merken, dass er wartet. Er wird schließlich unterhalten.

„Ihr Anruf ist wichtig für uns ..."

Weiterdrücken, schimpfen und fluchen nützt nichts.

„Ihr Anruf wurde neu gereiht. Sie befinden sich nun auf Warteposition Nummer eins."

Na wunderbar, ein Ende des Wartens ist in Sicht.

Nun spielt blecherne, computergenerierte Musik. Sind Sie sicher, dass Sie mit diesen Leuten sprechen wollen?

Legen Sie den Hörer in Griffweite, schalten Sie den Lautsprecher ein, suchen Sie alle notwendigen Unterlagen für das folgende Gespräch und widmen Sie sich einer anderen Beschäftigung. Zum Beispiel der Erstellung eines schlauen Konzepts einer Warteschleife für Ihr Unternehmen. Und das geht so:

Wozu Warteschleifen

Eine Warteschleife dient der Telefonzentrale zur Erleichterung der Arbeit. Ersparen können Sie sich die Vermittlung unter Umständen auch. Sie können den Weg zum Ziel des Telefonats mit Werbung verkleiden. Wie leere Wände in einem Wartezimmer. Doch bauen Sie die Informationen geschickt auf und nützen Sie die ungeteilte Aufmerksamkeit eines verdutzt lauschenden Kunden, der statt dem ersehnten Gesprächspartner immer Neues zu hören bekommt.

Zunächst „holen Sie ihn dort ab", wo er mental herkommt. Bei seinem Anliegen. Freilich stößt unsere ganze Weisheit hier auf einige natürliche Hindernisse. Es klappt nicht bei allen. Sehr aufgeregte Anrufer wollen nicht vertröstet werden und auch keine beruhigende Musik hören. Ältere Menschen beispielsweise sind es nicht gewohnt, am Telefon nicht sofort kommunizieren zu können.

Zurück zu unserem Konzept. Umso geschickter Sie den Anrufer in der Regel in der Warteschleife auffangen, umso schneller sind zum Beispiel Beschwerden vergessen.

Die meisten Erstkontakte zu Unternehmen laufen über das Telefon. So wird die Warteschleife zur Visitenkarte des Unternehmens. Nutzen Sie die Zeit so originell wie möglich. Mit holprig gesprochenen Texten oder scheppernden Standardmelodien vergraulen viele Firmen ihre Anrufer schon nach Sekunden und geben damit wertvolles Potenzial achtlos aus der Hand.

Professionelle Warteschleifen können zwischen 500 und 10000 Euro kosten, wenn Sie sich eine eigene Musik komponieren lassen. Sie können auch AKM- (in Österreich, in Deutschland GEMA-, in der Schweiz SUISA-) pflichtige Musik einkaufen.

Wichtig ist: Die musikalische Aussage muss zum Produkt passen, um das es bei der Firma geht. Umso höher ist die Akzeptanz beim Anrufer. Ein Luxushotel könnte sich klassischer Streichmusik bedienen, eine Bank ist mit „Money Money Money", eine Tanzschule mit „Ich hab' getanzt heut' Nacht ..." sicher gut beraten.

Wenn Sie dann noch einige Auswahlmöglichkeiten geben und dazwischen Ihre Produkte geschickt anpreisen (wie etwa Zusatzinformationen über das Produkt, das der Anrufer wahrscheinlich schon hat oder will), so hat der Anrufer das Gefühl, zu profitieren. Das Beste, was Ihnen passieren kann, ist der Anrufer, der es bedauert, dass Sie sich schon gemeldet haben, wo es doch gerade „so interessant" war. Für diesen Fall sollten alle Mitarbeiter auch genau wissen, was dem Kunden in der Warteschleife alles angeboten wird. Schließlich ist er der logische „Nachfolger" der Warteschleife, der nicht nur spricht, sondern auch zuhört und Fragen beantworten kann.

Betrachtet man die Kosten, ist es für einen Kunden unzumutbar, sich für sein Geld minutenlange Werbung anhören zu müssen. Daher sollte diese Zeit minimiert werden. Manchmal ist es besser, keine Warteschleife zu installieren und darauf zu vertrauen, dass Anrufer nochmals ihr Glück versuchen, wenn sie sehr lange erfolglos am Hörer gewartet haben.

Unsere eingangs erfundene Warteschleife ist nun zu Ende. Wir hoffen, Sie fanden die zwischenzeitlich vermittelte Information „so interessant", dass es Ihnen leid tut, dass dieser Artikel zu Ende ist.

Wie führe ich ein VOIP-Telefonat

… werden von Anbietern wie Skype, Dialpad etc. zu sehr günstigen Telefontarifen angeboten und über Ihren Computer oder ein W-Lan-fähiges Mobiltelefon geführt. Bei dieser Form der Kommunikation kann man sein Porträt – wie beim Chat – mitsenden. Es sollte groß und gut erkennbar sein.

Man spricht bevorzugterweise mit Kopfhörern, da der Widerhall der eigenen Stimme beim Empfänger nicht gerade höflich ist (ein „Headset" ist eine Kombination aus Mikrofon und Kopfhörer und ist mit dem Computer verbunden).

Hier besteht meist parallel die Möglichkeit, Texte als *Instant Message* (IM) gleichzeitig zu übermitteln und/oder Dokumente mitzuschicken.

Vor Konferenzgesprächen gehört es sich, alle Teilnehmer rechtzeitig zu verständigen und um ihr Einverständnis zu bitten. Schalten Sie nie einen Hörer zu, ohne die anderen darüber zu informieren.

TIPP

Konferenzgespräch: Damit alle pünktlich sind, vergessen Sie nicht, eine international nachvollziehbare Uhrzeit (CET = Central European Time, GMT = Greenwich Mean Time) zu vereinbaren.

Wie funktionieren die neuen Videotelefonate (VOIP)

Sie werden immer mehr in den Hintergrund gedrängt, die guten alten Telefonate über teure, extra gemietete Video-Konferenzleitungen. Das Internet bietet uns tadellose Konferenzmöglichkeiten nahezu zum Nulltarif. Fragen Sie Ihren IT-Manager. Da kann man viel Geld sparen.

Die Regeln haben sich kaum geändert: Für das *Set-up* sollte man für ausreichende Beleuchtung sorgen. Die Kamera ist am besten so aufgestellt, dass sie nur Ihr Porträt zeigt. Bei mehreren Teilnehmern auf Ihrer Seite erweitert sich der Winkel entsprechend. Achten Sie auf einen aufgeräumten Hintergrund.

Wenn es sich um ein geschäftliches Gespräch handelt, wird man also entsprechend gekleidet sein. Vor Beendigung des Telefonates verabschiedet man sich deutlich, und der Ältere oder Ranghöhere wird höflich aufgefordert, die Verbindung zu beenden. Damit erspart man sich den abrupten Abbruch der Kommunikation und die Mühe, nochmals anrufen zu müssen, nur um zu bestätigen, dass es jetzt eben aus ist.

Wie bearbeite ich meine E-Mails

Wir sind im 21. Jahrhundert. Wir kommunizieren grenzenlos, weltweit, 24 Stunden am Tag, 7 Tage die Woche. Wir müssen nicht mehr am Montagmorgen auf den Postboten warten. Wir haben World Wide Web, SMS, WAP und E-Mails. Das alles ermöglicht uns nicht nur viel mehr Kommunikation, sondern auch in einem viel schnelleren Tempo.

Es wird immer wichtiger, ankommende Informationen möglichst schnell zu bearbeiten. Das Geheimnis liegt in der Differenzierung zwischen „Dringend" und „Wichtig". Wir erledigen viel zu viele angeblich „dringende" Dinge, die sich raffiniert in unserem Leben vordrängen, während wir die wichtigen Sachen manchmal übersehen.

In einem Web-Jahr bewältigen wir heute die Kommunikation von drei traditionellen Arbeitsjahren. Das geht nicht spurlos an allen vorüber. Manchmal wird die E-Mail auch zum Fluch. Neben wichtigen E-Mails erreicht immer mehr Spam – ungewünschte, ja oft lästige E-Mails – unsere elektronischen Postfächer.

Gutes E-Mail-Management

1. Spam-Filter auf dem Computer einrichten. Täglich den dazugehörigen „Papierkorb" entleeren. Bei auffallend großen Spam-Mengen sollte man den „Papierkorb" überprüfen; vielleicht ist eine Sendung mit einem Anhang, der wichtig ist, irrtümlich aussortiert worden.
2. Fixe Zeiten einplanen, in denen man seine E-Mails liest. Machen Sie nicht den Fehler und gehen Sie jede Stunde ins E-Mail-Programm – außer Sie erwarten eine dringende Nachricht. Achtung: Zeitkiller Nummer 1! Stellen Sie den E-Mail-Alarm ab.
3. Aussieben. Unwichtiges sofort in den Papierkorb. Reine Informationen gleich lesen und nur, wenn unbe-

dingt notwendig, aufheben – sofort in den richtigen E-Mail-Ordner ablegen!

4. Jede E-Mail nur einmal lesen und möglichst gleich erledigen, also E-Mails, die mit einer raschen und einfachen Antwort erledigt werden können, als Nächstes bearbeiten. Wenn nötig, weiterleiten und ablegen.

5. Komplizierte Themen zum Schluss, aber nicht auf die lange Bank schieben. Auch hier gilt: Schreiben Sie keinen Roman. Halten Sie sich an das Wesentliche.

6. Wenn Sie große Anhänge mitschicken, versichern Sie sich vorher, ob der Empfänger diese Dokumente empfangen kann.

7. Falls Sie eine E-Mail nicht fertig bearbeiten können oder zu einem späteren Zeitpunkt bearbeiten wollen, kennzeichnen Sie diese entsprechend. Farben sind am besten, Rot für Unerledigt etc. Legen Sie sich auch einen speziellen Ordner für NZT- (**n**och **z**u **t**un) E-Mails an. Schauen Sie dort immer wieder nach, ob Sie nicht etwas vergessen haben.

Die zwölf Gebote für Ihr E-Mail-Verhalten sind:

1. Legen Sie ein (E-Mail-)Adressbuch an und erstellen Sie für sich eine automatische Signatur in Ihrem E-Mail-Programm mit allen wichtigen Kontaktdaten (Telefon, Mobilnummer, Fax, E-Mail, Skype, Ihre Adresse, Firmenanschrift ...). Diese befindet sich dann immer automatisch am Ende jeder Nachricht.

2. Man darf kleinschreiben, nur GROSS SCHREIBEN, wenn es besonders wichtig ist. Sonst ist es WIRKLICH UNHOEFLICH! Mehr Klasse beweisen Sie jedoch, wenn Sie sich an die traditionelle Schreibweise halten. Umlaute sollten in internationalen E-Mails ausgeschrieben werden, da sie nicht jedes Programm korrekt wiedergibt.

3. Geben Sie in der Betreff-Zeile einen eindeutigen Hinweis auf den Inhalt der E-Mail. Das erleichtert dem Leser auch die Zuordnung. Wenn Sie alles Nötige in der Betreff-Zeile unterbringen können, schließen Sie mit EOM – End of Mail, dann muss der Empfänger die E-Mail gar nicht mehr öffnen.

4. Es wirkt ungleich professioneller, wenn Sie klassische Anreden, auch mit Titeln und die Grußformeln am Ende der Mail beibehalten. Ein informelles lg – liebe Grüße – oder mfg – Mit freundlichen Grüßen – sollte nur im E-Mail-Verkehr mit Bekannten gebraucht werden. International können Sie in der E-Mail auf unsere österreichischen Titel verzichten.

5. Sie können eine Lesebestätigung verlangen oder geben, wenn es verlangt wird. Wer sie nicht erteilen will, wird es nicht tun, ist aber nicht höflich. Schließlich kommt nicht jede E-Mail an. Seine E-Mail als dringend zu etikettieren, ist nur zulässig, wenn sie auch wirklich wichtig ist! Sie machen sich sonst wenig Freunde.

6. Lassen Sie die E-Mail, auf die Sie antworten, immer unterhalb Ihres Textes stehen. So können Sie leicht auf etwaige Details verweisen. Daraus entwickeln sich komplette Dokumentationen einer Korrespondenz in einem Schreiben.

7. Lesen Sie Ihre E-Mail immer durch, bevor Sie diese verschicken, und benützen Sie Rechtschreibprogramme.

8. Schicken Sie nichts im Affekt ab. Im Zweifelsfall bis morgen liegen lassen (ausdrucken und nochmals lesen).

9. Verwenden Sie *bcc* (blind carbon copy) nicht zu häufig, Sie könnten den Überblick verlieren, wer welche Informationen bekommen hat. Cc (carbon copy)

ist für jedermann sichtbar. Trotzdem schicken Sie nur cc-E-Mails an jene, die die Information wirklich benötigen. Oft verwendet man cc-E-Mails auch als Beweissammlung (der cc-Empfänger ist mein Zeuge!).

10. Hüten Sie sich vor dem Versenden von Ketten-E-Mails, religiösen oder politischen Inhalten oder Ähnlichem. Niemand hat Zeit, sich dem Diktat zu unterwerfen. „Wenn Sie diese E-Mail an 100 Ihrer besten Freunde weiterleiten, dann haben Sie Glück!" Auch Witze oder „Unterhaltsames" leiten Sie nur an Freunde weiter, von denen Sie wissen, dass diese das auch wollen.

11. Noch nie war es so einfach, Nachrichten weiterzuleiten. Das sollten Sie bedenken. E-Mails sind also nur so lange privat, solange sie Ihr Korrespondenzpartner nicht einfach an andere weiterleitet. Darüber haben Sie keine Macht. Darum ist es wichtig, die Regeln des Schriftverkehrs immer auch bei E-Mails zu beachten.

12. Abkürzungen in der E-Mail-Welt sind spätestens seit Blackberry und Minitastaturen sehr willkommen. Im Internet hat sich beginnend im Chatroom eine neue Sprache entwickelt, genannt Emoticons oder Akronyme. Verwenden Sie diese spärlich.

Hier die häufigsten:

:-)   für o.k., in Ordnung

:-(für kleine Panne, Missgeschick

:-o   für Überraschung

:-))   für perfekt, sehr schön, großes Lob

Die gängigsten SMS-Abkürzungen finden Sie ab Seite 245.

Wie lese ich eine URL

Sie lesen eine URL (die einzigartige Webadresse, genannt *Uniform Resource Locator*) tagtäglich, wenn Sie das Internet benützen. Jede Webseite hat ihre eigene.

Meist ist sie der schnellste Weg, um ans Ziel zu kommen, doch manchmal möchte man sie von der Hauptseite weg über einen bestimmten Pfad zu einer Seite (Unterverzeichnis) führen.

Das sieht dann so aus:

TLD steht für *top level domain* (.com, .net und .org sind die klassischen Domainkürzel für Business, Netzwerke und Organisationen).

Wollen Sie der Sache auf den Grund gehen, so löschen Sie einfach alles, was hinter .com oder .at oder .org etc. steht und dann sollte es Ihnen möglich sein, die Hauptseite des Unternehmens anzusteuern.

Wie deute ich E-Mail-Adressen richtig

Jedes Unternehmen hat heute seine Domain (Name) und eine Webseite. Mit der Webseite werden E-Mail-Adressen vergeben, die sich im Namen sinnvollerweise an die Webseite anpassen. Die Firma Müller Textil – zum Beispiel – hat die Domain (also die „Internetadresse") müllertextil.com, die E-Mail-Adressen werden info@müllertextil.com oder direktion@müllertextil.com etc. lauten.

Zum Unterschied dazu gibt es webbasierte E-Mail-Services wie zum Beispiel Yahoomail, Hotmail oder Googlemail (gmail). Dort kann sich jeder gratis eine Adresse registrieren lassen. Dann haben Sie etwa lieschenmüller@gmail.com. (Beachten

Sie, dass es bei Adressen oder URLs irrelevant ist, ob Sie Klein- oder Großbuchstaben verwenden. Es wird nur der Buchstabe erkannt, egal wie er geschrieben wurde. Es gibt niemals Abstände.)

Seriös treten Sie als Unternehmen auf, wenn Sie Ihre eigene Domain haben, deren Namen den Ihres Unternehmens reflektiert und woraus sich, wie im ersten Absatz beschrieben, die entsprechenden E-Mail-Adressen ableiten.

Sollten Sie einmal einer E-Mail-Adresse wie direktion@müllertextil.com gegenüberstehen, so wissen Sie, dass sich dahinter wahrscheinlich die Webseite der Firma Müller Textil verbirgt. Wollen Sie mehr über den Absender dieser E-Mail wissen, so geben Sie also nur www.müllertextil.com in den Browser ein und kommen so zur Webseite der Firma Müller.

Sollten Sie hingegen im Geschäftsleben mit einer der zahllosen webbasierten E-Mail-Adressen konfrontiert sein, verbirgt sich dahinter wohl eher eine Privatperson als ein fundiertes Unternehmen.

Ist das der Vorläufer der SMS? Für alle, die Schwierigkeiten haben, diese Grafik zuzuordnen: Hier handelt es sich um zwei Typen von Stenografie, der „Kurzschrift" zur raschen Texterfassung.

„Steno" war bis zur Einführung von Diktiergeräten und PC eine der wesentlichen Grundvoraussetzungen, um sich als Sekretärin (Persönlicher Assistent) zu bewerben. Heute legen nur noch zehn Prozent aller Arbeitgeber bei ihrer Personalauswahl auf diese Qualifikation wert.

Wie schreibe ich eine wirklich kurze SMS

Der *SMS code* ist weltweit (teilweise nur im deutschsprachigen Raum) gültig. Die Frage stellt sich aber doch, ob ihn auch jeder versteht. Damit Sie, werter Leser, zumindest imstande sind, die wesentlichen Codes zu entschlüsseln, hier sind sie:

&c	et cetera (und so weiter)
@	Commercial at (umgangssprachlich: Klammeraffe) – trennt in E-Mail-Adressen Name und Provider.
1001	Hast du Lust auf ein Abenteuer? (inspiriert von der Märchensammlung 1001 Nacht)
2l8	too late (zu spät)
2moro	tomorrow (morgen)
4E	for ever (für immer, dein ...)
4U	for you (für dich)
AFAIK	as far as I know (meines Wissens)
AFJ	april fool's joke (Aprilscherz)
AFK	away from keyboard (nicht am Rechner)
ALDI	Am liebsten dich
ASAP	as soon as possible (so bald wie möglich)
B2B	business-to-business (Online-Handel zw. Unternehmen)
B2C	business-to-consumer (Online-Handel zw. Unternehmen und Privatkunden)
BB4e	bye bye for ever (Auf Wiedersehen, für immer!)
BBL	be back late (komme später wieder)
BFN; B4N	bye for now (servus erstmal)
Blog	Kurzform für „Weblog". Internet-Logbuch bzw. Tagebuch. *(Audioblog = MP3-Musik-Weblog; Vlog = Video-Weblog; Photoblog = Weblog für Fotokunstwerke; Corporate Blog = Mitarbeiterblog von Unternehmen zu Werbezwecken)*
BRB	be right back (komme gleich wieder)
BTW	by the way (übrigens; nebenbei bemerkt)
C2C	consumer-to-consumer (Onlinehandel zw. Privat- od. Endkunden)

CM	call me (ruf mich an!)
CU L8R	see you later (bis gleich/später)
CUL	see you later (bis gleich/später)
DAU	dümmster anzunehmender User
DMI	don't mention it (macht nichts, keine Ursache)
EOT	end of transmission (Ende der Übertragung)
F2F	face to face (Auge in Auge – direkter Kontakt)
FAQ	frequently asked questions (häufig gestellte Fragen)
FOC	free of charge (kostenlos)
FYE	for your entertainment (zu deiner/Ihrer Unterhaltung)
FYI	for your information (zu deiner/Ihrer Information)
GA	go ahead (schieß los!, na los, vorwärts!)
GOK	god only knows (das weiß nur Gott; keine blasse Ahnung)
HAND	have a nice day (einen schönen Tag noch)
HB2U	happy birthday to you (alles Gute zum Geburtstag)
HPH	happy to help (gern geschehen)
HSIK	how should I know (Woher soll ich das wissen?)
IBM	ich bin müde; immer bis Mitternacht
IBN	I'm buck naked (Ich bin ganz nackt)
IMO	in my opinion (meiner Meinung nach)
IRC	Internet Relay Chat (Internet-Dienstart, die es ermöglicht, über die Computertastatur in Echtzeit miteinander zu „chatten")
IRL	in real life (im wahren Leben)
J4F	just for fun (nur zum Spaß)
JIC	just in case (eventuell)
j/k	just kidding (nur Spaß)
L8R	later (später)
LOL	laughing out loud (laut lachend)
MUG	Multi User Game (Mehr-Personen-Onlinespiel)
MYOB	mind your own business (Kümmere dich um deine eigenen Angelegenheiten)
Nickname	Spitzname (in Webchats üblich, um die eigene Identität nicht preiszugeben)
NRN	no reply/response necessary (Antwort nicht notwendig)

NW	no way (Kommt nicht in Frage!)
O4U	only for you (nur für dich)
OAO	over and out (Schluss und Ende!)
OIC	oh, I see (Ach so!)
ONNA	oh no, not again (Oh nein, nicht schon wieder)
o.n.o.	or nearest offer (Verhandlungsbasis)
o.T.	ohne Text (Hinweis in der E-Mail-Betreffzeile, dass kein Text folgt. Es wird lediglich eine Anlage versandt.
PIN	Personal Identification Number (Persönliche Identifikationsnummer – Geheimzahl)
POV	point of view (Gesichtspunkt, Standpunkt)
PRW	parents are watching (Elternalarm! Die Eltern schauen zu)
ROTFL	rolling on the floor laughing (sich vor Lachen am Boden wälzen)
RTFAQ	read the FAQ (lies die FAQ)
RTFM	read the fucking manual (lies das verdammte Handbuch)
SAP	Schrecken, Angst, Panik
SNAFU	situation normal all fouled up (totales Chaos)
THX	thanks (Danke)
TIA	thanks in advance (Danke im Voraus)
TNX	thanks (Danke)
TTFN	Ta-ta for now (Servus)
TTYL	talk to you later (Wir sprechen uns später)
U2	you too (du auch)
WB	welcome back (Hallo!)
WHIA	what's it about? (Worum handelt es sich?)
WRT	with regards to ... (mit schönen Grüßen an ...)
WTH	what the hell (was zum Teufel)
XMAS	Weihnachten
Y not?	why not? (Warum nicht?)

Wie adressiert man richtig

Briefe, Einladungen und Verständigungen

Korrekte Adressierung eines Briefes (wichtig für elektronische Adressenerfassung):

Ins Ausland

Frau
Michaela Sommer
Grünwaldweg 16
81671 München
Deutschland

Im Inland

Frau
Dr. phil. Susanne Sommer
Eichenallee 18
5020 Salzburg

Faxe sollten beinhalten:

Deckblätter mit der Anzahl der Seiten (inklusive dieser ...)

Adressaten

Faxnummer

Namen des Absenders

Dringlichkeitsstufe

Die eigene Faxnummer und eine Telefonnummer für Rückfragen oder die Meldung, falls nicht alle Seiten eingegangen sind.

Adelsanschrift

Das Aufhebungsgesetz von 1919 untersagt das Führen von Adelstiteln in Österreich, nicht aber das Anschreiben oder die Anrede Dritter an die betroffene Person. Im Briefverkehr werden folgende Abkürzungen der Anredetitel verwendet:

E.	Erlaucht, Eminenz, Exzellenz
D.	Durchlaucht
G.	Gnaden
H.	Hoheit
Hg.	Hochgeboren
Hw.	Hochwürden
Hwg.	Hochwohlgeboren
I.	Ihrer
I.I.	Ihren
k.	königlich
k.u.k.	kaiserlich & königlich
S.	Seiner

Es ergeben sich zahlreiche Kombinationsmöglichkeiten, tatsächlich sind verschiedene Anschriften auch korrekt. Auch die Anschrift mit dem Berufstitel allein ist (allerdings nur in Österreich) zulässig (Hr. Dr.; Generaldirektor).

Hoheit, Hochgeboren und Hochwürden kann man durchaus alle mit H. abkürzen. Ein Beispiel:

Sie laden Graf Bert von Stein. Sie verwenden S. (Seiner) und H. (Hochgeboren).

Am Kuvert: S.H. Graf Bert von Stein

Möchte man ein Ehepaar einladen, schreibt man:

I.I.H.H. (I.I. und H.H. sind jeweils die Verdopplung)

Graf Bert von Stein

Titel und akademische Grade in Österreich

Standesbezeichnungen:

Ing.

Dipl. HTL. Ing.

Dipl. HFL. Ing.

Amtstitel (der Reihe nach mit dem niedrigsten beginnend):

Amtswart, Oberamtswart, Offizial, Oberoffizial, Kontrollor, Oberkontrollor, Fachinspektor, Fachoberinspektor, Amtsrat, Amtsdirektor, Oberrat, Hofrat, Ministerialrat, Sektionschef sowie die Dienstgrade des Bundesheers, die Distinktionen der Polizei, der Zollwache und der Justizwache.

Titel der Universitätslehrenden:

Universitätsassistent, Assistenzprofessor, a.o. Univ. Prof., Univ. Prof.

Titel der Lehrer:

Fachlehrer, Fachoberlehrer, Professor.

Amtstitel sind eigentlich ersessene Titel und werden nach einer gewissen Zeit bei einem Amt als Beamter vergeben. Sie sind nur abhängig von der Einstufung; ein Beamter mit Matura z.b. kann bei Erreichen der Gehaltsstufe 10 (20 Dienstjahre) und der Einstufung A2/3 den Amtstitel Amtsdirektor führen.

Berufstitel:

Regierungsrat, Hofrat, Kommerzialrat, Technischer Rat, Medizinalrat, Studienrat, Professor etc. Diese werden entweder von Kammern (Wirtschaftskammer etc.) und/oder dem Bundespräsidenten vergeben.

Akademische Titel in Österreich
Ebene 1

Bakkalaureus/Bakkalaurea der Biologie	Bakk. Biol.
Bakkalaureus/Bakkalaurea der Kommunikationswissenschaft	Bakk. Komm.
Bakkalaureus/Bakkalaurea der Künste	Bakk. art.
Bakkalaureus/Bakkalaurea der Naturwissenschaften	Bakk. rer. nat.
Bakkalaureus/Bakkalaurea der Philosophie	Bakk. phil.
Bakkalaureus/Bakkalaurea der Rechtswissenschaften	Bakk. iur.
Bakkalaureus/Bakkalaurea der Sozial- und Wirtschaftswissenschaften	Bakk. rer. soc. oec.
Bakkalaureus/Bakkalaurea der Soziologie	Bakk. Soz.
Bakkalaureus/Bakkalaurea der Sportwissenschaften	Bakk. Sport.
Bakkalaureus/Bakkalaurea der Technik	Bakk. techn.
Bakkalaureus/Bakkalaurea der technischen Wissenschaften	Bakk. techn.
Bakkalaureus/Bakkalaurea	Bakk.
Bakkalaureus (FH)/Bakkalaurea (FH)	Bakk. (FH)

Ebene 2

Diplom-Ingenieur/Diplom-Ingenieurin	DI/Dipl.-Ing.
Diplom-Ingenieur (FH)/ Diplom-Ingenieurin (FH)	Dipl.-Ing. (FH)
Diplom-Tierarzt/Diplom-Tierärztin	Mag. med. vet.
Doktor/Doktorin der gesamten Heilkunde	Dr. med. univ.

Doktor/Doktorin der Humanmedizin und der Zahnmedizin	Dr. med. univ. et med. dent.
Doktor/Doktorin der Zahnheilkunde	Dr. med. dent.
Magister/Magistra der Architektur	Mag. arch.
Magister/Magistra der Biologie	Mag. Biol.
Magister/Magistra der Kommunikationswissenschaft	Mag. Komm.
Magister/Magistra der Künste	Mag. art.
Magister/Magistra der Naturwissenschaften	Mag. rer. nat.
Magister/Magistra der Pharmazie	Mag. pharm.
Magister/Magistra der Philosophie	Mag. phil.
Magister/Magistra der Philosophie der Theologischen Fakultät	Mag. phil. fac. theol.
Magister/Magistra der Rechtswissenschaften	Mag. iur.
Magister/Magistra der Sozial- und Wirtschaftswissenschaften	Mag. rer. soc. oec.
Magister/Magistra der Soziologie	Mag. Soz.
Magister/Magistra der Sportwissenschaften	Mag. Sport.
Magister/Magistra der Theologie	Mag. theol.
Magister/Magistra des Industrial Design	Mag. des. ind.
Magister/Magistra des Rechts und der Wirtschaft	Mag. iur. rer. oec.
Magister/Magistra Mag.	
Magister (FH)/Magistra (FH)	Mag. (FH)

Ebene 2 und 3

European Master in Law and Economics	EMLE
Legum Magister/Magistra	LLM

Master in/of European Studies	M.E.S.
Master in Management	MIM
Master in Psychoanalytic Observational Studies	MPOS
Master of Advanced International Studies	M.A.I.S.
Master of Advanced Studies	MAS
Master of Arts	MA
Master of Business Administration	MBA
Master of Business Law	M.B.L.
Master of Dental Science	MDSc
Master of International Business	MIB
Master of International Business & Tax Law	LL.M.
Master of Laws	LL.M.
Master of Light and Lighting	MLL
Master of Public Health	MPH
Master of Public Management	MPM
Master of Science	MSc
Master of Security and Defense Management	MSD
Mastère international conjoint	Mastère
Professional Master in Public Health	PMPH

Ebene 3

Doctor of Philosophy	PhD
Doktor/Doktorin der Bodenkultur	Dr. nat. techn.
Doktor/Doktorin der gesamten Heilkunde und der medizinischen Wissenschaft	Dr. med. univ. et scient. med.
Doktor/Doktorin der medizinischen Wissenschaft	Dr. scient. med.

Doktor/Doktorin der montanistischen Wissenschaften	Dr. mont.
Doktor/Doktorin der Naturwissenschaften	Dr. rer. nat.
Doktor/Doktorin der Philosophie	Dr. phil.
Doktor/Doktorin der Philosophie einer Katholisch-Theologischen Fakultät	Dr. phil. fac. theol.
Doktor/Doktorin der Rechtswissenschaften	Dr. iur.
Doktor/Doktorin der Sozial- und Wirtschaftswissenschaften	Dr. rer. soc. oec.
Doktor/Doktorin der technischen Wissenschaften	Dr. techn.
Doktor/Doktorin der Theologie	Dr. theol.
Doktor/Doktorin der Veterinärmedizin	Dr. med. vet.
Doktor/Doktorin der Zahnmedizin und der medizinischen Wissenschaft	Dr. med. dent. et cient. med.

Akademische Grade an Privatuniversitäten (ab 2001)

Anton Bruckner Privatuniversität

Bachelor of Arts	BA
Master of Arts	MA

IMADEC University

Executive MBA Exec.	MBA
International Master of Laws	LL.M.
International MLE Int.	MLE

Katholisch-Theologische Privatuniversität Linz

Doktor/Doktorin der Theologie	Dr. theol.
Lizentiat/Lizentiatin der Theologie	Lic. theol.
Magister/Magistra der Theologie	Mag. theol.

Paracelsus Medizinische Privatuniversität
Doctor of Philosophy PhD
Doktor/Doktorin der gesamten Heilkunde Dr. med. univ.
PEF Consulting für Management
Master in Coaching MCoach
Master of Business Administration MBA
Master of Science MSc
Private Universität für Gesundheitswissenschaften, Medizinische Informatik und Technik Tirol
Bachelor of Science B.Sc.
Doktor der Medizin-Informatik Dr.
Master of Science M.Sc.
Privatuniversität der Kreativwirtschaft
Bachelor of Arts BA
Master of Arts MA
Master of Design MDes
TCM Privatuniversität LI SHI ZHEN
Bachelor in Acupuncture B.Ac.
Bachelor in Chinese Pharmacology B.chin.Pharm.
Bachelor in Tuina Therapy B.Tui.
Master in Acupuncture M.Ac.
Master in Chinese Pharmacology M.chin.Pharm.
Master in Traditional Chinese Medicine M.TCM.
Master in Tuina Therapy M.Tui.
Webster University Vienna
Bachelor of Arts B.A.
Bachelor of Business Administration B.B.A.

Bachelor of Science	B.Sc.
Master of Arts	M.A.
Master of Business Administration	M.B.A.

Akademische Grade an Theologischen Hochschulen

Bakkalaureus/Bakkalaurea der Theologie	Bakk. theol.
Lizentiat/Lizentiatin der Theologie	Lic. theol.
Magister/Magistra der Theologie	Mag. theol.

Frühere akademische Grade (ab 1945)

Diplom-Dolmetscher/Diplom-Dolmetscherin	Dipl.-Dolm.
Diplom-Ingenieur/Diplom-Ingenieurin	Dipl.-Ing.
Diplom-Kaufmann/	Dipl.-Kfm./
Diplom-Kauffrau (Deutschland)	Dipl.-Kffr.
Diplom-Volkswirt/Diplom-Volkswirtin	Dipl.-Vw.
Diplomierter Dolmetscher/ Diplomierte Dolmetscherin	Dipl. Dolm.
Diplomkaufmann/Diplomkauffrau	Dkfm./Dkffr.

Titel und akademische Grade

Doktor/Doktorin der evangelischen Theologie	Dr. theol.
Doktor/Doktorin der Handelswissenschaften	Dr. rer. comm.
Doktor/Doktorin der katholischen Theologie	Dr. theol.
Doktor/Doktorin der Pharmazie	Dr. pharm.
Doktor/Doktorin der Rechte	Dr. iur.
Doktor/Doktorin der Staatswissenschaften	Dr. rer. pol.
Doktor/Doktorin der Tierheilkunde	Dr. med. vet.
Doktor/Doktorin der Wirtschaftswissenschaften	Dr. rer. oec.

Magister/Magistra der Pharmazie	Mr. pharm.
Tierarzt/Tierärztin	Tzt.

Keine akademischen Grade, aber nach dem Ingenieurgesetz einzutragen

Diplom-HLFL-Ingenieur/ Diplom-HLFL-Ingenieurin	Dipl.-HLFL-Ing.
Diplom-HTL-Ingenieur/ Diplom-HTL-Ingenieurin	Dipl.-HTL-Ing.
Ingenieur/Ingenieurin	Ing.

Keine akademischen Grade und mangels Rechtsgrundlage nicht einzutragen

Akademisch geprüfte/r...	
Akademische/r...	
Diplompädagoge/Diplompädagogin	Dipl.-Päd.

Kulinarisches

Wie benehme ich mich bei Tisch	259
Wie mache ich ein Geschäftsessen zum Erfolg	263
Wie wähle ich den Tisch in einem Restaurant	269
Wie bestelle ich als Gastgeber	269
Wie bestelle ich Wein	270
Wie verlange ich die Rechnung	274
Wie gebe ich Trinkgeld und ... wie viel	274
Wie essen Engländer ihre Suppe	276
Wie esse ich zweimal täglich und bleibe trotzdem schlank	276
Wie entkomme ich der Alkoholfalle	278
Wie überlebe ich die Firmenfeier	280
Wie sinnvoll sind Überraschungsparties	282
Wie kraule ich den „Kater"	283

KULINARISCHES

Wie benehme ich mich bei Tisch

Gute Umgangsformen sind eine Ihrer wichtigsten gesellschaftlichen und beruflichen Visitenkarten.

Hier zur Erinnerung nochmals die wichtigsten Punkte, auf die Sie bei Tisch achten sollten (auch wenn Sie Ihnen bekannt vorkommen: Business-Etikette ist nichts anderes als gute Erziehung!).

Haltung:
- Sitzen Sie aufrecht.
- Die Füße stehen parallel ruhig unter dem Tisch.
- Beim Essen berührt der Rücken die Lehne nicht.
- Die Ellbogen sind nicht am Tisch.
- Ihre Arme liegen eng am Körper.

Serviette:
- Die Serviette wird zur Hälfte geöffnet und auf den Schoß gelegt.
- Wenn Sie während des Essens aufstehen, falten Sie die Serviette nur lose und legen sie auf den Sessel (über die Stuhllehne).
- Nach dem Essen falten Sie die Serviette ein- oder zweimal und legen sie links neben Ihren Teller.
- Legt Ihr Gastgeber die gefaltete Serviette nach dem Essen auf den Tisch, kann das ein Zeichen sein, dass die Tafel aufgehoben ist.

Essen:

- Sie beginnen zu essen, wenn der Gastgeber begonnen hat, ohne „Mahlzeit" oder „Guten Appetit" zu wünschen.
- Mit vollem Mund spricht man nicht.
- Essen Sie möglichst geräuschlos, kein Schlürfen oder Schmatzen.

Trinken:

- Gläser mit Stiel werden an diesem gehalten.
- Wird Wein serviert, trinken Sie erst, wenn der Gastgeber das Glas erhoben hat oder durch ein „Zum Wohl" alle gemeinsam ihr Glas erheben.

Besteck:

- Das Besteck wird von außen nach innen der Reihenfolge nach benützt.
- Halten Sie das Besteck möglichst weit hinten und so, dass das Ende, wenn Sie von oben draufgreifen, in der Mitte der Handfläche zu liegen kommt. Gabel und Messer werden von Mittelfinger und Daumen gehalten und vom Zeigefinger geführt.
- Messer werden nicht zum Mund geführt.
- Wenn Sie fertig sind, legen Sie Ihr Besteck nebeneinander so auf den Teller, dass die Griffe im rechten unteren Viertel am Tellerrand aufliegen und die Spitzen in die Tellermitte weisen.
- Machen Sie nur eine kurze Pause, so werden Messer und Gabel auf dem Teller kreuzweise übereinander gelegt, wobei der Bauch der Gabel nach unten weist.
- Sind Sie in einem Japanischen Restaurant und verzweifeln über Ihren Stäbchen, fragen Sie ruhig, wie das denn geht.

Allgemein:

- Herren sind für das Wohl ihrer Tischdame (zur Rechten) verantwortlich (Nachschenken von Getränken, Aufstehen, wenn sie den Tisch verlassen oder sich wieder setzen, Zurechtrücken des Stuhls …).
- Wenn Sie den Tisch verlassen müssen, entschuldigen Sie sich kurz. Gehen Sie allein zur Toilette.
- Wenn Sie nicht der Gastgeber sind, bestellen Sie nicht direkt beim Kellner. Halten Sie zuerst Rücksprache mit dem Gastgeber.
- Wenn Sie der Gastgeber sind, gehen Sie kurz hinaus, um die Rechnung zu begleichen. Wenn das nicht gut möglich ist, bitten Sie um die Rechnung.

In „Früh übt sich …" finden Sie zusätzlich ausführliche Details und Informationen zu den diversen Gerichten, wie man sie verspeist und was man dabei beachten muss.

TIPP

Menschen, die nicht richtig und natürlich mit Besteck umgehen, Gläser falsch halten, sich mit vollem Mund unterhalten, werden im Berufsleben nie für repräsentative Aufgaben herangezogen werden. So werden sie auch in gewissen Gesellschaftsschichten auf Ablehnung stoßen.

Und übrigens: Wenn man einmal nicht weiter weiß, ist es auch kein Beinbruch. Ich kenne niemanden, der sich nicht schon einmal in seinem Leben gefragt hat: „Und wie isst man das jetzt?"

Das Buch „Früh übt sich … und es ist nie zu spät" enthält noch mehr Wissenswertes über Tischkultur. Die Kapitel des kulinarischen Teils dieses Buches beschränken sich daher auf Basiswissen, das im Business unbedingt erforderlich ist.

So beginnen wir gleich mit dem Business-Lunch, dem Geschäftsessen:

Wir unterscheiden zwischen dem ungezwungenen Geschäftsessen

- Arbeitsfrühstück,
- Mittag- oder Abendessen,
- Brunch etc.,

wo nach kurzem *Small Talk* geschäftliche Themen besprochen werden, und dem formellen Essen mit Sitzordnung (*Placement*).

Beim ungezwungenen Business-Lunch trifft man sich meist im Lokal und geht sofort zum Tisch. Die Sitzordnung wird spontan festgelegt, oft gruppiert man sich trotz aller Spontaneität hierarchisch um den Ranghöchsten.

Außerdem setzen sich Gesprächspartner zusammen, die auf der gleichen Ebene agieren und in geschäftlicher Verhandlung stehen, also Einkäufer zu Verkäufer, IT-Spezialist zu IT-Spezialist und Geschäftsführer zu ihrem Gegenüber.

Es wird rasch gewählt (moderat, nicht das Teuerste, keine Kommentare über Preise! Sie müssen nicht beweisen, dass Sie nur die feinsten Delikatessen gewöhnt sind).

Darauf ausgerichtete Lokale bieten ein Business-Lunch an, das in rascher Abfolge serviert wird.

TIPP

Immer wieder sehe ich es: Das Brotkörbchen kommt auf den Tisch (oder Brot wird vorgelegt) und mein Gast ergreift es mit Appetit, führt es zum Mund und beißt einfach ab. Machen Sie das bitte nie! Man bricht das Brot in mundgerechte Happen, bestreicht diese mit Butter und steckt Bissen für Bissen in den Mund.

Wie mache ich ein Geschäftsessen zum Erfolg

So kommen Sie sicher durch das Minenfeld „Business-Lunch oder Dinner".

Die ehernen Gesetze lauten:
1. Es kommt bei Geschäftsessen selten vor, dass gleich viele Damen und Herren zu Gast sind.
2. Im beruflichen Umfeld herrscht Gleichberechtigung.
3. Der Rang einer Person ist ausschließlich von der Position in der Unternehmenshierarchie abhängig, unabhängig davon, ob es sich um eine Dame oder einen Herrn handelt (wir werden in Europa immer darauf verweisen, dass wir eben der Dame einen besonderen Stellenwert einräumen und daher die Ehefrau eines Gastes – so sie anwesend ist – neben dem Gastgeber sitzt. Selbst wenn der japanische Konzernchef oder der arabische Geschäftsmann damit ein Problem haben sollte: Wer seine Frau mitbringt, muss damit rechnen, dass er diesem Protokoll unterliegt).

Für das komplexere Geschäftsessen – eine Einladung zum Essen auf Geschäftsebene (und auf Firmenspesen) – gelten ähnliche Gesetze wie für den privaten Rahmen.

Beachten Sie bitte:
- Kommen Sie als Gastgeber rechtzeitig vorher und klären Sie mit dem Kellner, a) wo Sie sitzen (siehe „Wie wähle ich einen Tisch in einem Restaurant"), b) wer bezahlt und wie bezahlt wird. Am besten zahlen Sie nicht bei Tisch, lassen Sie die Rechnung (an die Firma) schicken. Das Trinkgeld sollten Sie entweder mitüberweisen oder – das Personal wird Sie dafür schätzen – gleich begleichen. Hier gilt: Es ist egal, ob Damen oder Herren einladen.

So geht ein Paar in einem Restaurant zum Tisch.

So geht ein Paar in einem Restaurant zum Tisch, geführt durch den Kellner/Geschäftsführer.

So gehen zwei Paare in einem Restaurant zum Tisch.

So gehen zwei Paare in einem Restaurant zum Tisch, geführt durch den Kellner/Geschäftsführer.

So geht ein Paar in einem Restaurant vom Tisch (jetzt geht die Dame vor).

So gehen zwei Paare in einem Restaurant vom Tisch (beide Damen gehen vor).

- Kommen Sie als Gast nie zu früh, sondern pünktlich oder sogar ein paar Minuten nach der vereinbarten Zeit (maximal 15 Minuten, idealerweise innerhalb von fünf Minuten nach der vereinbarten Zeit).
- Der Gast folgt dem Gastgeber zum Tisch. Geht der Kellner vor, so folgt ihm der Gast und der Gastgeber geht dahinter (siehe links).
- Der Gastgeber platziert die Gäste, wenn möglich, Damen rechts von Herren, Ehepaare getrennt voneinander. Der Gastgeber hat bei der Erstellung der Tischordnung auf folgende Punkte zu achten:
- Die Ranghöchsten sollten in Reichweite voneinander sitzen, nahe beim Gastgeber.
- Die Gäste werden gemischt gesetzt, sodass Mitarbeiter unterschiedlicher Unternehmen beisammensitzen. Es kommt bei Geschäftsessen kaum vor, dass gleich viele Damen und Herren zu Gast sind.
- Personen zusammenzusetzen, die beruflich bereits zusammenarbeiten, ist abzuwägen gegen die Möglichkeit, neue Bekanntschaften herzustellen bzw. zu vertiefen, indem diese Personen zu Tischnachbarn gemacht werden.
- Ausnahmen von der Rangordnung aus sachlichen Gründen machen Sinn. Ein ranghöherer Manager ist oft froh, wenn ein Spezialist oder Assistent auch während des Essens in der Nähe sitzt. Ist ein Dolmetscher involviert, muss entschieden werden, ob dieser auch mit bei Tisch sitzt oder hinter dem fremdsprachigen Gast und dolmetscht.
- Die Servicebrigade, die die Gäste betreut, sollte noch eingeschult und informiert werden. Dazu gehört auch, dass allen klar ist, welche Bedeutung jeder einzelne Gast hat, sodass das *Placement* für diese Profis

Aperitif mit kleinen Vorspeisen zum Naschen
Frische Fruchtsäfte
Haus-Früchtewodka
Fischcremesuppe mit Königskrevetten

Oma's legendäres Paprikahenderl
mit Kräuternockerln

*Apfel-Birnensaft oder Bier
oder – aus dem Keller des Hausherrn:
Weißwein (Name, Details & Jahr)
oder
Rotwein (Name, Details & Jahr)*

Heiße Liebe
Vanilleeis mit heißen Himbeeren

Dessertwein, Portwein

Kaffee, Tee, etc.

Stadt, Datum

Eine Speisekarte zu gegebenem Anlass verleiht Ihrem Essen eine sehr persönliche Note.

transparent wird. So wird es für alle leichter, einen perfekten Ablauf zu gewährleisten und zum Beispiel dem Ehrengast oder den ranghöchsten Personen zuerst zu servieren. Eine eindringliche Vorbesprechung verdeutlicht dem Personal die Wichtigkeit des Anlasses.

- Haben Sie keine Menüfolge vorgesehen, so wählen die Gäste ihre Speisen von der Karte, der Gastgeber wählt zusätzlich von der Weinkarte.
- Wird überhaupt Alkohol getrunken (was immer abgelehnt werden darf), so ist ein Glas meist genug. Faustregel: Nie mehr trinken als der Gastgeber. Problem: Leider wird oft erwartet, dass man zumindest so viel trinkt wie der Gastgeber.
- Ihre Kinderstube ist gefordert (Elmayer: „Früh übt sich ..."). Nichts wirkt demaskierender als schlechte Tischmanieren.
- Der Kunde bestimmt, wann und ob über das Geschäftliche gesprochen wird. Niemand muss den Alleinunterhalter spielen, jeder sollte mitreden. Weisen Sie Mauerblümchen Themen durch gezielte Fragen zu. Bereiten Sie sich auf *Small Talk* vor. Ein paar Themen aus der Tagespresse, die neuesten Gerüchte aus der Branche. Es fällt Ihnen sicher etwas ein. Es darf ausnahmsweise auch einmal nichts mit dem Geschäft zu tun haben, solange es nicht das Niveau verlässt.
- Der Gast lobt die Wahl des Restaurants und später die Qualität der Küche. Einmal beim Auseinandergehen ausführlich für die Einladung danken. Am nächsten Tag eventuell nochmals schriftlich oder telefonisch danken.

So ist die feine Tafel gedeckt. Man bedient sich von außen nach innen, der Nummerierung nach. Hier haben wir die gängigste Form, beginnend mit der Vorspeise (1), der Suppe (2), einem Fischgang (3), der auch kalt sein kann (geräucherte Forelle, beispielsweise) und dem Fleischbesteck.

Das Dessertbesteck ist über dem Teller eingedeckt, der Brotteller bleibt bis zum Dessert stehen, dort wird das Brot mit Butter abgelegt, das dortige Messer heißt daher Brot-Buttermesser.

Links liegt die Serviette, die man sofort nach dem Platznehmen aufnimmt, öffnet und halbiert gefaltet über den Schoß legt. Die Fingerschale sollte lauwarmes Wasser (vielleicht mit einer Zitronenscheibe) enthalten, um fette Finger zu reinigen (von Gerichten, die unter Zuhilfenahme der Finger gegessen wurden. Das aufmerksame Personal wird dazu eine separate Serviette reichen, es geht aber auch die eigene.).

Die Gläser sind für Wasser (A), Weißwein (B), Rotwein (C) und Sekt (D).

Wie wähle ich den Tisch in einem Restaurant

Sie wollen den Tisch,
- der Ihren Gästen die beste Aussicht bietet.
- nicht zu weit weg von einem reibungslosen Servierablauf, aber doch geschützt und ungestört, vielleicht sogar uneingesehen.
- nicht vor oder neben der Küchentüre (Geräusche, Gerüche und viel „Verkehr").
- nicht vor oder in der Nähe der Toilette.
- nicht neben oder nahe einer Besteckschublade oder einem Servicetisch, da dort immer geklappert wird.
- wo Sie der Kellner und Sie ihn jederzeit sehen können.
- von dem Ihre Gäste gute Sicht auf das Geschehen um sich herum haben und Sie auf sie.

Wie bestelle ich als Gastgeber

Es gibt zwei klassische Methoden, als Gastgeber zu bestellen. Ich warte, bis all meine Gäste gewählt haben und frage sie nun, was sie wünschen, merke mir alles und bestelle beim Kellner. Weniger demokratisch ist es, wenn ich als Gastgeber ein Menü vorschlage und alle mehr oder weniger dazu nötige, es zu essen.

Der Peinlichkeit, etwas beim Bestellen zu vergessen, kann man sich entziehen, wenn man die gebräuchlichste, die dritte Methode wählt: Man fragt, ob alle gewählt haben, dann ruft man den Kellner zu (und neben) sich und fordert vom Ranghöchsten hinunter einen nach dem anderen auf, seine Wünsche kundzutun. Der Kellner schreibt mit.

Niemals darf der Kellner unaufgefordert die Runde „abfragen", er wird sich höchstens höflich erkundigen, ob schon alle gewählt haben. In diesen ersten Minuten ist es die Aufgabe des Gastgebers, die Übersicht zu bewahren. Bei Gesellschaften über acht Personen empfiehlt es sich, dem Kellner den Auftrag zu geben, der Reihe nach abzufragen. Er sollte dann beim Ranghöchsten beginnen, den man ihm zeigt.

Niemals darf der Gastgeber als Erster bestellen, sehr wohl aber sollte er kundtun, was er zu bestellen gedenkt. Damit „setzt er den Standard" im Bezug auf die Anzahl der Gänge, die Länge des Essens und, man kann es ja ruhig sagen, auch in Sachen Budget. Bestellt der Gastgeber die teuersten Artikel von der Karte, so ist das zwar nicht das Signal zum gnadenlosen Angriff auf das Firmenbudget, aber doch eine gewisse „Freigabe". Bestellt er hingegen sehr moderat, so hält man sich als Gast entweder daran oder darunter oder folgt der Empfehlung des Gastgebers.

Wie bestelle ich Wein

So wie Sie Ihre Firma führen und Ihre Gäste in ein Restaurant einladen, sollten Sie auch die Weinbestellung perfekt hinbekommen. Ihnen vertraut man. Wenn Sie hingegen beim Weinbestellen unsicher sind und zögern, wird man Ihnen deshalb noch nicht Inkompetenz in geschäftlichen Belangen unterstellen. Souveränität hingegen hat noch keinem Ruf geschadet.

Die zwölf Gebote der Weinorder lauten:

1. Die Weinkarte wird dem Gastgeber präsentiert. Sollte er kein Fachmann sein oder aber keinen Wein trinken, so ist es üblich, dass er den Kellner um eine Empfehlung bittet oder kundige Gäste in die Wahl miteinbezieht.

2. Die alten Regeln: Weißwein zu Fisch und hellem Fleisch, Rotwein zu dunklem Fleisch sind vielleicht schmackhaft, aber längst nicht mehr verpflichtend. Jede Farbe passt zu jedem Essen, was speziell für all jene

wichtig ist, die gerne nur Rot- oder nur Weißwein trinken. Der Gourmet wird immer bestrebt sein, zu jedem Gang den farblich „richtigen" Wein zu wählen.

3. Das Alter eines Weines ist nicht immer ein Kriterium. Oft sind die Weine jung getrunken besser als die älteren. Manchmal ist es genau umgekehrt.

4. Fragen Sie in allen Belangen den Sommelier oder einen Ihnen kompetent erscheinenden Kellner (vielleicht den Wirt persönlich?). Darin ist er schließlich ausgebildet.

5. Wie in allen Lebenslagen ist Unkenntnis auch hier keine Schande, das Darüber-Hinwegspielen kann hingegen einen Wein zur Folge haben, der keinem schmeckt. Außerdem kann man immer nur dazulernen.

6. Wer vor seinen Gästen nicht die preislichen Kriterien diskutieren möchte (und wer will das schon?), kann dem Sommelier in der Karte ein oder zwei Weine zeigen, deren Preiskategorie man sich zumutet. Die einfühlsame Fachkraft wird daraufhin nur Weine empfehlen, die in dieser Klasse spielen.

7. Zugegeben, nur wenige Restaurants haben tatsächlich einen Sommelier. Basteln Sie Ihre eigene „Favoritenliste", die weitverbreitete Marken aus unserem Land beinhaltet. Da kann man schon mal eine sichere Aussage wagen wie etwa: „Mit einem Grünen Veltliner als trockenem Weißwein kann nichts schiefgehen!"

8. Der Probschluck dient dazu, den ausgesuchten Wein zu verkosten. Zunächst studieren wir seine Farbe, indem wir das Glas leicht schwenken und gegen eine Lichtquelle halten. Dabei beobachten wir ebenso, wie rasch der Rand der Flüssigkeit vom Glas wieder nach unten rinnt. Je langsamer es geht (hohe Schlierenbildung), umso stärker ist der Alkohol- und Zuckergehalt.

9. Dann drehen wir den Wein schnell im Glas, um ihn „aufzubrechen" und sein Aroma zur Entfaltung zu bringen. Jetzt wird rasch die Nase an und in das Glas gehalten und der Duft tief eingezogen. Hier riecht man zum ersten Mal, ob der Wein korkt (siehe Tipp). Nun endlich kostet man den Wein. Dabei entscheiden Sie nun, ob er Ihren Vorstellungen entspricht und auch auf die restlichen Gläser verteilt werden darf. Dazu nicken Sie dem Sommelier oder dem servierenden Kellner zustimmend zu. Sind Sie sich nicht sicher, weil beispielsweise ein leichter Korkgeschmack Ihre Wahrnehmungen stört, so ist es kein Beinbruch, wenn man noch jemanden vom Tisch oder den Einschenkenden bittet, den Wein zu kosten.

10. Der Gastgeber kann den Probeschluck auch delegieren, falls er selbst keinen Wein trinkt oder einem Weinexperten den Vortritt lassen möchte.

11. Wein ist das einzige Getränk bei formellen Anlässen, mit dem man sich streng genommen zuprosten darf. Natürlich hebe ich in fröhlichen Runden manchmal ein Bierglas und sage: „Zum Wohl". Ein Weinglas hält man immer am Stiel, ohne dabei eine Faust zu machen oder seine Finger wegzuspreizen.

12. Achtung: Speziell beim Besuch eines Wiener Heurigen unterschätzen ausländische Gäste die Wirkung des Weines. Achten Sie bei asiatischen Gästen besonders darauf, dass sie nicht zu viel „erwischen"! Ihnen wäre der Gesichtsverlust am nächsten Morgen so peinlich, dass dies Ihre Beziehungen ernsthaft gefährden kann. Raten Sie zu einem Glas Wasser, Mineral- oder Sodawasser als Begleitgetränk und trinken Sie Ihren Gästen vor, wie man es macht. Es ist unangenehm, seine Gäste betrunken zu machen, da auf die abendliche Freude am nächsten Morgen eine peinliche Leere folgt.

TIPP

Der Wein korkt, wenn die Flasche mit einem Kork verschlossen war, der zu viel Eigengeschmack an den Wein abgegeben hat (teilweise durch das künstlich forcierte Wachstum der Korkeiche verursacht – der Kork wächst großporiger und bietet Schimmelpilzen leichter Platz).

Heute werden viele Weine mit Kunststoffkorken, Glas- oder Metallverschlüssen verschlossen und korken daher nie! Das ist übrigens nur akzeptabel, wenn der Wein, der solcherart nicht atmen kann, keine weitere Entwicklung in der Flasche benötigt.

Vorsicht ist auch bei der Lagerung gegeben. Wein muss ohne Geruchsbelästigung gelagert werden, da er, wie der populäre Weinpfarrer Denk meint, „wie ein Jagdhund ist, der jede Witterung aufnimmt."

Sollte Ihr Wein also korken und sollten noch alle Gläser voll sein, kann und sollte man reklamieren. Der Wirt ist verpflichtet, den Wein zurückzunehmen und eine neue Flasche vor Ihren Augen zu öffnen. Es gilt als unhöflich, jede Menge Wein zu trinken und sich danach über einen Korkgeschmack zu beschweren. Sollten Sie als Gast der Einzige sein, dem der Korkgeschmack auffällt, so ist es unter guten Freunden gewiss kein Fauxpas, wenn Sie den Gastgeber darauf aufmerksam machen. Bei einem Bankett, bei dem gleichzeitig aus mehreren Flaschen eingeschenkt wird, obliegt es dem jeweiligen Tisch, diesen Missstand zu melden.

Wie verlange ich die Rechnung

Das Essen war gut, die Konversation erquicklich, der Kaffee ist auch schon getrunken und nach einiger Zeit blickt man besorgt auf die Uhr: Es ist Zeit, man muss zurück ins Büro.

„Die Rechnung, bitte!" deutet/nickt/pantomimisiert man dem Kellner, denn in guten Lokalen „zahlt" man nicht einfach, man „verlangt" die Rechnung. Der Kellner dreht sich geschäftig ab und sprintet zum Kassa-Terminal.

Minuten vergehen, doch die Rechnung kommt nicht.

Der Kellner auch nicht.

Eine andere Bestellung, ein Telefonat, irgendetwas hat ihn abgelenkt.

Sie können nun aufstehen und gehen, denn Sie haben versucht, zu bezahlen. Das aktiviert für gewöhnlich alle Geschäftssinne des anwesenden Personals und die Rechnung ist nur noch eine Angelegenheit von Sekunden. Um diesen Auftritten vorzubeugen, können Sie aber genauso gut die Rechnung mit Ihrer letzten Bestellung verlangen, dem Kaffee, zum Beispiel.

So können Sie gleich nachhaken, wenn die Rechnung nicht mit dem Kaffee mitkommt und darauf bauen, dass sie in kürzester Zeit nachgereicht wird.

Sobald Ihre Kreditkarte wieder am Tisch ist, können Sie theoretisch wie praktisch gehen. Ihre Unterschrift ist nur noch Formsache. Das Trinkgeld hingegen nicht.

Wie gebe ich Trinkgeld und ... wie viel

Trinkgeld kann man diskret zustecken, mit generöser Gönnergeste beim Verlassen des Lokals in die freundlich ausgestreckte und auffällig nach oben geöffnete Hand des Kellners drücken, in der Rechnungsmappe liegen lassen oder theatralisch in einem Kuvert überreichen. Kommt darauf an, wo, wie, wann ...

Wie viel gibt man? In Österreich ist das sehr einfach, meinte schon Ludwig Hirschfeld:

„Es ist üblich, mehr zu geben als das Übliche."

Nun, wie viel ist üblich? Das ist relativ leicht auf den Punkt gebracht: zehn Prozent der Rechnungssumme, wenn man zufrieden war, 15 bis 20 sind schon ein ganz großes Dankeschön für exquisitesten Service. Das gilt auch international.

Kein Trinkgeld nach einem großen Menü ist eine sehr klare Nachricht an den Besitzer des Lokals, der sich in diesem Falle unverzüglich mit dem Gast verständigen muss, was nicht in Ordnung war. In New York kann Sie schon einmal ein Oberkellner bis auf die Straße verfolgen, weil Sie aus Protest gegen den schlechten Service in seinen Augen zu wenig Trinkgeld gegeben hatten. Trinkgeld (*Tip* genannt) ist dort der Hauptbestandteil des Einkommens des Servierpersonals. Kein Trinkgeld zu geben ist daher nur in wirklich begründeten Ausnahmesituationen zulässig.

Dem Botenfahrer des Kurierdienstes kann man je nach Sendungsumfang und Häufigkeit 50 Cent oder einen Euro geben. Dem Briefträger ebenso. Damit stellen Sie sicher, dass er es nicht beim gelben Benachrichtigungszettel im Postfach belässt, sondern Sie mit einer wichtigen Briefsendung wirklich verfolgt, bis er Sie gefunden hat.

In einer größeren Firma geben Sie dem Briefträger zu den Festtagen wie Ostern und Weihnachten sowie Neujahr ein Kuvert mit einer entsprechenden Summe (ab zehn Euro aufwärts).

Weitere Trinkgeldempfänger sind hierzulande die Müllabfuhr, Rauchfangkehrer, Kanalräumer, freiwillige Feuerwehren, Rettungsdienste etc.

TIPP zum Tip

In einem Hotel werden Sie nach einem einwöchigen Aufenthalt, wenn Sie überaus zufrieden waren, eine kleine Dankesnote an das Etagenpersonal schreiben und eine entsprechend ansprechende Summe (vulgo: Tip) in einem Kuvert beifügen.

Wollen Sie alle Stubenmädchen, die die letzten Tage Ihren Aufenthalt verschönert hatten, bedenken, so schikken Sie das Kuvert an die Hausdame, die auch Gouvernante oder englisch Housekeeper genannt wird.

Wie essen Engländer ihre Suppe

Andere Länder, andere Sitten. Wundern Sie sich nicht, wenn ein Engländer mit unserem Suppenlöffel auf Kriegsfuß steht. Seiner ist nämlich kreisrund und er wird seitlich in den Mund geschoben. Unserer ist ja bekanntlich spitz zulaufend und wird mit dieser Spitze voran in den Mund gesteckt.

Sie sehen: So wie hier gibt es weltweit unzählige Unterschiede. Informieren Sie sich, bevor Sie reisen. Ihre Gäste werden das Gleiche tun, bevor Sie nach Europa kommen. Dabei sollten Sie nie müde werden, Ihren Gästen unsere europäischen Sitten und Gepflogenheiten unaufdringlich vorzumachen und solcherart zu zeigen, wie man es macht. Seien Sie aber nicht überrascht, wenn sich Ihr Gast bestens auskennt: Schließlich sind unsere Umgangsformen weltweit bekannt und oft ein Vorbild.

Wie esse ich zweimal täglich und bleibe trotzdem schlank

Die halbe Welt macht ein Riesentheater um Diäten und Abnehmen. Dabei geht es ganz einfach:
- Bestellen Sie die halbe Portion.
- Reden Sie, während Ihre Gäste essen. Erzählen Sie

Geschichten, verkaufen Sie Ihre Anliegen, preisen Sie Ihre Produkte an und gehen Sie auf die Speisen Ihrer Gäste ein. So merken diese nicht, dass Sie eigentlich kaum mitessen. In Ihrem Stammrestaurant können Sie den Küchenchef in Ihre Taktik einweihen und er wird Ihnen immer kleinere Portionen schicken, ohne dass Sie sie extra bestellen müssen!

- Essen Sie langsam. Wenn die Schnellsten fertig sind, legen auch Sie Ihr Besteck weg.
- Bestellen Sie Salat oder Gemüseplatten. Die machen satt und haben wenig Kalorien.
- Bestellen Sie als Hauptspeise eine vergrößerte (oder normale) Vorspeisenportion.
- Trinken Sie nie Alkohol zum Essen.
- Kein Filterkaffee, nur kurze Espressi (kein Zucker sowieso, aber das wussten Sie schon).
- Keine Naschereien zwischen den Mahlzeiten.
- Streichen Sie das Abendessen, wann immer möglich.
- Trinken Sie Wasser, wenn Sie hungrig sind.
- Wenn Sie am Nachmittag den Abfall des Blutzuckerspiegels nicht kompensieren können, essen Sie Trauben oder einen Apfel.
- Benützen Sie kleinere Teller, wenn Sie selbst kochen.
- Falls Sie Gewichtsprobleme befürchten, wiegen Sie sich täglich auf der selben Waage. So können Sie sofort reagieren und einen Fastentag einlegen. Falls das nicht geht: siehe oben!
- Lassen Sie niemals Ihr teuerstes Kostüm/Ihren teuersten Anzug weiter machen.

Wie entkomme ich der Alkoholfalle

Wir widmen dem Thema Alkohol hier gerne eine Zeile zu viel als zu wenig (also keine Sorge, Sie sehen nicht doppelt). Es ist eine weit verbreitete Droge, die im geschäftlichen Bereich für vielerlei Störungen und Unannehmlichkeiten sorgt. Das beginnt beim offiziellen Glas Sekt zum Frühstück („Happy Birthday"), geht über das eine oder andere Glas Wein beim Mittagessen und dem kleinen „Schnapserl" danach bis hin zum heimlich in der Kaffeeküche hinuntergekippten Nachschub aus dem Flachmann.

Halten Sie sich im Businessalltag an diese einfachen Regeln:

- Trinken Sie nie zu Mittag. Sie können nach zwei Drinks nicht mehr so gut arbeiten. Sie wissen das doch selbst!
- Nehmen Sie sich abends vor, nur ein (maximal zwei) Glas zu trinken.
- Lassen Sie sich nicht mehr nachschenken.
- Trinken Sie stattdessen Fruchtsäfte.
- Wenn Sie Lust auf Alkohol verspüren, putzen Sie sich die Zähne oder (ausnahmsweise) stecken Sie sich zu Hause einen Kaugummi in den Mund.

Sollten Sie im Dienste der Firma „an die Front" müssen, so halten Sie sich bitte an folgende Tricks:

1. Vor dem Alkoholgenuss gut essen (Lasagne, Nudelsalat, Eier- und Thunfischgerichte, fette und ölige Gerichte helfen, die Aufnahme von Alkohol ins Blut zu verzögern). Viel Wasser trinken.

2. Langsam trinken. Je langsamer man trinkt, desto weniger Alkohol gelangt ins Blut und damit unter anderem ins Gehirn – selbst wenn man über den Abend verteilt „ständig" trinkt. Grund: Der Organismus kann pro Stunde etwa 7 Gramm Alkohol verbrennen, der

Rest bleibt im Blutkreislauf. (Genauer 0,1 Promille pro Stunde; oder 1g pro 10kg Körpergewicht, bei Frauen etwas weniger. Der Abbau des Alkohols einer Flasche Bier mit ca. 16g Alkohol dauert 1–2 Stunden.)
3. Achtung vor Kohlensäure: Alles, was Bläschen hat, ist verhängnisvoll: Die Kohlensäure beschleunigt den Marsch des Alkohols ins Blut.
4. Meiden Sie süße Getränke wie Cocktails und Mixgetränke, der Zucker verstärkt den Kater.
5. Kontrolliert trinken und nach einem Glas Alkohol zum Wasser, Juice oder Coca-Cola wechseln. Es könnte hingegen Ihren Ruf als verantwortungsbewusster Mensch begründen oder festigen.

Noch vor dem Schlafengehen und sofort nach dem Aufstehen viel Wasser trinken. Wer noch so weit blickt, nimmt noch vor dem Schlafengehen eine Kopfschmerztablette.

TIPP

Geschäfte basieren oft auf Trinkfestigkeit und auf der Fähigkeit, trotz zwei Promille scheinbar relativ klar denken zu können. Verbrüderungsrituale können die Basis für exzellente Geschäftsverbindungen sein. Sie sind vielleicht wirklich noch zu unglaublichen Gedankensprüngen imstande, aber die Wahrscheinlichkeit, dass Sie sie am nächsten Tag vergessen haben, wächst mit dem Alkoholpegel. Machen Sie sich Notizen!

Wie überlebe ich die Firmenfeier

Jetzt werden wir wirklich altmodisch, aber die Antwort ist schlicht und ergreifend: „Mit Anstand."

Disziplin und Zurückhaltung werden zur Säule Ihres Rufes. Wenn Sie hingegen einmal, auch nur ein klein wenig, entgleisen, merken sich das ALLE für IMMER. Und die nicht dabei waren, erfahren es. Sie merken sich auch, ob Sie ein „Langweiler" sind, falls Sie es nicht schaffen, Ihren natürlichen Humor und Charme zu entfalten.

Sieben Todsünden und wie Sie diese vermeiden:

1. Sie verbrüdern sich mit Ihren Mitarbeitern.

   a. Wollen Sie am nächsten Tag vom Lehrling am Gang mit einem „Na, wie geht's Dir denn heute?" begrüßt werden (und die/der macht das garantiert. Und lautstark. Es soll ja jeder wissen) oder WILLST DU DAS NICHT? Dann bleiben Sie bei der im Betrieb üblichen Anrede.

   b. Sie wollten schon immer mit X oder Y per Du sein, jetzt ist die Gelegenheit: Na gut, wenn's sein muss. Aber verbessert das die Arbeitssituation (= alle anderen Tage des Jahres)? Wenn nein, halten Sie sich doch einfach zurück.

   c. Es ist passiert, Sie bereuen es. Kehren Sie am nächsten Morgen im Büro wieder zum „Sie" zurück. Ein „Ich wusste nicht, wie gut SIE tanzen!" (oder so ähnlich) hilft.

2. Sie trinken zu viel.

   a. Sie neigen dazu: Dann tun Sie es zu diesem Anlass einfach NICHT! Unter keinen Umständen! Betrinken Sie sich nie und vor allem nicht in der Öffentlichkeit und schon gar nicht vor Ihren Arbeitskollegen.

b. Sie glauben, Sie müssen zeigen, dass Sie auch was vertragen: entweder – oder eben nicht. Falls nicht, dann sagen Sie doch klipp und klar, dass Sie nie viel trinken und es daher auch heute nicht tun.

c. Die Stimmung war so lustig und es hat sich so ergeben: Hoffentlich haben Sie vorgebeugt (siehe „Wie kraule ich den ‚Kater'").

d. Sie können sich an nichts erinnern: Konsultieren Sie eine vertraute Person und stellen Sie fest, was Sie angestellt haben. Machen Sie in Vier-Augen-Gesprächen klar, dass Sie es nicht so wollten und entschuldigen Sie sich. Meist ist alles allen Beteiligten peinlich. Das liegt in der inkonsequenten Natur des Katers.

3. Sie schimpfen über die Firma.

a. Den Mutigen gehört die Welt. Ihnen am nächsten Tag das kleine Kuvert mit einer Abmahnung oder gar der Kündigung auf Ihrem Schreibtisch.

b. Sie werden am nächsten Tag zur Rede gestellt: Fassen Sie sich ein Herz: „Ich bin offen gestanden froh, dass ich den Mut gefunden habe, meine lange gesammelten Verbesserungsvorschläge vortragen zu dürfen. Ich denke schon lange über diverse Umstrukturierungen zum Wohle der Firma nach ..."

4. Sie haben verborgene Talente – jetzt nicht mehr.

a. Entweder singen, steppen oder zaubern Sie unglaublich gut – oder Sie haben sich gehörig blamiert.

b. Testen Sie Ihre Talente vorher vor einem gnadenlos ehrlichen Publikum (Ihren Kindern?). Wenn Sie durchfallen, dann können Sie sich vor Ihren Mitarbeitern nur lächerlich machen. Hände weg.

5. Sie schlagen Spiele vor, die niemand mag.

a. Ihr Abteilungsleiter fand es besonders lustig, im Anzug den Apfel aus dem mit Wasser gefüllten Waschbottich zu fischen – mit dem Mund, Hände am Rücken verschränkt. Seine Krawatte wirkt nass viel dunkler. Wieso müssen Sie sich überall einmischen?

b. Wollen Sie, dass man in Hinkunft Spiele vorschlägt, die Sie im Büro spielen sollen? Heftklammern mit den Lippen schlichten, Laptop mit der Nase aufmachen ...

6. Sie führen Ihren betrunkenen Chef nach Hause.

a. Wenn Ihnen auch nur geringfügig nachgesagt werden könnte, dass Sie mit Ihrem Chef die Nacht verbringen, setzen Sie Ihren Boss in ein Taxi. Nichts hält länger als dieses dumme Gerücht.

b. Erwähnen Sie es am nächsten Tag nicht mehr.

c. Sollte sich Ihr Boss nochmals bedanken, spielen Sie es herunter mit „Es waren alle ein bisschen müde".

7. Sie verwechseln die Firmenfeier mit einer privaten Party. Sie flirten mit der Kollegin, obwohl alle wissen, dass Sie verheiratet sind, und werden zudringlich, obwohl die Dame nichts von Ihnen wissen will.

a–z. Die Antwort können Sie sich doch denken, oder?

Ach ja, da war noch etwas: Laden Sie nie einen Kunden zu Ihrer ausgelassenen Firmenfeier ein. Er könnte einen falschen Eindruck von Ihrem seriösen, eleganten und vornehmen Unternehmen bekommen.

Wie sinnvoll sind Überraschungsparties

Die Feier im betrieblichen Bereich sollte gut vorbereitet werden, am besten (und tatsächlich nur von dieser) von einer Vertrauensperson des Überraschten. Nur sie weiß, ob der Gefeierte das überhaupt mag.

Halten Sie sich zurück, plötzlich in die Privatsphäre eines Menschen einzudringen, indem Sie Privates zu Öffentlichem machen.

Geeignet für „öffentliche" firmeninterne Überraschungsparties sind langjährige Firmenzugehörigkeit, Abschiede, runde Geburtstage und die Geburt eines Kindes oder Enkelkindes. Generell ist alles geeignet, was derjenige auch allen kundgetan hat.

Wie kraule ich den „Kater"

Es ist, wie schon im vorangegangenen Kapitel angeschnitten, manchmal schwierig, bei gesellschaftlichen Auftritten wenig Alkohol zu trinken. Nur dem totalen Abstinenzler wird dies gestattet. An vorderster Businessfront wird manchmal heftig „kampfgetrunken" und nicht selten wird so mancher Vertragsvorteil beim letzten „Glaserl" zugestanden. Nur die Harten kommen durch. Bereiten Sie sich auf solche Einsätze gut vor (siehe auf den Folgeseiten).

Das gemeinsame Trinken verbindet zunächst ungemein. Dass am nächsten Morgen aber dann ein Brummschädel für „Kater"stimmung sorgt und das schlechte Gewissen nagt („Wie war das gestern noch mal?", „Wo waren wir da noch?" und „Habe ich mich danebenbenommen?"), ist leider nur zu häufig.

Regel Nummer eins: Lassen Sie einen Geschäftspartner niemals so viel trinken, dass er sich (oder Ihnen) am nächsten Tag Vorwürfe machen muss. Viele Leute sind es nicht gewohnt, Wein in Mengen zu trinken, wie es zum Beispiel bei unserem Heurigen üblich ist. Der heiß ersehnte Ausflug nach Grinzing kann so zum Bumerang werden. Am nächsten Morgen ist das Wiedersehen eine peinliche Angelegenheit, und voller offener wie ungestellter Fragen.

Genauso gilt eine sogenannte „Fahne", also ein nach Alkohol riechender Atem, als peinlich. Ihr Visavis kann schlecht einschätzen, ob Sie starke homöopathische Tropfen eingenommen haben (die auf Alkohol basieren können), ob Sie gerade getrunken haben und vielleicht gar nicht richtig zurechnungsfähig sind, oder ob da noch die Spuren der letzten Nacht grüßen.

Wir haben hier ein paar praktische Tipps:

Nachwehen resultieren aus:

Alkohol entzieht den Körperzellen Flüssigkeit (führt zu Durst = „Brand").

Entzugsschock, die Wirkung des Alkohols lässt langsam nach (Schüttelfrost, Zittern, Herzklopfen).

Wichtige Vitamine und Spurenelemente sind mit dem Alkohol aus dem Körper ausgewaschen (Kopfschmerzen, Übelkeit, Schwindelgefühl).

Kurieren:

Am Morgen danach

- müssen Sie Flüssigkeit zuführen, Vitaminsäfte wie Orangen- oder Tomatensaft* transportieren den Restalkohol aus dem System. Die Säfte enthalten Vitamin C und Fruktose, eine Zuckerart, die den Alkohol im Körper schneller verbrennt. Besonders viel davon steckt auch in Honig. (*Tomatensaft bitte, nicht die *Bloody Mary* mit Wodka, sondern die jungfräuliche Schwester *Virgin Mary*, mit einer Stange Sellerie.)

- Eine Tasse Rindssuppe gleicht das Defizit an Salz und Kalium aus.

- Kaffee hilft gegen Kopfschmerzen, das Koffein erhöht die Herztätigkeit, steigert den Blutdruck und die Körpertemperatur, stimuliert die Muskeltätigkeit, erweitert die Bronchien und die Blutgefäße.

Kaffee mit Zitrone hemmt das Schmerzempfinden bei

besonders starken Kopfschmerzen.
- Allheilmittel Zeit: Rasten und geringe körperliche Beanspruchung.
- Das Katerfrühstück fällt meistens etwas deftiger aus als sonst. Dazu gesellen sich saure und scharfe Gelüste (Essiggurken, Rollmops). Man sollte aber tatsächlich KEINE fette Nahrung zu sich nehmen (das hätte man am Vorabend und DAVOR tun sollen). Sie würde nun zu einer übermäßigen Belastung des Verdauungsapparates führen.

Bestens geeignet: Fruchtzucker in Form von Obst wie Bananen oder Äpfel und vor allem: Tomaten! Spaghetti mit Tomatensauce oder Lasagne können Wunder vollbringen (die Tomate enthält Wirkstoffe, die dem Abbau von Alkohol dienen).
- Joghurt deckt eine nicht allzu heftige Alkoholfahne zu. Sonst sollten Sie auf zu viele Milchprodukte verzichten.
- Machen Sie einen langen Spaziergang, frische Luft tut Ihnen gut.

TIPP

Riechen Sie nach Alkohol, so wird man Anzeichen von Alkoholismus bei Ihnen suchen. Wirken Sie unsicher? Zittern Sie? Egal, der erste Eindruck ist ruiniert und damit stehen wichtige geschäftliche Chancen auf dem Spiel (schon das kleine Bier zum Mittagessen führt zur „Fahne" und kann Ihren Ruf nachhaltig ruinieren).

Reisen

Wie bereite ich mich auf eine Reise vor	287
Wie packe ich meinen Koffer	289
Wie habe ich immer alles dabei	
Thomas Schäfer-Elmayers persönliche Packliste	290
Wie lautet die Sitzordnung im Auto	291
Wie bekomme ich immer das beste Hotelzimmer	293
Wie überwinde ich Jetlag	295

REISEN

Wie bereite ich mich auf eine Reise vor

Bevor Sie sich in die Ferne begeben, sollten Sie sich über Ihr Reiseziel so gut es geht informieren. Abgesehen davon, dass Sie sich Impfempfehlungen holen und sich über Einreiseformalitäten erkundigen. Es macht einen guten Eindruck auf Ihre Geschäftsfreunde, wenn Sie nicht ganz unwissend in deren Land ankommen.

Hier sind einige Tipps, über welche Themen Sie sich schon vorher informieren sollten:

- Klima, Geografie: Wo liegt das Land, welche Staaten, Meere grenzen daran, wie heißen die größten Städte des Landes?
- Bevölkerung: Wie viele Einwohner, welche Bevölkerungsstruktur, verschiedene Bevölkerungsgruppen, Landessprache, Einkommensverhältnisse, Bildungsstandards, Religionen?
- Politik: Welche Staatsform, welche Parteien gibt es, wie heißen die wichtigsten Politiker im Land?
- Wirtschaft: BNP, welche Wirtschaftszweige dominieren im Land, sind Rohstoffe vorhanden, welche großen Konzerne oder Unternehmen gibt es, Lohnniveau?
- Die Geschäftspartner, mit denen Sie zusammentreffen, und Ihre Konkurrenten.

TIPP

Wenn Sie Interesse für das Gastland und seine Traditionen zeigen, signalisieren Sie damit Offenheit und Wertschätzung für Ihre Partner. Respekt und Achtung füreinander sind mit Grundlagen einer vertrauensvollen Geschäftsbeziehung.

Bedenken Sie, dass Sie im Ausland immer ein Bote Ihres Heimatlandes und Ihrer Kultur sind. Deshalb ist es besonders wichtig, dass Sie Ihre eigenen Sitten und Gebräuche beherrschen. Dazu zählt die Kenntnis um die politischen, wirtschaftlichen und sozialen Umstände Ihrer Heimat. Als Österreicher sollten Sie einen Wiener Walzer beherrschen. Sie beweisen so Kompetenz und Sicherheit, die Ihren Geschäftspartner bestärken werden, in Ihnen einen verlässlichen Partner zu sehen.

Die sechs wichtigsten Tipps für Geschäftsreisen:

1. Die Sicherheitsregulationen ändern sich dauernd. Die Webseite Ihrer Airline enthält die neuesten Regeln.

2. Die Telefonnummer Ihrer Airline/Ihres Reisebüros im Handy speichern. Wird Ihr Flug abgesagt, sofort anrufen: Die Sitze im alternativen Flug sind schnell weg und der nächste Buchungsschalter ist sicher belagert.

3. Reisen mit Kollegen zu einem Termin verleiten zur Diskussion von geschäftlichen Inhalten. Vergewissern Sie sich, dass niemand lauscht. Das Gleiche gilt für Telefonate. Vielleicht sitzt Ihre Konkurrenz hinter Ihnen.

4. Ist Ihr Hotelzimmer gebucht? (siehe auch: „Wie bekomme ich immer das beste Hotelzimmer"). Reservierungscodes, auch von Flügen, im Handy speichern.

5. Tragen Sie eine Kopie Ihrer wichtigsten Reiseunterlagen, Kreditkarten und Ausweise (Führerschein – Mietwagen) mit sich (Unterlagen in den Kopierer legen

UND wieder herausnehmen!). Stecken Sie Ihre Dokumente in eine Innentasche.

6. Vermeiden Sie die sechs tödlichen Worte: „Wissen Sie nicht, wer ich bin?" Der, der Ihre Beschwerde bearbeitet, benötigt Ihre Kooperation. Höflichkeit und Ihre Mithilfe zur Lösung eines Problems sind am Platz, nicht Wichtigtuerei.

Wie packe ich meinen Koffer

Reisen Sie mit Gepäckstücken aus einer Serie. Wo immer Sie ankommen und wohnen werden, Ihr Gepäck ist ein Teil Ihrer Erscheinung, Ihres Images. Nehmen Sie solides, leichtes und versperrbares Schalengepäck mit Rädern, wenn Sie eine Flugreise machen. Wenn es sich um eine kurze Reise handelt, beschränken Sie sich auf Kabinengepäck. Informieren Sie sich immer über die Wetterbedingungen an Ihrer Destination.

Dame: Wählen Sie einen dunklen Hosenanzug mit geschlossenen Pumps. Mehrere Oberteile (Seidenbluse für den Abend, eventuell ein Samtblazer, Pulli, Tagesblusen, Tops für Business-Termine, eventuell ein zweites Paar Schuhe) und diverse Accessoires machen aus dem Business-Outfit mit wenigen Handgriffen einen Abendanzug. Das kleine Schwarze, knitterfrei, ist der absolute Geheimtipp.

Herren: Die klassische graue Hose mit dem dunkelblauen Blazer ohne Metallknöpfe ist immer eine gute Wahl. Die Hemden für den Abend sind weiß (eventuell mit Manschettenknöpfen) und die Krawatte ist eleganter als tagsüber. Bei Trips von mehr als zwei Tagen packe ich einen zweiten Anzug und ein zweites Paar Schuhe ein.

Packen Sie Kleider ein, die nicht so leicht verknittern. Reduzieren Sie Ihre Garderobe auf wenige Basisteile in ein oder zwei Grundfarben und einige Oberteile, die zu beiden Farben getra-

Wie habe ich immer alles dabei

Ich packe meinen Koffer immer nach einer Liste, die ich von Zeit zu Zeit aktualisiere. So spare ich viel Zeit und muss nicht dauernd überlegen, was ich noch brauchen könnte.

THOMAS SCHÄFER-ELMAYERS PACKLISTE
(Je nach Reise gekürzt)

- Smoking oder Frack mit allen Accessoires und Lackschuhen (meine Dienstkleidung)
- Anzüge
- Freizeithosen (kurz und lang)
- Elegante Hemden
- Manschettenknöpfe
- Krawatten
- Sporthemden
- Polohemden
- T-Shirts
- Elegante Socken
- Sportsocken
- Unterhosen
- Unterhemden
- Pyjamas
- Badehosen
- Elegante schwarze Schuhe
- Sportschuhe
- Laufschuhe
- Hausschuhe
- Badeschuhe
- Handschuhe
- Mütze
- Hut
- Schal
- Sonnenbrille
- 2 Gürtel (schwarz und braun)
- Pullover
- Eleganter Mantel
- Parka
- Reisedokumente
- Necessaire
- Handtuch
- Bademantel
- Geräte (Handy, Laptop, Internetverbindung etc.)
- Ladegeräte und Adapter (Handy, Laptop etc.)
- Seminarkoffer
- Schreibzeug
- Terminkalender
- Adressbuch
- Bücher
- Sportgeräte (Taucherbrille, Schiausrüstung, Bergschuhe, Fernglas, div. Handschuhe, Tenniszeug usw.)

gen werden können. Einige Accessoires, elegante und bequeme Schuhe für lange Tage sind wichtig.

Wenn Sie öfter geschäftlich unterwegs sind, sollten Sie immer ein gepacktes Necessaire und Ihre persönlichen Utensilien beisammenhaben, die Sie dringend benötigen oder an die Sie gewöhnt sind (Medikamente, Regenhut, Etui mit extra Manschettenknöpfen und Hemdenstäbchen, Ladegerät oder Adapter etc.).

Im Flugzeug: Während einer Flugreise wird der Herr ein Sakko oder einen Blazer (praktisch für Tickets, Pässe etc.), die Dame vielleicht einen Hosenanzug tragen. Immer praktisch sind Wollwesten, die man nach Stärke der Klimaanlage leicht an- oder ausziehen kann.

Ein Seidentuch oder Paschmina-Schal ist ein wichtiger Reisebegleiter, da es immer irgendwo ziehen kann. Ebenso sind Handschuhe sehr praktisch, wenn man sich nicht so oft die Hände waschen kann. Die Handtasche der Dame darf in diesem Fall etwas größer sein (wenn Sie nicht ohnehin mit einem Aktenkoffer oder einer Laptoptasche unterwegs sind), da man vieles unterbringen sollte (Reisedokumente, Tickets, ein Buch, Zeitung, Sonnenbrille, Lesebrille, kleines Kosmetiktäschchen ...).

Wie lautet die Sitzordnung im Auto

Sie werden auf einer Geschäftsreise vom Flugplatz abgeholt, oder, machen wir es einfach: Sie holen einen Geschäftspartner vom Flugplatz ab. Schon beim Einsteigen gilt es, verschiedene Dinge zu beachten, denn auch hier spielt die Etikette mit:

Die Wertigkeit der Sitzplätze im Auto variiert nämlich. Am einfachsten demonstrieren wir das so:

Sie fahren, Ihr Gast sitzt neben Ihnen.

Ihr Chef ist dabei: Sie fahren, Ihr Chef sitzt mit dem

Gast hinten. Ihr Chef hinter dem Fahrersitz, der Gast auf dem Ehrenplatz hinter dem Beifahrersitz, der leer bleibt.

Sie werden chauffiert und sitzen beide hinten (wie 2.).

Sie werden chauffiert, Ihr Chef ist dabei: Sie sitzen am Beifahrersitz, Ihr Chef hinter dem Fahrer, der Gast hinter Ihnen.

Ein Chauffeur bietet seinem Passagier den Platz hinter dem Beifahrersitz an. In Limousinen ist dies nach wie vor der Ehrenplatz und meist auch der sicherste Platz.

Übrigens und bei aller Gleichberechtigung: Damen sollten dem Gentleman die Chance geben, ihnen den „Schlag" (altmodisch für Türe) zu öffnen. Wenn Sie einfach einsteigen, wird er sich auch beim Aussteigen nicht mehr darum kümmern, wie Sie in den Wagen kommen.

Und noch mehr Etikette im Auto:

Fragen Sie, ob sich Ihr Passagier wohl fühlt.

Ist die Temperatur angenehm?

Fahren Sie zu schnell?

Ist der Ehrensitz gar nicht gewünscht („Hinten wird mir immer schlecht", „Ich sitze gar nicht gerne vorne") und ist es recht, dass der Aktenkoffer im Kofferraum verstaut wird?

Halten Sie die Türe auf, bei Regen spannen Sie den Schirm darüber, bis die Türe geschlossen ist bzw. der Gast trocken unter dem Schirm steht. Gehen Sie immer vorne um den Wagen herum, wenn Sie die Seite wechseln. Das ist eine alte Tradition, damit man Sie sieht und nicht das Gefühl hat, Sie tun etwas hinter dem Rücken der Passagiere, das diese nicht sehen dürfen.

Wie bekomme ich immer das beste Hotelzimmer

Nichts (!) ist wichtiger, als wie Sie sich nach einem harten Reise- und Arbeitstag betten und welches Frühstück Sie am nächsten Tag erwartet.

Vielleicht macht es Ihnen Spaß, ein paar Tricks auszuprobieren, wie Sie sich am besten *upgraden* lassen können.

1. Sie haben reserviert. Rufen Sie während der Anreise in Ihrem Hotel an und fragen Sie, ob noch Zimmer frei sind. Sind noch Zimmer frei, so haben Sie (Ver-)Handlungsspielraum (sind keine frei, bestätigen Sie jetzt besser Ihre Buchung).

Fragen Sie, welche Kategorien noch frei sind. Sind noch viele Zimmer frei? Erkundigen Sie sich, welche Zimmer die ruhigste Lage haben, wurde kürzlich renoviert, welches Zimmer hat das größte Bad, King-Size-Bett oder zwei Einzelbetten, führen die Fenster zur Straße oder zum ruhigen Innenhof, kann man sie öffnen, gibt es W-LAN (Internetzugang), ab welcher Kategorie haben Sie Zugang zur Business- (Executive-) Lounge, wo Getränke, Zeitungen, Internet und meist auch kleine Snacks bereitstehen (24/7, gratis)?

Jetzt wissen Sie, was Sie wollen. Beenden Sie die Nachforschung.

2. Halten Sie die Augen nach anderen Hotels auf dem Weg zu Ihrem Hotel offen. Ist ein anderes Hotel in unmittelbarer Nähe, schauen Sie kurz hinein, erkundigen Sie sich nach den Konditionen. Merken Sie sich zumindest den Namen. Gehen Sie dann zu „Ihrem" Hotel.

3. Am Check-In freuen Sie sich, „wieder einmal hier zu sein". Sie haben die neuen Zimmer noch nicht gesehen (ein gutes Hotel hat immer neu renovierte Zimmer), die Business-Lounge soll „einzigartig" sein, hat

man Ihnen erzählt. Das Hotel vis-à-vis hat auch sehr schöne Zimmer, sehr attraktive Preise (das Hotel vis-à-vis, wenn es nicht zur gleichen Gruppe gehört, ist immer die Konkurrenz!).

4. Der erste Preis ist zu teuer oder Sie bekommen zu wenig dafür. Da Sie gebucht haben, steht der Preis meist fest. Das Zimmer noch lange nicht! Umso später am Tag, umso besser können Sie verhandeln. Schließlich planen Sie, jetzt häufig zu kommen und suchen eine gute Basis für Ihre Firma in der Stadt. Sie suchen natürlich ein adäquates Quartier für die Mitglieder Ihres Vorstandes. Gibt es so eine Kategorie in diesem Hotel überhaupt? Könnten Sie diese sehen? Könnten Sie so ein Zimmer haben? Ja? Zum gleichen Preis?

5. Zimmer werden an unbekannte Gäste ohne Herz und persönliche Aufmerksamkeit vergeben. Meist macht es ein Computersystem. Fühlen Sie sich in Ihrem Zimmer nicht wohl, nehmen Sie das nicht persönlich.

6. Verlangen Sie höflich, aber bestimmt den *Duty Manager* (diensthabender Direktor). Überreichen Sie Ihre Visitenkarte und stellen Sie sich als potenzieller Stammgast (Firmenkunde = *corporate client*) vor. Er wird sicher alles unternehmen, um Ihnen rasch und unbürokratisch zu helfen.

7. In jedem Zimmer finden Sie einen Notfall-Lageplan, auf dem auch alle anderen Zimmer eingezeichnet sind. Dort sehen Sie die Grundrisse aller Zimmer. Suchen Sie sich eines aus, das Ihnen von der Größe her besser passt. Sehen Sie nach, welche Nummer es hat. Fragen Sie an der Rezeption, ob es frei ist, ob Sie es sehen und eventuell auch haben können.

8. Ist das Bett zu weich, verlangen Sie eine neue Matratze oder ein Brett, das man Ihnen unter die Matratze legt. Hotels sind darauf eingerichtet.

TIPP

Merken Sie sich immer den Namen des Concierge. Er ist der wichtigste Mann für alles, was Sie während Ihres Aufenthaltes benötigen.

Manche Hotels sind so groß, dass Ihr Gepäck bei Hochbetrieb eine Stunde lang unterwegs sein kann. Tragen Sie die notwendigsten Dinge bei sich in Ihrem Handgepäck.

Sie sind der Repräsentant Ihres Unternehmens. Ihr Benehmen – auch in Hotels – begründet mit den Ruf Ihrer Firma.

Halten Sie in Ihrem Zimmer Ordnung. Sie sind ständig unter Beobachtung, und sei es nur die Putzfrau, die Ihre intimsten Geheimnisse kennt (siehe Guest History, wo bei Stammgästen alles intern vermerkt wird).

Seien Sie zum Personal freundlich. Diese Menschen organisieren Ihr Zuhause.

<u>Guest History</u>*: Alles, was Ihnen gut gefallen hat, lassen Sie an der Rezeption in Ihre „Guest History" eintragen. Das ist Ihre persönliche elektronische „Karteikarte". Dort können Sie vermerken lassen, dass Sie dieses Zimmer besonders mögen und Allergiekopfpolster benötigen.*

Wie überwinde ich Jetlag

Engl. lag: bedeutet Rückstand, Verzögerung, Zeitunterschied.

Bei jedem Langstreckenflug kommt unsere innere Uhr aus dem Rhythmus. Durch das Überschreiten mehrerer Zeitzonen stimmt unser Tag-Nacht-Rhythmus nicht mehr mit dem unserer Zieldestination überein. Bekannt ist dieses Phänomen unter dem Begriff Jetlag. Unser Körper ist zwar imstande, seine Uhr zu adjustieren, jedoch schafft er es pro Tag nur 1 bis 1,5

Stunden aufzuholen. Der wichtigste Signalgeber unserer inneren Zeit ist das Licht (egal ob künstlich oder natürlich).

Das unangenehmste Symptom sind die Schlafstörungen. Fliegen Sie nach Westen, wo der Jetlag meistens geringer ist, ist die Einschlafphase kurz, da Ihre innere Uhr aber schon bald auf Aktivität gestellt ist. Während an Ihrem Zielort die Nacht hereinbricht, werden Sie nicht lange schlafen können.

Fliegen Sie nach Osten, ist ebenfalls die Einschlafzeit am ersten Tag sehr kurz. Die Tiefschlafphasen dauern länger. In den folgenden Nächten werden Sie schwerer einschlafen.

Bedenken Sie, dass Sie weniger leistungsfähig sind oder Konzentrationsprobleme auftreten können (Reaktionsgeschwindigkeit!). Eventuelle Klimaveränderungen sind eine zusätzliche Belastung für den Körper. Menschen mit einem empfindlichen Magen können Magenschmerzen bekommen. Ihr Kreislauf (Blutdruck) kann auch durcheinandergeraten. Versuchen Sie, so gut es geht, Ihre Termine in den ersten Tagen zeitlich etwas lockerer einzuteilen.

Wie kann man nun damit umgehen, sich möglichst schnell adaptieren?

- Halten Sie sich tagsüber möglichst viel unter freiem Himmel auf, damit die Melatonin-Produktion im Gehirn gestoppt wird (Hormon, das uns müde werden lässt). Müssen Sie sich in Räumen aufhalten, sorgen Sie für möglichst helle Beleuchtung. Wichtig ist die Lichtdusche zu der Zeit, zu der Sie normalerweise schlafen gehen. Es gibt auch die Möglichkeit, mit Tabletten den Schlafrhythmus zu steuern. Wichtig ist, dass man die Tabletten zu dem Zeitpunkt nimmt, zu dem man gewöhnlich müde wird. In den USA kann man Melatonin-Tabletten im Handel kaufen, bei uns ist das noch nicht der Fall. (Da es sich um ein Medikament handelt, sollten Sie sich über Nebenwirkungen informieren.)

- Beginnen Sie bereits im Flugzeug mit Ihrer Zeitumstellung. Stellen Sie Ihre Uhr zu Beginn des Fluges auf die Zeit Ihrer Destination.
- Wichtig sind die Essenszeiten. Nehmen Sie nur dann eine größere Mahlzeit zu sich, wenn auch an Ihrem Zielort Mittag- oder Abendessen serviert wird.
- Sie sollten auch im Flugzeug nur dann schlafen, wenn an Ihrer Destination Schlafenszeit ist. Das gilt auch für Ihren Aufenthalt. Legen Sie sich nachmittags nicht hin, nur weil zu Hause Nacht ist. Auch wenn Sie müde sind, lieber etwas Schlafentzug, dafür weniger Jetlag. Die Einnahme von Schlafmitteln ist nicht zu empfehlen, da sie die Anpassung verzögern und sich nicht auf Ihre innere Uhr auswirken.
- Wenn Sie Ihre Schlafzeiten schon einige Tage vor der Reise an Ihren Zielort anpassen, werden Sie die Umstellung noch besser verkraften. Vor einem Westflug verschieben Sie die Schlafenszeit immer weiter in die Nacht, vor einem Ostflug versuchen Sie, früher ins Bett zu gehen.
- Berufliche „Vielflieger" profitieren von kurz wirksamen Schlafmitteln aus der Gruppe der Benzodiazepine und der Nicht-Benzodiazepine. Hier müssen Sie sich von Ihrem Arzt beraten lassen (z.B.: Wirkstoff Zolpidem).
- Autogenes Training zwischendurch erfrischt und wirkt Wunder (siehe „Kutschersitz", Seite 312).
- Wenn Sie Höchstleistungen (bei Verhandlungen) bringen müssen, bleibt oft nichts anderes übrig, als jede Chance auf Schlaf (Taxi, U-Bahn, Umkleide- und Erfrischungspausen etc.) zu nutzen, und sei sie auch noch so kurz.

Gesundheit, Fitness & Privat

Wie wichtig ist meine Gesundheit für mein Auftreten	299
Wie gehe ich mit Stress um	301
Wie fördere ich die Gesundheit meiner Mitarbeiter	305
Wie stoppe ich Nasenbluten	309
Wie funktioniert der Heimlich-Griff	310
Wie lange darf ich am Arbeitsplatz schlafen	311
Wie bleibe ich fit	313
Wie wähle ich die richtigen Sportarten	313
Wie fahre ich mit Geschäftsfreunden Schi	316
Wie sinnvoll ist Golf	318
Wie lange dauert das Tritt-In beim Polo	320
Wie komme ich durch ein Firmen-Tennisturnier	321
Wie gebe ich zu, dass ich Fußball liebe	323
Wie motiviere ich meine Mitarbeiter zum Sport	324
Wie verbinde ich Business und Privatleben	325
Wie verkrafte ich den Lottogewinn	328

GESUNDHEIT, FITNESS & PRIVAT

Wie wichtig ist meine Gesundheit für mein Auftreten

„Wer keine Zeit für seine Gesundheit aufbringt, wird eines Tages viel Zeit für seine Krankheiten aufwenden müssen."
Sprichwort

„Herr Müller hat aber Erfolg im Leben!" – eine Aussage, die manchen neidisch werden lässt. Erfolg im Beruf wird sehr oft gleichgesetzt mit Erfolg im Leben.

Als ob Leben nur Beruf wäre.

Dem ist nicht so.

Suchen Sie die Balance zwischen den Eckpfeilern
- Beruf,
- soziale Kontakte und Beziehungen,
- Erholung, Fitness, Gesundheit,
- Werte, Sinn und geistige Erfüllung.

Dieses Gleichgewicht macht Sie im Leben erfolgreich und zufrieden.

Das eine bedingt das andere, und so ist es also auch für den Vorgesetzten wichtig, dass seine Mitarbeiter sich noch die Zeit nehmen können, für ihr körperliches und geistiges Wohlergehen zu sorgen. Erst dann werden sie für das Unternehmen auch ihr Bestes geben können. Schließlich ist es die Art und Weise, wie wir uns präsentieren und wie wir auf Menschen zugehen, die den guten Eindruck ausmacht, den wir hinterlassen wollen.

Hier spielen viele Faktoren eine Rolle.

Einer davon ist unser körperliches Befinden.

Wie erreichen wir das?

Unsere Leistungsfähigkeit ist auf Dauer abhängig von unserer körperlichen Fitness. Auch unsere Regenerationsfähigkeit, und damit auch die Qualität unseres Privatlebens.

Wir müssen uns aktiv und täglich um unsere Gesundheit, Fitness und um unser geistiges Wohlergehen kümmern. Und zwar regelmäßig und in jeder Altersstufe! Aber: Wir können nicht alle Freizeitangebote wahrnehmen, der Tag hat nur 24 Stunden. „Nein" ist oft die bessere Entscheidung. Ganz nach dem Motto: „Weniger ist mehr."

Die Warnsignale:

Erste Anzeichen für ein Ungleichgewicht sind Symptome wie Kopfschmerzen, Magen- oder Rückenprobleme und natürlich Schlafstörungen. Sie sind ungehalten, sind reizbar, weil Ihnen der Kopf wehtut. Sie können Teile Ihrer Aufgaben wie einen Messebesuch oder lange Autofahrten gar nicht mehr erfüllen, weil Ihre Bandscheiben schmerzen.

Sie werden immer missmutiger und Ihre Kollegen müssen damit zurechtkommen, dass Sie immer schlecht gelaunt sind. Ihre Mitarbeiter halten Ihr Benehmen für sonderbar und die Spirale dreht sich. Dies gipfelt allzu oft im sogenannten *Burn-out*-Syndrom. Ein Zustand, in dem man sich zu gar nichts mehr aufraffen kann, permanent überfordert ist und sich fragt:

„Wozu mache ich das eigentlich alles? Was ist der Sinn meines Daseins?"

Ein Abgleiten in die Depression ist nur mehr ein kleiner Schritt. Der Weg heraus hingegen ein sehr schwieriger und langwieriger. Oft trifft man dann in seiner engsten Umgebung nur mehr auf Unverständnis, Beziehungen sind auf dem Prüfstand, kurz – man hätte sich früher mehr Zeit für die eigene Gesundheit nehmen müssen. Reagieren Sie auf die Signale, die Ihnen Ihr Körper sendet.

Wie gehe ich mit Stress um

Eine Verkaufsassistentin schildert: „Kein Wunder, dass ich nicht mehr gerne zur Arbeit gehe. Jeden Tag schreit mich mein Chef an; schon wegen der geringsten Kleinigkeit. Er hat eben zu viel Stress."

Was ist überhaupt Stress?

Klinisch gesehen versteht man darunter das Ansteigen des Pulses und des Blutdrucks, die Atmung wird schneller, der Adrenalinspiegel steigt, die Hormone sind in heller Aufruhr.

Stress ermöglicht uns, automatisch eine Entscheidung zu fällen. Innerhalb von Sekunden wird eine Situation als gefährlich eingeschätzt und wir haben zwei Möglichkeiten: Rückzug oder Angriff. Stress als Schutzreaktion vor Gefahren sichert uns schon seit Menschengedenken das Überleben. Gefahr ist nicht nur der wilde Tiger, der uns plötzlich bedroht (passiert heute eher selten), sondern jede Form von Aufregung. Auch der Ärger mit dem Lieferanten, der den Termin nicht einhalten will.

Wir unterscheiden zwischen zwei Arten von Stress: Eustress und Disstress. Die chemischen Reaktionen sind gleich.

- **Eustress** ist positiver Stress. Er hilft uns, neue Herausforderungen anzunehmen, regt unser Immunsystem an, setzt ungeahnte Energien frei, wenn wir etwas erreichen wollen.

Kreative Menschen können unter Stress zur Höchstform auflaufen. Wir brauchen ein gewisses Maß an Stress, aber Vorsicht vor zu viel des Guten. Auch zu viel Freizeitstress ist ungesund und wirkt sich negativ aus.
- **Disstress** ist negativer Stress. Er entsteht, wenn wir unter Druck sind und glauben, an unsere Leistungsgrenzen zu stoßen. Zeitdruck und zu viele Aufgaben sind ausschlaggebend.

Gefährlich wird es, wenn keine Balance besteht.

Dann nimmt Stress überhand und wir werden krank.

Die Folgen:

Schlaflosigkeit

Nervosität

Gereiztheit

Magengeschwüre

Herzerkrankungen bis zum Infarkt

Schlaganfall

Schlechtes Benehmen

Falsche Beurteilung von Situationen

Ungerechte Entscheidungen

Führungsschwäche

Das *Burn-out-Syndrom*

Welches Maß an Stress jeder braucht oder aushält, ist unterschiedlich. Beobachten Sie sich selbst, wie Sie unter Druck reagieren. Neigen Sie eher zum Tobsuchtsanfall oder werden Sie immer ruhiger (panikstabil)?

Beantworten Sie sich diese Fragen:
- Wie oft schreie ich im Büro jemanden an? Täglich einmal, mehrmals, einmal pro Woche? Nie?
- Wen schreie ich an? Sind es immer dieselben Leute?

- Warum schreie ich? Bin ich wirklich so hilflos, dass ich schreien muss?

Wenn Sie andere anschreien, vergessen Sie jegliches gute Benehmen. Nicht nur Mangel an Respekt wird Ihnen zur Last gelegt, sondern auch Mangel an Führungsqualitäten.

Bedenken Sie: Wenn Sie zu laut werden, gestehen Sie Ihre eigene Hilflosigkeit ein. Sie zeigen, dass Sie der Situation nicht gewachsen sind und nicht mehr sachlich entscheiden, sondern emotional.

Hier die sieben *Emergency*-Tipps, was Sie tun können, wenn Sie merken, dass der Blutdruck immer höher wird:

1. Tief einatmen, langsam ausatmen; mehrmals hintereinander.
2. Verlassen Sie kurz den Raum.
3. Wenn Sie können, gehen Sie an die frische Luft.
4. Trinken Sie langsam ein großes Glas Wasser.
5. Zwingen Sie sich, sachlich zu bleiben. Keine persönlichen Beleidigungen.
6. Versuchen Sie, konstruktive Kritik zu üben statt negativer, das Positive zu sehen (das Glas ist für den einen halb voll, für den anderen halb leer).
7. Verlegen Sie das Thema auf später, oder übergeben Sie es einem Kollegen, der damit besser umgehen kann.

Analysieren Sie, welche Tätigkeiten oder Verantwortungen bei Ihnen den unangenehmsten Stress verursachen. Versuchen Sie, diese dann zu delegieren oder zu reduzieren (besprechen Sie sich mit Kollegen oder Familienmitgliedern, die Ihnen helfen könnten). Wenn beides nicht geht, sollten Sie Ihre Einstellung gegenüber diesen Aufgaben vielleicht verändern. Eine andere Sicht der Dinge hilft manchmal aus der vermeintlichen Sackgasse.

Auswege aus der Stressfalle:
1. Ein gemütlicher Spaziergang.
2. Entspannendes Bad (Duftöle).
3. Lachen senkt den Blutdruck, erhöht die Sauerstoffzufuhr, entspannt und steigert die Kreativität.
4. Eine Massage, die Wirbelsäulengymnastik, die Sie schon so lange beginnen wollten, vielleicht sollten Sie eine Kur machen.
5. Verbannen Sie endlich Ungesundes aus Ihrem Speiseplan, das Ihr System nur noch zusätzlich belastet.
6. Betreiben Sie Sport. Bei Bewegung werden Endorphine (Glückshormone) ausgeschüttet (wie auch bei Schokolade, hier wirken sie aber nicht so lange nach). Es tut Ihrem Körper gut, wenn Sie sich anstrengen müssen, so richtig ins Schwitzen kommen (Ihrem Gesundheitszustand anpassen).
7. Liefern Sie sich keine Ausreden wie: Ich bin schon zu alt oder nicht mehr so gelenkig. Es findet sich bestimmt auch für Sie etwas (Pilates, Kieser-Training, Tanzen, *Nordic Walking*, Wandern, Schwimmen, Rad fahren oder die Schweizer *Bluetrail*-Methode, die für entspannende Bewegung am Arbeitsplatz sorgt).
8. Nehmen Sie Abstand. Fahren Sie weg. Schon kurze Distanzen tragen dazu bei, eine positivere Sicht der Dinge zu bekommen, Kraft zu tanken und neue Perspektiven zu finden.
9. Konzentrieren Sie Ihre Erholung nicht ausschließlich auf das Wochenende. Versuchen Sie auch während der Woche ein oder zwei positive *Highlights* einzubauen. Ein Kinobesuch, Konzert oder nur ein nettes Abendessen mit Ihrer Familie oder Bekannten.
10. Konzentrieren Sie sich auf sich und Ihre Bedürfnisse. Nehmen Sie sich bewusst Zeit für Dinge, die Sie ger-

ne, aber viel zu selten tun. Sagen Sie ruhig die Einladung zum Tee für Sonntag ab, wenn Sie lieber ein Buch lesen würden. Treffen Sie bewusst Ihre Entscheidungen und lassen Sie nicht (immer) über sich bestimmen.

11. Fragen Sie: Was passiert oder passiert nicht, wenn ich etwas Bestimmtes nicht mache?

Wie fördere ich die Gesundheit meiner Mitarbeiter

Wir leben zwar in einem Staat, in dem Krankenversicherungen, Unfallversicherungen und Arbeitsmedizin zu Standards geworden sind. Trotzdem sollte die Verantwortung für die Gesundheit der Mitarbeiter nicht bei der Erfüllung gesetzlicher Rahmenbedingungen aufhören. Je intensiver ich mich als Arbeitgeber für die Gesundheit meiner Mitarbeiter einsetze, desto motivierter, loyaler und leistungsfähiger werden meine Mitarbeiter sein.

Was hat das alles mit Business-Etikette zu tun?

Nun, das ist sehr einfach:

Gesundheit ist sehr von Vorteil, wenn es darum geht, ein „freundliches Gesicht" zu machen, jene positive Ausstrahlung zu haben, die so wichtig ist für den Umgang mit anderen Menschen. Und damit wären wir bei der Etikette.

Hier noch einige wichtige Punkte, warum Sie sich damit beschäftigen sollten:
- Spürbare Verringerung des Krankenstandes
- Förderung des Teamgeistes
- Gesündere und zufriedenere Mitarbeiter
- Gesteigerte Leistungsbereitschaft
- Höhere Identifikation mit dem Unternehmen

Ab einer gewissen Betriebsgröße sind Betriebsärzte obligatorisch. Doch auch deren Einsatz und Möglichkeiten variieren. Hier ist ein gutes Einvernehmen von Arzt und Vorgesetzten Bedingung. Jeder Arzt wird mit großem Einsatz daran interessiert sein, wenn es vom Betrieb gewünscht wird, über die gesetzlich vorgeschriebenen Leistungen hinaus Dienstleistungen (Fitnesschecks, Zusammenstellen von speziellen Diäten und Programmen) anzubieten.

Aber auch wenn Sie keinen Betriebsarzt haben, können Sie viel zum besseren Gesundheitszustand Ihrer Mitarbeiter beitragen. Ihr Gesundheitsberater hat viele Möglichkeiten:

1. Information

- Abonnieren Sie regelmäßige *Newsletter* (im Internet oder Printmedien). Erkundigen Sie sich entweder bei der Ärztekammer oder bei Ihrem Arzt, welche Medien zu empfehlen sind. Achten Sie darauf, dass das medizinische Niveau der Informationen nicht zu hoch ist. Auch Apotheken sind oft sehr hilfreich.

- Hängen Sie Informationen über Impfaktionen, Reiseprophylaxen, Gesundenuntersuchungen und epidemische Erkrankungen (Grippewelle, spezielle Virusausbreitung …) zentral aus, legen sie in der Kantine auf, versenden Sie sie per cc-Mail.

- Veranstalten Sie einen Gesundheitstag (je nach Betriebsgröße und Bedarf eine Abendveranstaltung, ein Meeting am Vormittag oder ein ganzer Tag). Informieren Sie hier über neue Vorsorgemöglichkeiten, Abwicklung einer Kur etc.

- Ist ein Mitarbeiter schwer erkrankt, ist es wichtig, die Kollegen darüber zu informieren. Auch über die Art der Erkrankung, die Behandlungsmöglichkeiten und die Heilungsfortschritte sollte kurz gesprochen werden. Es ist sehr unangenehm, wenn im Haus Spekulationen und Unwahrheiten die Mitarbeiter verunsichern.

2. Vorsorge

- Motivieren Sie Ihre Mitarbeiter, die Möglichkeit einer Gesundenuntersuchung in Anspruch zu nehmen. Nicht jeder Kollege ist mit der Selbstverständlichkeit aufgewachsen, dass man zweimal pro Jahr zum Zahnarzt geht, einmal im Jahr zum Augenarzt und als Frau auch zum Gynäkologen. Wenn nötig, geben Sie Ihnen einen Tag frei. Wenn es durch Nachlässigkeit zu ernsthaften Problemen kommt, ist Ihr Mitarbeiter sicherlich länger im Krankenstand.

- *Incentives* in Form von *Wellness*-Wochenenden oder Gesundheitswochen fördern das Gesundheitsbewusstsein Ihrer Mitarbeiter.

- Vorträge oder Seminare über Stressbewältigung, Zeitmanagement und Konfliktlösung sind wichtige Helfer, um daraus resultierenden Erkrankungen vorzubeugen.

- Haben Ihre Mitarbeiter ein gesundheitliches Problem, das zur Belastung wird, oder wissen sie nicht, zu welchem Arzt sie gehen sollten, dann offerieren Sie Ihre Hilfe. Hören Sie zu, nehmen Sie sich Zeit. Ihr Mitarbeiter wird es Ihnen danken. Falls Ihr Betrieb zu groß dafür ist, sorgen Sie dafür, dass in jeder Abteilung ein Ansprechpartner für solche Probleme ist.

3. Gesundes Umfeld

- Schaffen Sie Arbeitsbedingungen, unter denen Sie auch gerne arbeiten würden.

- Ein Rauchverbot am Arbeitsplatz muss eingehalten werden. Nicht nur zum Schutz der Nichtraucher. Wir alle kennen mittlerweile die erschreckenden Statistiken über Tod durch passives Rauchen, dazu kommen die enormen Summen, die wir alle aufbringen müssen, um die Folgeerkrankungen des Rauchens zu behandeln.

- Stellen Sie Getränkeautomaten oder Wasserspender auf. Die meisten Menschen trinken zu wenig – das führt zu Leistungstiefs.
- Wenn Sie eine Kantine haben, bemühen Sie sich um eine ausgewogene und gesunde Ernährung. Fördern Sie den Obst- und Gemüsekonsum (starten Sie *An Apple a Day*-Aktionen). Nehmen Sie Rücksicht auf Mitarbeiter mit Diätvorschriften.
- Erklären Sie Ihren Mitarbeitern, wie wichtig körperliche Gesundheit und Fitness sind. Erkrankungen des Bewegungsapparates liegen an der Spitze der Wehwehchen aller in Büros arbeitenden Menschen. Veranstalten Sie Seminare oder Vorträge, wo ein Fachmann darüber referiert.
- Bieten Sie Möglichkeiten an, Fitness täglich zu praktizieren, auch wenn Ihr Unternehmen zu klein für ein Fitnesscenter ist. Es gibt viele Möglichkeiten, vom Treppensteigen, Übungen am Schreibtisch bis zum *Power Walking* zwischendurch (um den Häuserblock oder zu Fuß zum nächsten Termin ...).
- Initiieren Sie gemeinsame sportliche Veranstaltungen. Vom Tennisturnier zur 3-Tages-Wanderung. Solche Aktivitäten fördern den Teamgeist und die Motivation aller Beteiligten.
- Ein Leistungstief nach dem Mittagessen ist physiologisch vorprogrammiert. Wenig und leichte Kost (kein Alkohol) erleichtern das Arbeiten nach dem *Business-Lunch* etwas. Kaffee hilft nur bedingt. Hüten Sie sich vor zu viel Koffein, es schadet mehr, als es nutzt. Bewegung nach dem Essen ist immer gut. Wenn Sie die Möglichkeit (und auch die Fähigkeit) für einen Minutenschlaf (3–10 Minuten sind optimal) haben, ergreifen Sie sie.

In Japan als „Inemuri" bekannt und durchaus bürofähig, ist der *catnap*, wie der Kurzschlaf auch genannt wird, in Europa noch nicht so verbreitet. Warum sind Sie nicht ein Vorreiter?

Wie stoppe ich Nasenbluten

Sie werden sich jetzt vermutlich fragen: Was hat Nasenbluten mit Business-Etikette zu tun? Prinzipiell nichts, wenn Sie gemütlich vor dem Fernseher sitzen, und plötzlich tropft Blut aus Ihrer Nase. Alles halb so schlimm. Was aber, wenn es während einer Besprechung im Büro passiert oder beim Geschäftsessen? Schon sind Sie im Mittelpunkt des Interesses. Wie verhalten Sie sich jetzt? Zuerst versuchen Sie sich aus dem Blickpunkt zu manövrieren. Sie müssen sich zurückziehen.

- Schnäuzen Sie sich vorsichtig,
- dann drücken Sie fest die beiden Nasenflügel zusammen und halten diese die nächsten 10 bis 15 Minuten fest.
- Atmen Sie durch den Mund.
- Neigen Sie Ihren Kopf nach vorne, nicht nach hinten!
- Fragen Sie nach einer kalten Kompresse (nasses, kaltes Tuch eventuell mit Eiswürfeln), die Sie fest auf die Nase pressen, während Sie immer noch Ihre Nase zuhalten.
- Legen Sie sich nicht hin, die Nase soll immer über Ihrem Herz sein.
- Wenn die Blutungen schwächer werden, versuchen Sie aus Watte, Zellstoff, Taschentüchern einen Tampon zu formen, um die Nasenlöcher damit zu verschließen.
- Zum Tränken der Tampons eignen sich: abschwellender Nasenspray, weißer Essig, Zitronensaft, Hamamelistinktur, Saft von frischen Brennnesselblättern (in

guten Restaurants sollte das kein Problem darstellen) oder kaltes Wasser.
- Kalte Umschläge im Nacken sind auch hilfreich, doch beugen Sie Ihren Kopf nicht nach hinten.
- Hat das Bluten aufgehört, lassen Sie die Tampons noch für eine Weile drinnen. Versuchen Sie so lange wie möglich Ihre Nase nicht zu putzen (optimal sind 12 Stunden).
- Ist es in Ihrem Büro passiert, befeuchten Sie die Raumluft, um dem vorzubeugen.
- Tragen oder heben Sie danach nichts Schweres.
- Bringen Sie Ihre Kleidung möglichst schnell in die Reinigung oder behandeln Sie Blutflecken mit reinem, <u>kaltem</u> Wasser.

Nasenbluten kann viele Ursachen haben und wenn Sie oft darunter leiden, sollten Sie es medizinisch abklären lassen.

Wie funktioniert der Heimlich-Griff

Wahrscheinlich waren Sie noch nicht in der Situation, dass Sie miterleben mussten, wie jemand vor Ihren Augen erstickt. Das kommt doch nicht vor, sagen Sie jetzt vielleicht. Da irren Sie. Immer öfter hört und liest man von diesen Fällen (meistens verschließt ein Stück Fleisch den Opfern die Luftröhre, auch Robbie Williams hat schon jemandem auf diese Weise das Leben gerettet). Manchmal geht es jedoch gut aus. Wenn ein beherzter Mitbürger die Initiative ergreift und den Heimlich-Griff anwendet.

Wie geht das?
- Stellen Sie sich hinter den Erstickenden.
- Legen Sie Ihre Arme um seinen Brustkorb.
- Ihre Hände fassen sich gegenseitig auf dem Ober-

bauch des Patienten, zwischen Rippenbogen und Nabel.
- Auf den Oberbauch wird dann in mehreren Stößen heftiger Druck ausgeübt. So kann durch den erhöhten Druck im Brustkorb der Fremdkörper herausgeschleudert werden.
- Wichtig: Klopfen Sie dem nach Luft Ringenden nicht auf den Rücken, das befördert das luftröhrenverschließende Objekt nur noch weiter hinunter.

Das Anwenden des Heimlich-Griffs ist allerdings nicht ohne Risiko. Sie könnten dem Patienten die Rippen brechen oder andere Verletzungen hervorrufen. Deshalb sollte er von Laien nur im Notfall, also wenn jemand zu ersticken droht, angewendet werden. Wenn Sie sich allerdings dazu entschlossen haben, drücken Sie nicht zu zaghaft.

Dr. Henry Heimlich entwickelte diese Technik in den 1970er Jahren.

Wie lange darf ich am Arbeitsplatz schlafen

Der Mittagsschlaf ist, seit er sein Image (früher nur Kinder und alte Leute) international aufpoliert hat, eine chronobiologische Notwendigkeit. Studien belegen eindeutig, dass der Energiepegel für den Rest des Tages höher ist, wenn man einen Kurzschlaf einlegt.

In England als *catnap*, in Japan als Inemuri, in Amerika als *powernap* bezeichnet, gemeint ist überall das Gleiche. (Japan ist hier Vorreiter. Hier gibt es *Nap-Shops*, in denen man sich Ruheliegen mieten kann.) Ein kurzer – wohlgemerkt wirklich kurzer – Schlaf, wenn um die Mittagszeit ein Leistungstief droht. Die Dauer sollte zwischen 3 bis 10 Minuten, nie mehr als 20 Minuten sein. Wenn Sie länger schlafen, werden Tiefschlaf-Hormone freigesetzt, die Sie nach dem Schlaf benommen und noch müder als vorher machen.

Immerhin gibt es in Europa schon Unternehmen, die diesen Kurzschlaf ermöglichen und als positive Regenerierung ihrer Mitarbeiter sehen. In Amerika und Japan ist der Kurzschlaf in vielen Unternehmen ein Bestandteil des Tagesablaufs. So eine schöpferische Pause wirkt oft Wunder.

Finden Sie aber vorher vorsichtig heraus, ob diese Form der Entspannung in Ihrem Büro erlaubt ist. Wenn es noch nicht üblich ist und Sie diese Regeneration aber brauchen, versuchen Sie Ihre Vorgesetzten und Mitarbeiter über die positiven Auswirkungen aufzuklären. Auch wenn Sie nicht die gemütliche Couch haben, lehnen Sie sich einfach in Ihrem Bürostuhl zurück, oder legen Sie Ihren Kopf auf Ihre verschränkten Arme, die auf Ihrem Schreibtisch ruhen. Vielleicht haben Sie ja auch irgendwo Platz für eine Gymnastikmatte.

TIPP

Autogenes Training im Kutschersitz* für 3–5 Minuten absolut ungestörten Alleinseins ist bereits hilfreich.

*Beim Kutschersitz sitzen Sie entspannt auf einem Stuhl. Ihre Unterarme liegen auf den Knien, der Kopf ist nach vorne geneigt, Schultern und Nacken sind entspannt. Schließen Sie die Augen und atmen Sie ruhig und gleichmäßig. Begeben Sie sich nun auf eine Traumreise zu einem Ort, an dem Sie sich wohl fühlen. Bleiben Sie so völlig entspannt zwei bis drei Minuten sitzen und kehren Sie dann langsam wieder in die Realität zurück.

Wie bleibe ich fit

An dieser Stelle werden die Übergänge vom Berufsleben zum Privatleben fließend. Die persönliche Fitness erwirbt man nicht im Büro, doch ein gesunder Körper hat viel mit beruflicher Leistungsfähigkeit zu tun. Menschen, die verantwortungsvolle Positionen einnehmen, müssen zuerst beweisen, dass sie fähig sind, die Verantwortung für sich selbst zu übernehmen. Nur wer diese Disziplin hat, auf eine ausgewogene gesunde Ernährung achtet und seinen Körper fit und somit gesund hält, kann auch als Vorbild für andere gelten. Mit mehr und gezielter Bewegung können wir vorsorglich verhindern, dass Krankheiten entstehen (Bewegungsapparat, Herz-Kreislauferkrankungen).

Das am meisten gehörte Argument, warum jemand nichts für seine Fitness unternimmt, ist die „fehlende Zeit". Aber wie wir schon im Kapitel „Wie manage ich meine Zeit" gehört haben, haben wir nicht zu wenig Zeit, wir nutzen sie nur falsch. Wenn Sie ganz ehrlich sind, ist es nur eine Frage der Prioritäten und der Konsequenz. Es ist unsere Pflicht, uns Möglichkeiten zu schaffen, regelmäßig sportlich aktiv zu sein. Nehmen Sie sich jetzt Zeit dafür und Ihr Körper wird es Ihnen danken.

Das zweite Argument sind die fehlenden Möglichkeiten. Aber auch hier lässt sich mit dem richtigen Willen etwas finden. Die Palette reicht vom bekannten Fitnesscenter und Schwimmabend über Rad fahren, Joggen, *Nordic Walking*, Tanzen, Pilates, Kieser-Training oder Yoga bis hin zu Übungen (auch Isometrische Übungen), die man bequem zu Hause nach DVD-Anleitung oder im Büro zwischendurch erledigen kann.

Wie wähle ich die richtigen Sportarten

Falls Sie nicht schon seit frühester Kindheit die eine oder andere Sportart ausüben, ist es für Sie gar nicht so einfach, bei dem großen Angebot das Richtige zu finden.

Fragen Sie sich:

- Wie oft in der Woche/im Monat werden Sie sich Zeit nehmen, die Sportart auszuüben?
- Suchen Sie sich etwas aus, das Ihnen Spaß macht und das Sie entweder in der Nähe Ihres Wohnortes oder Ihres Büros (oder auf dem Weg) ausüben können. Jede längere Anreise wird Ihnen immer wieder eine Ausrede liefern, es nicht zu tun.
- Erfordert das Ausüben dieser Sportart mehr als 1–2 Stunden, werden Sie diese wahrscheinlich hauptsächlich an Wochenenden ausüben können. Bedenken Sie, ob das mit Ihrem Privatleben zu vereinbaren ist.
- Braucht man dazu Vorkenntnisse, die man sich erst aneignen muss? Wenn ja, dauert das voraussichtlich Monate oder Jahre? Sie wollen es doch noch erleben, dass Sie sich bei Ihrem Sport sicher und wohl fühlen und nicht ewig ein Anfänger sind.
- Wie groß ist die Verletzungsgefahr? Wie verantwortungsbewusst ist es, eine risikoreiche Sportart auszuüben?
- Klären Sie mit einem Arzt ab, welche Sportarten Ihrem Gesundheitszustand und Ihrer körperlichen Konstitution zuträglich sind. (Viele Sportarten stellen eine zu große Belastung für Knie, Bandscheiben, Herz etc. dar. Und plötzlich sind Sie „sportgeschädigt".)
- Sind Sie am Anfang Ihrer Karriere und stellen fest, dass in Ihrer Branche alle einflussreichen Personen eine bestimmte Sportart ausüben (oder in einem bestimmten Fitnesscenter trainieren), ist es hinsichtlich Ihrer Zukunftspläne vielleicht sinnvoll, sich dieser sportlichen Betätigung anzuschließen. Machen Sie dies aber diskret und ohne merklich darauf hinzuweisen. (Sie müssen nicht gleich am nächsten Tag zu Ihrem Chef sagen:

„Und übrigens, ich spiele im gleichen Klub wie Sie." Er wird es zu gegebener Zeit schon merken. Es könnte ihm auch gar nicht angenehm sein. Hier ist Ihr Takt gefordert.)
- Natürlich können Sie mit der Wahl Ihrer Sportart auch Kontrapunkte setzen. Bewusst etwas Außergewöhnliches wie Armbrustschießen oder Degenfechten wählen. Vielleicht sind Sie auch ein extravaganter Typ und Fußball würde ohnehin nicht zu Ihnen passen. Auch hier gilt: Nicht mit Ihrem außergewöhnlichen Hobby angeben oder andere damit nerven, dass man nur noch darüber mit Ihnen reden kann.

Konkrete Tipps für mehr Bewegung im Büro

1. Verzichten Sie auf den Aufzug, nehmen Sie immer die Treppe.
2. Holen Sie sich Dinge selbst, statt sie sich bringen zu lassen. Erklären Sie Ihrem Kollegen, warum Sie das tun (Vorbildwirkung).
3. Wenn Sie einem Kollegen etwas mitteilen wollen, gehen Sie zu ihm, statt eine E-Mail zu schreiben.
4. Gehen Sie auf und ab, wenn Sie über etwas nachdenken. Das hilft beim Konzentrieren.
5. Der Weg zur Arbeit: Fahren Sie mit dem Rad, gehen Sie zu Fuß oder steigen Sie eine Haltestelle früher aus.
6. Machen Sie regelmäßig Dehnungs- und Streckübungen.
7. Machen Sie in der Mittagspause einen *Powerwalk* um den Häuserblock oder durch den Park.

Wie fahre ich mit Geschäftsfreunden Schi

Bei jeder Art von sportlicher Betätigung mit Geschäftsfreunden oder Kollegen vermitteln wir ein neues Bild, das entweder den bisherigen Eindruck bestätigt oder korrigiert. Dazu gehört Mut. Positiv ist es, wenn dabei Freundschaft und Sympathie entstehen. Diese Chance sollten wir wahrnehmen.

Wir gehen zunächst davon aus, dass Sie Schifahrer sind. Erkundigen Sie sich, ob Ihre Geschäftspartner dies auch können und, was noch viel wichtiger ist, auch gerne tun. Nichts ist unangenehmer, als dass Sie glauben, jemandem eine Freude zu machen und er hasst es eigentlich, ist aber zu höflich, abzulehnen.

Falls Sie ein sehr guter Schifahrer sind, bedenken Sie, dass Ihre Gäste vielleicht schon Schi gefahren sind, aber bei Weitem nicht auf Ihrem Niveau fahren. Hier wählen Sie den Schwierigkeitsgrad nach dem Schwächsten Ihrer Gruppe, außer es besteht der ausdrückliche Wunsch desjenigen, dass Sie sich mit den Besseren auf die schwarze Piste begeben, während der oder die weniger sicheren Fahrer sich eine Abfahrt nach ihren Vorstellungen suchen. Überlegen Sie sich ein Alternativprogramm für diejenigen, die nicht Schi fahren.

Ist die Situation umgekehrt und Sie werden eingeladen, können aber selber nicht Schi fahren, haben Sie mehrere Möglichkeiten:

1. Sie bedauern sehr, aber da Sie nicht Schi fahren, müssen Sie leider absagen.

2. Sie finden es sehr schade, dass Sie nicht Schi fahren, kommen aber gerne mit und genießen einstweilen die wunderschöne Winterlandschaft, gehen in die Sauna etc.

3. Sie erklären, dass Sie kein sehr geübter Schifahrer sind, es aber gerne verbessern wollen. Vielleicht gibt es die Möglichkeit eines Schilehrers, dann werden Sie

gerne mitkommen. Falls das nicht möglich ist, wollen Sie selbstverständlich den anderen Schifahrern nicht im Wege stehen.

TIPP

Falls Sie sich nicht sicher sind, ob Ihre Kenntnisse ausreichend sind, sprechen Sie ehrlich darüber, nur keine falsche Scham. Es wird sich eine Lösung finden. Es ist niemandem geholfen, wenn Sie nichts sagen und dann auf einem Berg stehen und nicht wissen, wie Sie da heil herunterkommen sollen.

Einige wichtige Hinweise zum Verhalten auf der Schipiste:

1. Man drängelt sich beim Lift nicht vor.
2. Der Nachkommende passt seinen Fahrstil dem Vorderen an, er hat die Situation im Blickfeld und trägt somit die Verantwortung.
3. Geübte Schifahrer nehmen auf Anfänger Rücksicht.
4. Rowdytum ist verpönt und führt leider immer wieder zu schweren Verletzungen.
5. Don't drink and drive! Wie im Straßenverkehr gilt auch hier die Devise – fahren Sie nicht alkoholisiert.
6. Am Sessellift sitzt man auf der Seite, die sich durch das Anstellen ergeben hat. Wie im Geschäftsleben haben auch auf der Piste Damen keinen Vortritt. Der Gentleman wird aber, falls es darauf ankommt, der Dame den Vortritt lassen.
7. Üben Sie *Small Talk* auf dem Lift. Bekommen Sie jedoch keine Antwort oder bemerken Sie, dass Ihr Mitfahrer eine Ihnen nicht bekannte Sprache spricht, schweigen Sie.

Wie sinnvoll ist Golf

Wir sind ja schon bei der Frage „Wie wähle ich die richtigen Sportarten" auf verschiedene Auswahlkriterien eingegangen. Golf zählt sicherlich zu den mittlerweile beliebtesten Sportarten.

Die Frage „Spielen Sie noch Tennis oder sind Sie schon beim Golf gelandet?" hat keine Gültigkeit mehr. Das Image des Alt-Herren-Sports ist Geschichte, wenn man die vielen jungen Menschen auf den Golfplätzen sieht. Und betrachtet man die Liste der fitten Seniorinnen und Senioren, die in der österreichischen Tennislandschaft oder in anderen Sportarten mitmischen, so ist nahezu keinem Sport ein Alterslimit zu setzen.

Nach wie vor ist Golf jedoch eine Sportart, die sich nicht jedermann leisten kann. Nicht nur finanziell ist Golf eher im oberen Bereich der Kosten für eine Sportart angesiedelt (Ausrüstung, Mitgliedsbeiträge, *Greenfee*), auch der Zeitfaktor ist nicht zu vernachlässigen. Fest steht, dass Golf einen hohen gesellschaftlichen Stellenwert hat und der Weg von einem Loch zum anderen immer wieder genützt wird, um mit seinem Partner über geschäftliche Dinge zu sprechen. Man ist viel an der frischen Luft und macht Bewegung.

Wenn Sie noch kein Golfer sind, werden Ihnen folgende Tipps sicherlich nützlich sein, um Golfer besser zu verstehen und vielleicht bald selbst einer zu sein:

1. Schonen Sie den Golfplatz.
2. Gefährden Sie niemanden.
3. Spielen Sie zügig.
4. Ihr Hauptgegner im Spiel ist nicht Ihr Mitspieler, sondern der Platz und vor allem Sie selbst.
5. Halten Sie Ihr Temperament unter Kontrolle.
6. Wenn Sie bei einem Turnier oder bei einer Runde mit fremden Spielern eingeteilt werden, sollten Sie sich

spätestens zehn Minuten vor Ihrer Abschlagszeit am ersten Tee einfinden und sich bei Ihren Mitspielern mit Vor- und Familiennamen vorstellen.

7. Meist bleibt man beim Vornamen, aber per Sie (bei entsprechender Sympathie in der Stunden dauernden Schicksalsgemeinschaft kann auch ein Du entstehen).

8. Da bei Turnieren und Runden, bei denen das Ergebnis gezählt wird, ein Mitspieler als Schiedsrichter (=Zähler) fungiert, nennt man diesem unaufgefordert nach jedem Loch das erzielte Ergebnis.

9. Spielerleichterungen im Sinne der Golfregeln sind jeweils laut mit dem Zähler abzustimmen.

10. Erklären Sie Ihren Mitspielern nicht laufend, dass Sie gestern oder vorgestern wesentlich besser als heute gespielt haben.

11. Bei einer Freundschaftsrunde ist es üblich, zu wetten, wobei es um einen Golfball, um einen Drink, das anschließende Essen oder bis zu Geld pro Loch gehen kann. Vorsicht ist bei einem Spiel in Japan oder im Mutterland des Golfs, in England, Irland oder Schottland, wegen der hohen Einsätze geboten.

12. Der Drink wird dann im Klubhaus (dem 19. Hole) eingenommen. Lädt man Freunde auf die *Greenfee* ein, so laden die Eingeladenen zu einem Drink.

13. Bei einem *Hole in one* war es üblich, dass der Glückliche alle im Klubhaus Anwesenden auf einen Drink einlud (dagegen kann man sich, um ein finanzielles Desaster zu vermeiden, versichern lassen). In Zeiten gesteigerter Spargesinnung lädt man nur mehr den eigenen *Flight* (die Gruppe, mit der man gespielt hat) zu Champagner bzw. Sekt.

14. Golf-Etikette und Platzregeln sowie Anweisungen der Klubverantwortlichen sollten Sie vor dem Spiel einholen.

Wie lange dauert das Tritt-In beim Polo

Das Besondere am Polo sind die Dynamik des Spiels, die Reiter und das Publikum. Es ist eine nicht alltägliche Sportart, die, schon wegen der hohen Kosten, der notwendigen Pferde und der großen Rasenflächen in Österreich nicht sehr verbreitet ist.

Hier sind nicht nur Mensch und argentinische Ponys gefordert, sondern auch das Publikum. Wo sonst werden Sie zur Platzpflege herangezogen?

Ein Spiel besteht aus mindestens vier und höchstens acht Spiel-Abschnitten, die *Chukker* genannt werden. Ein Chukker ist 7,5 Minuten lang. Zwischen den *Chukkers* werden Pausen von 3 Minuten gemacht. Die Halbzeitpause, in der das Tritt-In stattfindet, dauert 5 Minuten.

Jetzt ist Ihr Einsatz gefragt: Sie (Damen wie Herren) treten mit gutem Schuhwerk (also keine hohen Absätze!) die Löcher im Polofeld wieder zu (das nennt man *Tritt-In*). Ein Signal kennzeichnet das Ende der Platzrenovierung. Das macht selbst die Queen auf einem für sie abgegrenzten Teil des Feldes bei Turnieren.

Zum Polo kleiden Sie sich sportlich elegant, aber bitte wählen Sie nicht den *Morning Suit* (Cut). Hut oder Sonnenschutz nicht vergessen. Poloklubmitglieder werden in weißen Hosen und ihrem Klubsakko erscheinen. Und die Schuhe – siehe oben – sollten eben solide gebaut sein.

Wie komme ich durch ein Firmen-Tennisturnier

Das musste ja kommen. Sie haben sich für das Firmen-Tennisturnier angemeldet, damit Sie nicht als Langweiler gelten. Unglücklicherweise sind Ihre Tenniskenntnisse nicht so hervorragend wie Ihre firmeninterne „Performance".

Leider gibt es beim Sport keinen Bluff. Wenn Sie es nicht können, wird das vielleicht dem Anfänger nicht sofort auffallen, aber der Könner entlarvt Sie sofort.

Was tun?

Nehmen Sie diese Geschichte als ein Beispiel für jede ähnliche Situation, sei's das Firmen-Weihnachts-Bowling-Turnier, die Tanzveranstaltung oder der Ringstraßen-Marathon.

- Üben Sie ein paar Mal vorher. Nehmen Sie Trainerstunden.
- Machen Sie sich fit.
- Schauen Sie sich an, wie es die anderen machen.
- Kleiden Sie sich nicht auffälliger als die anderen.
- Stellen Sie klar, dass Sie es entweder zum ersten Mal machen, selten oder „aus der Übung sind". Umso weniger man von Ihnen erwartet, umso mehr können Sie punkten.
- Stellen Sie die Maxime „Dabei sein ist alles" in den Vordergrund.
- Keinen falschen Ehrgeiz! Sie könnten sich verletzen.

Ihr gutes Benehmen ist bei jedem Sportbewerb Voraussetzung. Während Golf als Breitensport in Österreich relativ neu ist und so jeder Golfplatz noch seine Golf-Etikette-Büchlein auflegt, scheint der Codex des weißen Sports, des Tennis, so selbstverständlich zu sein, dass man ihn in gedruckter Form nur mehr selten findet. Interessanterweise gelten hier so viele ungeschriebene Gesetze, dass Sie von einem Fettnäpfchen ins andere hüpfen könnten, ohne es zu merken. Abgesehen davon, dass es noch immer einige sehr elegante Klubs gibt, bei denen diese Etikette nach wie vor herrscht, wollen wir uns gerne die Mühe machen und die zehn Gebote der guten Platzmanieren vorlegen, die international Gültigkeit haben.

1. Erscheinen Sie rechtzeitig vor Spielbeginn, um sich umzuziehen und um pünktlich am Platz zu sein. Wie beim Golf die Abschlagszeit ist beim Tennis die vereinbarte Stunde nicht der Moment, zu dem man sich gemütlich trifft, sondern zu dem gespielt wird.

2. Ist man als Gast auf einem fremden Platz eingeladen, bringt man neue Bälle.

3. Muss man hinter der Grundlinie eines anderen Platzes vorbeigehen, während dort gespielt wird, so wartet man eine Spielpause ab und grüßt die dort Spielenden im Vorbeigehen.

4. Gehen Sie erst auf den Platz, wenn Sie dran sind (z.B. zeitlich fixierte Hallenstunden). Hören Sie rechtzeitig zu spielen auf, sodass die nachfolgenden Spieler nicht warten müssen.

5. Man schlägt sich so ein, dass der Partner gut ins Spiel kommt. Dabei genießt man denselben Effekt.

6. Man ruft nicht über den Platz oder unterhält sich laut mit seinem Partner und schon gar nicht mit Spielern des Nachbarplatzes.

7. Wärmen Sie sich nicht neben Spielenden in der Halle auf.

8. Ersparen Sie Ihrem Tennispartner Ihre Krankengeschichte. Wer spielt gerne gegen einen Gehandikapten?

9. Man beginnt immer erst zu spielen, wenn man selbst und der Partner in der Mitte des Platzes entweder an der T-Linie oder auf der Grundlinie steht.

10. Rollt einer Ihrer Bälle auf ein anderes Spielfeld, so läuft man ihm nicht beherzt nach, sondern man wartet, bis das Spiel dort unterbrochen wird, sucht Blickkontakt mit den dort Spielenden und sagt ein höfliches „Danke für den Ball".

Wie im sonstigen Leben ist auch hier Contenance gefragt. Bei einem verschlagenen Ball ist Selbstbeherrschung wichtig. Der Schläger kann nichts dafür. Auch Fluchen ist nicht angebracht.

Wie gebe ich zu, dass ich Fußball liebe

Beziehungen spielen im Leben eine große Rolle. Kaum ein anderer Sport bietet so vielfältige, wertvolle Kontakte wie der oft als Proletensport geschmähte Fußball.

Wer ein sehr großes Netzwerk aufbauen will, hat es leicht, wenn er ein Fußballfan ist und sich nicht nur bei diesem am weitesten verbreiteten Sport gut auskennt, sich dafür interessiert und engagiert, sondern sogar selbst passabel spielt und beim Firmenfußball eine wichtige Stütze der Mannschaft ist.

Große Mannschaften sind mit großen Unternehmen vergleichbar, mit Topmanagern an der Spitze und politischen Galionsfiguren. Politik spielt dabei ohnehin eine wichtige Rolle. Mancher entscheidet sich ganz für eine Tätigkeit für einen Fußballklub.

Also geben Sie zu, dass Ihnen Fußball Spaß macht und Sie brennend interessiert. Andere finden Autorennen faszinierend, andere Baseball oder Basketball, um einige andere Massensportarten zu nennen. Und machen Sie das Beste daraus, indem Sie sich in einem Verein engagieren und Ihre soziale Kompetenz trainieren, wobei Sie gleichzeitig wichtige Beziehungen aufbauen und pflegen.

Wie motiviere ich meine Mitarbeiter zum Sport

In diesem Kapitel wurde nun schon sehr viel über die Bedeutung von Fitness und Gesundheit erklärt. Natürlich haben Sie als Vorgesetzter immer eine gewisse Vorbildfunktion. Wenn Sie regelmäßig an Ihrer körperlichen Fitness arbeiten und Ihren Mitarbeitern gegenüber betonen, wie wichtig das ist, dann werden sie diesen Hinweis verstehen.

Gemeinsame sportliche Aktivitäten, die ja auch den Teamgeist fördern, können Ihre Mitarbeiter dazu motivieren, die eine oder andere Sportart auch privat auszuüben.

In dem Kapitel „Wie fördere ich die Gesundheit meiner Mitarbeiter" finden Sie auch Argumente für Ihr Anliegen. Wirklich überzeugen wird aber der Energieschub (Endorphine), den man durch Sport bekommt. Zeigen Sie, wie viel leichter die Arbeit von der Hand geht, wenn man körperlich fit ist. Dies zu vermitteln, ist Ihre Aufgabe.

Wenn Sie ein besonders ambitionierter, sportlicher Vorgesetzter sind, kann es für Ihre Mitarbeiter möglicherweise schwierig sein, Ihren Erwartungen gerecht zu werden. Schrauben Sie Ihre sportlichen Anforderungen nicht zu hoch, auch kleine Erfolge sind Erfolge.

Manchmal macht es mehr Spaß, eine Sportart, die man nicht so gut beherrscht, zu betreiben, als den Sport, in dem man Landesmeister war, weil absolut kein Erfolgsdruck besteht.

Wenn Fitness und sportliche Ambitionen für Sie sehr große Bedeutung haben, sollten Sie schon bei der Einstellung darauf achten, dass der neue Mitarbeiter in Ihr Team passt.

Bei aller Sportlichkeit sollten wir aber nicht vergessen, dass auch unsportliche Personen sehr leistungsfähig sein können.

Wie verbinde ich Business und Privatleben

Wie viele Leben können wir führen? Gibt es so etwas wie ein „Berufsleben" und ein „Privatleben"? Oder bedingt das eine das andere? Wo ist die Grenze? Hier könnten wir nun zum Schluss philosophieren.

Fließender waren die Grenzen wohl noch nie, seit wir nach der industriellen Revolution und nachfolgenden Entwicklung zu unserem sozialen Wirtschaftssystem versucht haben, diese beiden Lebensbereiche zu trennen. Die wesentliche Erkenntnis, die man auch als gut gemeinten Tipp an dieser Stelle werten darf, lautet, dass wir nur ein Leben führen. Es ist ein Leben, das mehrere Komponenten hat. Um es zu erfüllen und ausgeglichen zu gestalten, müssen wir eine Balance herstellen zwischen dem, was wir traditionell als „Privat" bezeichnen, und jenem, was dem „Beruf" zugeordnet wird.

Der Erfolg und die Anerkennung auf der einen Seite hängen oft unmittelbar mit der Erfüllung und Zufriedenheit auf der anderen zusammen. Das eine bedingt das andere. Das private und das berufliche Netzwerk überschneiden sich meist. Ein harmonisches Miteinander von Yin und Yang. Ob der Beruf das männliche Yang und das Privatleben das weibliche Yin der chinesischen Philosophie sind, müssen Sie für sich selbst entscheiden.

Doch zurück zur Praxis:

Niemals dürfen wir vergessen, dass wir auch in der sogenannten Freizeit für jeden Beobachter oder Gesprächspartner das Unternehmen repräsentieren, für das wir tätig sind.

Wie viel wissen Sie über das Leben Ihrer Mitarbeiter außerhalb der gemeinsamen Arbeitszeiten? Haben Sie das Gefühl, dass sich Ihr Vorgesetzter dafür interessiert, ob es Ihrem Kind in der Schule gut geht?

Sollte ein Vorgesetzter einen Blick darauf richten, unter welchen familiären Umständen seine Mitarbeiter leben? Und wie viel von seinem Privatleben und den damit verbundenen Freuden, Sorgen und Schicksalsschlägen darf ein Mitarbeiter in den Berufsalltag einfließen lassen?

Die Antworten sind situationsbedingt sehr unterschiedlich, basieren aber doch auf einfachen Prinzipien: Beide müssen Respekt vor den Anforderungen des anderen haben und den Tatsachen Rechnung tragen, die nun einmal auch das Privatleben in das Berufsleben hineinträgt.

Fragen Sie als Vorgesetzter immer mal nach, wie es den Kindern geht, ob alle gesund sind und zu Hause alles in Ordnung ist. Ganz abgesehen davon, dass es einfach menschlich ist, auch die privaten Lebensumstände der Mitarbeiter zu kennen, gibt es auch betriebliche Gründe der Mitarbeitermotivation: Das signalisiert Interesse, bildet eine Vertrauensbasis und zeigt Ihre soziale Kompetenz. Außerdem hilft es Ihnen beim Verständnis für Ihre Mitarbeiter, wenn Sie über deren familiäre Situation Bescheid wissen. Es liegt schließlich in Ihrem Interesse, dass Ihre Mitarbeiter privat in stabilen Verhältnissen leben. Das ist eine wichtige Basis für ihre Leistungsfähigkeit.

Wenn Sie als Vorgesetzter Ihr ganzes Gewicht in die Lösung eines privaten Problems eines Mitarbeiters einbringen (z.B. Jobvermittlung) oder verständnisvoll und unterstützend auf Schicksalsschläge reagieren, sichern Sie sich zumindest die Achtung und Zuneigung der Mitarbeiter, vielleicht sogar deren unbedingten Einsatzwillen.

Als Mitarbeiter müssen Sie verstehen lernen, wie Ihr Vorgesetzter tickt: Er erhofft, ja erwartet geradezu von Ihnen, dass Ihnen Ihr Beruf Freude macht. Sie sind selbst motiviert, engagiert, erfüllen Ihre Aufgaben gerne und geben Ihr Bestes. Wenn Sie das vermitteln können, wird Ihr Boss sicherlich auch Verständnis haben, wenn Sie sich in einer privaten Notsituation befinden. Dann können Sie es als ein besonderes Zeichen der Wertschätzung sehen, wenn Ihr Arbeitgeber ein Ohr dafür hat und unterstützend einspringt. Auch so kann man demonstrieren, dass man den Begriff Teamwork in jeder Hinsicht ernst nimmt. Werden die einzelnen „Krisenfälle" aber zum immer wiederkehrenden Problem, so ist das für ein Unternehmen auf Dauer kaum tragbar und der Arbeitnehmer wird selbst Abhilfe schaffen müssen.

TIPP

Behelligen Sie Ihren Vorgesetzten nicht regelmäßig mit privaten Details. Sprechen Sie ihn von sich aus nur in wirklichen Notfällen an. Es könnte sonst der Eindruck entstehen, dass Sie Ihren Job zugunsten der Familie vernachlässigen und er Ihnen nicht wichtig ist. Ihre Glaubwürdigkeit und das Vertrauen, das in Sie gesetzt wird, schwinden und Ihre Position in diesem Betrieb wird darunter leiden.

Fühlen Sie sich als Vorgesetzter nicht behelligt, wenn Mitarbeiter Ihnen vertrauensvoll von ihren Sorgen und Nöten erzählen. Dieses Vertrauen ist hoch zu schätzen. Sie haben vermutlich viel bessere Möglichkeiten als Ihre Mitarbeiter, in ernsthaften Krisensituationen Probleme zu beseitigen. Werfen Sie sich für Ihre Leute in die Schlacht, so wie Sie sich wünschen, dass diese sich für das Unternehmen einsetzen.

Abschließend erscheint es uns noch wichtig, Ihnen jene Frage zu beantworten, über die angeblich schon 95% aller Arbeitnehmer einmal nachgedacht haben:

Wie verkrafte ich den Lottogewinn

Wer hat nicht schon davon geträumt, seinem Chef so richtig die Meinung zu sagen und zu kündigen, weil die Lottomillionen plötzlich diese Freiheit ermöglichen?

Aber klug wäre das nicht.

Das zeigen leider unzählige traurige Fälle des Unglücks der vermeintlichen Glückspilze. So viel Geld bringt selten Glück. Diejenigen, die weiter so leben wie vor dem großen Augenblick, nur nun eben ohne Geldsorgen und wesentlich komfortabler, können sich eines wirklichen Glücks erfreuen, das mit dem Lottogewinn zusammenhängt. Auf dem Boden zu bleiben, das Geld zum Großteil sicher anzulegen und weiter froh zu sein, dass man Arbeit hat, ist bestimmt schwer, aber wichtig.

Die englische Bewerbung

für eine Stelle im Ausland. Dies ist eine „spekulative" Bewerbung, die Sie „ins Blaue" hinein schicken. Schreiben Sie in britischem Englisch, wenn Sie eine Anstellung im englischsprachigen Ausland suchen (*Spellcheck British English*). Verwenden Sie amerikanisches Englisch für die USA.

Personnel Manager,
Razorbaldes Limited,
123 Wood Road,
Manchester,
M2 3LL.

Lisa Floriani
Adresse
Stadt*

3 January, 2008**

TO WHOM IT MAY CONCERN

I am writing to enquire whether you have a vacancy in your company for a ... *was Sie eben wollen (trainee, etc.)*. I enclose a copy of my CV for your consideration.

As you will see from my CV, I am currently working for ... *Ihre momentane Firma* ... as Job/*Beschäftigung*.

Sind Sie Schul-/Uniabgänger, so schreiben Sie:

I am a graduate from ...

In my present position I am responsible for managing ____ in ____. I have worked closely with the ____ and have been able to __. Over the last year I have _____ *hier geben Sie an, was Sie an wichtigen Dingen in den letzten 12 Monaten gemacht haben.*

With my proven ability (*oder:* my sincere wish is) to _____.

I feel that I would be able to make a significant contribution to your company's (management, etc.) team.

I would be grateful if you would contact me if you have any vacancies in your company, or keep my information on file in case of future openings. I would welcome hearing from you.

Yours sincerely,
persönliche lesbare Unterschrift
Lisa Floriani

---

*Auf Englisch; also Wien wird zu Vienna, Graz bleibt Graz und Oberschützen wird NICHT zu Upperschützen!)
**Datum in Englisch ohne nd, thrd oder th.

Ihr CV oder „Résumé" ist Ihr Lebenslauf, den Sie wie unten verfassen könnten und mit dem auf der vorhergehenden Seite abgedruckten Bewerbungsschreiben mitschicken.

Lisa Floriani

Adresse
Tel: 0161-224-1234567
E-mail: lisafloriani@gmail.com
Date of Birth: 15/05/1979
Austria

EDUCATION

2000-2002   UNIVERSITY OF VIENNA
BA (Hons) 2.1 in History and Spanish
- Proved extensive research, writing and analytical skills in an innovative 15, 000 word thesis project entitled 'Redefining the Crisis of the First Austrian Republic'.

1998-2000   BRITISH SCHOOL OF ROME
4 A levels: French (A), History (A), Spanish (A), English Literature (B).

1990-1998   LYCEE INTERNATIONAL VIENNE
French Brevet Diploma (equivalent of GCSEs).
5 GCSEs at grades A-C including English and Mathematics.

WORK HISTORY

July 2003-   The Fine Hotel (Front Office)
- Guest relations
- Responsible for every aspect of client relationship.
- Developed excellent sales structure and technique.

OTHER RELEVANT EXPERIENCE

1999-2000   ABC GREEK CONSULTING FIRM
Employed part-time as a telemarketing agent whilst at university. Outstanding performances rewarded with 'Advisor of the Month' awards. Also responsible for training of new recruits.

ACHIEVEMENTS

- Set up a part-time English teaching business in Madrid in 2001. Students included Coca-Cola managers and Spanish National Lottery employees.
- Led a victorious mock general election campaign as the Green Party candidate in 1997. Delivered speeches to audiences of over 300 people.
- Successfully organised 2 fund-raising events for charity in 1998. Some £3,000 collected for cancer research.
- Leading roles in several public theatre performances in both English and French. Included participation in the 1996 International Theatre Festival of Naples with 'La Rue du Lavoir', an award-winning play on the theme of European Union.

RELEVANT SKILLS

Languages   Trilingual in German (mother tongue), English (educated in English school system for 6 years) and French (educated to degree level), 1 year in Spain.

IT skills   Excellent knowledge of MS Word, Excel, Outlook and regular use of the Internet

PERSONAL INTERESTS

Current Affairs   Sharp interest in politics, international relations and business.

History   Avid reader of historical literature.

Sports   Skiing and tennis, represented teams at school and university level and medal-winner in both sports. Running. Currently training to participate in marathons.

Travel   Europe, the United States and South America.

References available on request

Index

A
Abnehmen 276
Absage 183
Accessoires 152, 162, 289, 290
Adelsanschrift 249
Agenda 62f.
Akademische Titel 250f., 256
Akronyme 241
Alkohol 49, 165, 267, 271, 277, 279, 283ff., 308
Alkoholfalle 278
American Dream 123
Amtstitel 250
Andeutungen 59
Anekdote 43, 66, 104
Annonce 27, 29ff.
Anweisungen 96, 319
Anzüglichkeiten 89
Arbeitszeugnis 110, 112ff.
Attachment 30
Aufstehen 64, 128, 131, 261, 279
Aufzug 53, 315
Augenkontakt 103, 108, 168, 181, 195
Ausreden lassen 217
Auto 47, 75, 134, 291f.
Autogenes Training 297, 312

B
Beerdigung 9, 25, 164
Begrüßen 20f.
Beileidschreiben 25
Bekannt machen 20f., 64, 192
Berufstitel 188, 249f.
Besprechung 15
Best-Case-Szenario 60
Besteck 260f., 277
Bestellen 269, 276f.
Bewerbung 29f., 36, 329
Black Tie 152
Bluetrail-Methode 304
Blumen 165, 184, 201f.
Brief 146, 184, 222
Buchstabieralphabet 231
Burn-out-Syndrom 300, 302

C
Catnap 309, 311
cc-mail 19, 240f., 306
Charme 19, 280
Chat 19, 236, 246
Chatroom 241
Chauffeur 291
Cocktailparty 21, 186, 192
Computer 51, 75, 133, 135, 236, 238
Corporate Citizenship 82
Corporate Client 294
Couturier 162

D
Dekoration 58, 174
Delegieren 81, 84, 96, 132f., 272, 303
Desk-Sharing 57f.
Diäten 276, 306
Dienstzeugnis 113
Diskussion 62, 82, 97, 100, 217, 288
Dolmetscher 256, 265
Domain 242f.
Drucker, Peter 139ff.

E
E-Mail 65, 91, 93, 133, 135, 136, 238f., 241ff.
E-Mail-Adresse 51, 241ff.
Ehrengäste 174, 177, 200f.
Einladungen 62, 93, 174, 177, 182ff., 225, 248,
Einladungsliste 175
Einstellung 101
Emoticons 241
Entlassung 109, 110, 111
EPU 123, 145
Event 173f., 176

F
Fax 174, 239, 248
Finanzierung 124
Firmenfeier 173, 176, 184, 280, 282
Fliege 155, 158

Foto 33, 219
Fotografieren 218
Französische Floskeln 215
Fremdwörter 98, 206
Frisur 65, 88
Frontmann 55
Füllwörter 200, 205
Fußball 315, 323

G

Gang 52, 96, 138, 166, 271, 280
Garderobe 151f., 154ff., 216, 289
Gästeliste 173f., 177, 181, 226
Gastgeber 22, 50, 63f., 181f., 191, 201, 259, 260ff., 263, 265, 267, 269f., 272f.
Gehalt 39, 43ff., 70ff., 103f., 138
Gehaltserhöhung 46, 70ff.
Geld 29, 30, 45, 101, 122, 127, 130, 134, 145, 212, 226, 236f., 319, 328
Geschäftsessen 25, 153, 258, 262f., 265, 309
Gestik 166
Gesundheit 18, 82, 95, 127, 299ff., 305, 308, 324
Gibmirholmirlangmir 49
Gläser 195, 260f., 268, 272f.
Goal setting 140
Golf 69, 129, 221, 232, 318f., 321f.
Google-rating 126

H

Haltung 65, 91, 154f., 166ff., 259
Hände 23, 98, 107f., 161, 166ff., 170, 173, 197, 219, 281f., 291, 310
Händedruck 106ff., 195
Handschuh 21
Handy 15, 18, 162, 288, 290
Headhunter 39
Heimlich-Griff 310
Hosentaschen 23, 167, 219
Hotelzimmer 288, 293

I

I.com 121, 125
Ich-AG 124
Incentives 83, 87, 307
Inemuri 308, 311
Internet 29, 51, 33, 36, 39, 45, 51, 125, 133, 140, 237, 241, 243, 245f., 290, 293, 306, 331
Interview 227f.
Intranet 51

J

Jetlag 295f.
Journalisten 223ff.

K

Kapital 124
Kater 279, 281, 283
Kaugummi 15f., 65, 278
Kieser-Training 304, 313
Kleidung 18, 66, 94, 151ff., 157, 159, 161, 164, 166, 170, 310
Klub 220, 315
KMU 123
Knoblauch 58
Koffer 289, 290
Kompliment 79, 87, 88, 90
Kondolenzschreiben 164
Konferenz 60, 226
Konferenzgespräch 237
Konfliktanalyse 139
Konkurrenz 47, 55, 70, 122, 132, 136, 288, 293
Konkurs 35, 147ff.
Körpergeruch 68
Körperhaltung 98, 167
Körperpflege 160f.
Körpersprache 103ff., 169f., 333
Krawatte 65f., 68, 151ff., 163f., 166, 220, 282, 289
Krise 141f.
Kritik 65, 78f., 82, 86f., 123, 137, 139, 303
Kündigung 89, 109ff., 139, 281
Kutschersitz 297, 312

333

L

Lachen/Lächeln 68, 98, 187, 104, 106, 170, 220, 231, 247, 304
Lateinische Phrasen 206
Lebenslauf 30ff., 35ff., 41, 209, 330
Lesebestätigung 240
Lift 53, 75, 317
Lob 79, 81, 86f., 137, 139, 208, 211, 229, 241
Lobbyismus 119
Lottogewinn 328
Loyalität 73, 100f., 149
Lügen 103ff., 105

M

Make-up 65, 68, 106, 159
Masche 155, 158
Maßkleidung 161
Maßschuhe 162f.
Medien 118, 177, 223, 225, 227, 229, 306
Meeting 54, 59ff., 63ff., 69, 186, 224, 306
Metatags 126
Mimik 98, 166, 169
Minutenschlaf 308
Mitarbeitergespräche 47, 137f., 140
Mittagsschlaf 311
Mobbing 17, 50, 74ff., 88f., 90f.
Mobiltelefon 51, 65, 236
Moderator 61f., 176, 226
Monogramm 163
Motivation 82, 126f., 138, 184, 308, 324
Multitasking 135

N

Nase 65, 98, 105, 168, 170, 272, 282, 309f.
Networking 65, 186
NZT 136, 239

O

Ohren 49, 106, 129, 168

Online-Bewerbung 35, 36

P

Packliste 290
Pareto-Prinzip 130
Parfum 160f., 190
Parte 164
pdf 30, 33, 37
Per Du 16, 23, 48, 190, 233, 280
Performance Management Process (POP) 140
Performance on the job 140
Per Sie 15, 48, 319
Persönlicher Assistent 67, 244
Piercing 160
Pilates 304, 313
Placement 174, 177, 181ff., 262, 265
Polo 320
Prämien 45f.
Presse 176, 225, 227, 334, 336
Pressekonferenz 223–226
Prioritäten 132, 136, 313
Probezeit 48, 110, 139
Protokoll 63, 95, 139, 242, 263
Provisionen 45f.
Pünktlichkeit 54, 63

R

Rangliste 177, 180
Rechnung 145, 261, 263, 274, 326
Rede 68, 104, 194–198, 200, 281
Reise 287–296
Restaurant 196, 224, 260, 263f., 269f.
Résumé 330, 334

S

Save the date 174
Schi fahren 316
Schmuck 159, 160, 174, 202, 220
Server 58
Serviette 259, 268
Sexuelle Belästigung 91–94

Sicherheitsregulationen 288
Signatur 239
Sitzordnung 64, 182, 262, 291
Skype 236, 239
Small Talk 186f., 262, 267, 317
SMS 15, 18, 65, 93, 183, 184, 238, 241, 244f., 334, 336
Spesen 101
Spiegel 65, 68, 151, 159, 200, 220
Sport 131, 227, 251f., 304, 314, 318, 321, 323f., 334
Sportarten 313f., 318
Sprache 36, 113, 134, 138, 185, 196, 203f, 216f., 241, 317, 336
Standesbezeichnungen 250
Stecktuch 163
Stegreifrede 194
Stellenangebot 29, 43
Stenografie 244
Stimme 103, 144, 166, 168, 194, 230f., 236
Stress 130, 220, 301ff.

T

Taktik 97, 98, 277
Tatoo 160
Teamfähigkeit/TEAM 35, 41, 48, 50, 52, 56, 60, 68, 73, 83f., 125, 145, 173, 175, 186, 187, 204, 305, 308, 324, 326
Telefonkette 143
Tennis 318, 321, 322
Tischdame 182, 261
Tischmanieren 267
Titel 31, 37, 89, 141, 177, 193, 213, 224, 240, 250f., 256
Toilette 65, 126, 159, 216, 261, 269
Trinken 260, 277f., 283, 303
Trinkgeld 263, 274f.
Türe 53, 62, 66, 82, 292

U

U.A.w.g. 174, 183
Überraschungsparties 282f.
URL 242ff.

V

Veranstaltung 60f., 173, 175, 183ff., 187, 194, 200, 208, 224ff.
Videotelefonate 237
VIP 182
Visitenkarten 51, 186ff., 193, 201, 226, 259
VOIP-Telefonat 236
Vorbild 81, 87, 121, 276, 313
Vorstellen 21f., 31, 48, 64, 73, 96, 136, 186, 189, 191, 319
Vorurteile 17, 57

W

W-Lan 51, 236, 293
Warteschleife 234ff.
Webinars 140
Webseite 27, 29, 95, 126, 225, 242f., 288
Wein 211, 260, 270–273, 278, 283
Weiterbildung 32, 55, 72ff.
White Tie 152
Wiener Walzer 288
Witz 66, 82
Worst-Case-Szenario 60, 122

Y

Yin und Yang 325

Z

Zahlungsengpässe 145
Zeichensprache 169
Zeitarbeit 40, 42
Zeitdiebe 132
Zeiteinteilung 85, 132
Zeitmanagement 129f., 307
Zeitplan 62
Zeitzonen 295
Zeugnisse 30f., 36f., 118
Zielgruppenanalyse 197

>>... DER SYMPATHISCHE GROSSMEISTER DER GUTEN MANIEREN<<

DIE PRESSE

Thomas Schäfer-Elmayer

Früh übt sich
… und es ist nie zu spät

376 Seiten
Illustriert von Thomas Wizany
Gebunden mit Schutzumschlag

ISBN: 978-3-902404-31-2

Gutes Benehmen ist in. Es ist der einzige Luxus, der nichts kostet. In seinem Standardwerk der österreichischen Etikette legt Thomas Schäfer-Elmayer den Grundstein für Ihren perfekten persönlichen Auftritt im privaten wie auch im geschäftlichen Bereich. Dieses Lexikon, das von A–Z alle Fragen des guten Tons beantwortet, zeigt uns ebenso gekonnt wie charmant, dass Etikette keine verstaubte alte Schachtel ist, in die man ab und zu blickt, wenn man wissen will, wie man den Tisch deckt, wer wen zuerst grüßt und wo man einen Frack trägt, sondern eine dynamisch wachsende Tradition: „Wie die Sprache entwickeln sich auch die Umgangsformen.
Die Uhr dreht sich weiter.
Haben Sie Ihre schon nachgestellt?"
Das Buch für alle, die vor einem spannenden Leben stehen.